Zum Buch
Der vorliegende Band ist die zweite Fassung. Exemplare der 1. Auflage mußten unmittelbar nach dem Druck makuliert werden. Einige Dokumente erregten Argwohn bei der Justiz und sollten entfernt werden - inklusive der Passagen im Text, die auf diese Papiere Bezug nahmen. Bereits zuvor waren etliche Merkwürdigkeiten geschehen: Im Frühjahr 1993 war in ein Berliner Büro des Autors eingebrochen und lediglich Unterlagen durchwühlt worden, nachdem Nitz mit einigen Redaktionen in dieser Sache telefoniert hatte. Im März 1994 wurde in die Geschäftsräume eines Partners von Jürgen Nitz, in welchem sich das Manuskript befindet, eingebrochen. Auch dort hatte er Telefonate in dieser Sache geführt. Im Sommer 1994 wiederholte sich das gleiche im Büro des Autors in Berlin-Mitte. Im August verschwand für mehrere Tage ein dicker Briefumschlag aus seinem Briefkasten, im Büro erfolgte eine Personenkontrolle durch die Staatsanwaltschaft. Im September 1994 verschwanden aus den Räumen der edition ost einige Unterlagen aus diesem Band. Bei einem Partner der damaligen Geheimgespräche rief ein vorgeblicher Mitarbeiter eines Nachrichtenmagazins an und erkundigte sich nach dem Verbleib von Mikrofilmen zum »Zürcher Modell«, die sich angeblich in dessen Besitz befinden sollten...
Die Produktion dieses Buches erwies sich als fast so spannend wie das Thema selbst. Vermutlich ist das noch nicht das letzte Kapitel.

Der Autor
Jahrgang 1927, geboren und aufgewachsen in Berlin, eingezogen als Offiziersanwärter zur Wehrmacht 1944. Entlassung aus sowjetischer Kriegsgefangenschaft im September 1945. Von 1948 bis 1961 Tätigkeit als Wirtschaftsredakteur und Auslandskorrepondent, dazwischen Studium der Wirtschaftswissenschaften an der Humboldt-Universität zu Berlin, von 1962 bis 1966 Presseamt beim DDR-Ministerpräsidenten. 1966 Berufsverbot und Parteiausschluß wegen »Entfernung von der Politik der Partei der Arbeiterklasse«. Bewährung »in der Produktion«. Von 1969 bis 1991 Arbeit am Institut für Internationale Politik und Wirtschaft. 1975 Dissertation, 1984 Habilitation, 1986 Professur. Mitglied verschiedener internationaler Vereinigungen, u. a. im Internationalen Rat für Ost-West-Kooperation in Wien, sowie Tätigkeit für mehrere Wirtschaftsunternehmen.

Jürgen Nitz

LÄNDERSPIEL

Ein Insider-Report

edition ost

Titelfoto:
Staatsbesuch in Bonn: Bundeskanzler Helmut Kohl und Staatsratsvorsitzender Erich Honecker beim Abschreiten der Ehrenformation vor dem Kanzleramt am 7. September 1987.
Rücktitel:
Jürgen Nitz (rechts) mit dem Vorsitzenden des Ostauschusses der deutschen Wirtschaft, Otto Wolff von Amerongen, 1985 in Weimar.

ISBN 3-929161-19-2

Gesamtgestaltung: Satzzeichen, Berlin
Fotos und Dokumente: Archiv Jürgen Nitz
Titelfoto: Bildarchiv Ullstein Verlag Berlin
Druck: Nørhaven A/S, Dänemark

Inhalt

Vorwort

Indem dieses Buch einen historischen Stoff erörtert, greift es zugleich in die aktuelle Politik ein. Einige der seinerzeit Handelnden sind noch immer für die Geschicke dieser Republik zuständig. Jürgen Nitz überführt sie der partiellen Amnesie und stellt damit ihre grundsätzliche Glaubwürdigkeit in Frage.

Zu Beginn der 80er Jahre erwog die SPD-Führung, außerhalb der diplomatischen Kanäle und bislang genutzten Schleichwege Kontakte zur DDR-Spitze aufzubauen. Ehe diese Geheimdiplomatie zur Ausführung kam, erfolgte 1982 in Bonn der Machtwechsel. Kohl griff die Pläne von Bundeskanzler Schmidt auf, um hinter dem Rücken seines Koalitionspartners F.D.P. eigenständig Deutschlandpolitik betreiben zu können. Außerdem war Kohls Respekt für seinen Vorgänger Schmidt zu groß, als daß er die Sinnfälligkeit eines solchen Konzeptes bezweifelt hätte. Der Kanzler betraute mit dieser heiklen Aufgabe Kanzleramtsminister Jenninger; dieser wiederum bediente sich des Zürcher Bankiers Holger Bahl, eines gänzlich neutralen Unterhändlers. Bahl hatte seinerzeit mit den regierenden Sozialdemokraten das »Zürcher Modell« entworfen: Bonn sollte mit der wirtschaftlich maroden DDR eine Finanzierungsgesellschaft mit 200 Millionen Schweizer Franken gründen und behilflich sein, auf den internationalen Finanzmärkten Kredite bis zu 5 Milliarden DM zu besorgen. Ost-Berlin griff noch nicht ins protokollarische Fach. Rechtsanwalt Vogel, Mittag und Schalck gingen nach dem Wechsel in Bonn erst einmal auf Tauchstation. Das Bundeskanzleramt suchte sich den lediglich unter Fachleuten bekannten Ostberliner Wirtschaftsprofessor aus dem Institut für Internationale Politik und Wirtschaft (IPW) Jürgen Nitz.

Nitz und Bahl verhandelten unter dem Codewort »Länderspiel« über Tabuthemen der offiziellen Politik, etwa die Senkung des Reisealters für DDR-Bürger, wofür im Gegenzug die DDR-Staatsbürgerschaft durch Bonn anerkannt werden sollte. Schritte waren die Auflösung der Erfassungsstelle

Salzgitter, was Jenninger im März 1984 vorschlug, und die Einrichtung einer deutsch-deutschen Bank, die in der Schweiz angesiedelt werden sollte. Damit sollte mittelfristig die DDR finanziell stabilisiert werden. Andererseits erwartete Bonn menschliche Erleichterungen, beispielsweise die Reduzierung der Höhe des Zwangsumtausches für Westbürger. Das langfristige angestrebte Ziel war auch klar: eine engere wirtschaftliche (und politische) Verflechtung der beiden deutschen Staaten. Die DDR mußte, wenn sie denn überhaupt eine Überlebenschance besaß, ihre starre Abgrenzung aufgeben und auf Kooperation mit Bonn setzen.

Ein solches Gedankenspiel war in der DDR nicht opportun; Gespräche in dieser Richtung besaßen den Charakter von Hochverrat. Im Westen jedoch hängte man das Thema aus naheliegenden Gründen auch nicht an die große Glocke. Es ist davon auszugehen, daß in Berlin nicht viele neben Honecker, Axen, Mittag und Sindermann davon wußten; in Bonn waren auch lediglich die Spitzen von Union und SPD eingeweiht.

Dann veränderten sich jedoch die äußeren wie auch die inneren Bedingungen. DDR-Staatssekretär Schalck-Golodkowski hatte mit der Hilfe von Strauß einen Milliardenkredit eingefädelt und stellte auch in der Folgezeit wiederholt unter Beweis, bedeutende Summen im Westen für die DDR akquirieren zu können, ohne daß die DDR dafür vorerst grundsätzliche politische Zugeständnisse machen mußte. Das schnelle Geld über die »Südschiene« ließ das letzte Stück Vernunft in der DDR-Spitze schwinden; Honecker vertraute 1983 Altbundeskanzler Schmidt an, daß genau dieses Moment das entscheidende gewesen sei: Kredite ohne direkte Gegenleistung.

Kohl und Jenninger sollen, wie aus ihrer Umgebung berichtet wurde, »stinkgrantig« darüber gewesen sein, daß Strauß sie ausgebremst hatte. Im März 1993, zehn Jahre später, verkaufte Jenninger hingegen im Schalck-Untersuchungsausschuß seine damalige Niederlage als Schachzug Kohls. Der habe damit Strauß in die Deutschland-Politik einbinden wollen.

Auch die außenpolitische Konstellation veränderte sich für das »Länderspiel«. Der sowjetische Außenminister Schewardnadse betrachtete die DDR als Stolperstein auf dem Weg zum

»europäischen Haus«, und auch Gorbatschow glaubte, die Sowjetunion für den Westen hoffähig und kreditwürdig machen zu können, indem sie Reformen bei ihren Bundesgenossen gestattete. Wie aber sollten die in einer DDR aussehen? Dieser Staat war – wie sein westdeutsches Pendant – ein Produkt des kalten Krieges. Folglich konnte es aus der Sicht der sowjetischen Führung nur eine Antwort auf die deutsche Frage geben: Beendigung der Zweistaatlichkeit.

Honecker schreibt darum wohl die Wahrheit, wenn er in seinen »Moabiter Notizen« behauptet, er habe 1987 Nachricht erhalten, daß die Sowjetunion die DDR zur Disposition gestellt habe.[1)] Gorbatschow hatte damals bei einem Gespräch in Moskau mit einem deutschen Bankier erklärt, daß er bereit wäre, die DDR aus dem Warschauer Vertrag zu entlassen. Diese Mitteilung gelangte über Nitz und seinen damaligen Chef ins Politbüro. Daß der erste Mann der DDR sich als unfähig erwies, mit dieser veränderten Situation offensiv umzugehen, steht auf einem anderen Blatt.

Kohl und Schäuble aber wußten nun, daß die DDR billiger zu haben war als über dieses »Länderspiel«, das Jenniger, Bahl und Nitz parallel dazu ausheckten – und sie pfiffen es ab.

So lief dann die Geschichte, wie wir sie kennen: mit überhastetem Anschluß der DDR und allen seinen negativen Begleiterscheinungen, unter denen die Menschen in Ost wie in West heute zu leiden haben.

Die damals im Westen Verantwortlichen geben heute vor, sich nur partiell noch daran zu erinnern. So auch Wolfgang Schäuble in »Spiegel-TV« April 1994[2)]. Einzig Ex-Staatssekretär Ottfried Hennig bekannte sich in dieser Sendung erstmals zu autorisierten Gesprächen im Rahmen des »Zürcher Modells« und zum »Länderspiel«. Nach seiner Aussage ging es darum, »Mauer und Stacheldraht durchlässiger zu machen«. Auch die Konföderation war beim »Länderspiel« bereits im Gespräch. Gemessen an den Zielstellungen Bonns wurden die Chancen zur Annäherung der Deutschen nicht genutzt und historische Möglichkeiten ausgeschlagen. Warum? Sie wissen, daß der mit dem »Länderspiel« eingeschlagene Weg zu einer Konföderation der vielleicht vernünftigere gewesen wäre. Die

DDR hätte bei einer gleichberechtigten Vereinigung beider deutscher Staaten bessere wirtschaftliche Voraussetzungen gehabt, ihre Bürger wären selbstbewußter in die Einheit gegangen, und es wäre vermutlich nicht zu den politischen, sozialen, wirtschaftlichen und psychischen Verwerfungen im Osten gekommen, deren Zeugen wir gegenwärtig sind. Der CDU-Führung ist aus anderen Gründen das Thema »Länderspiel« peinlich. Es offenbart, wie intensiv sich auch die Christdemokraten mit der SED eingelassen hatten. Ihr Engagement war nicht minder groß als das der Sozialdemokraten – was jenen jedoch heute von der CDU/CSU und anderen vorgehalten wird. Das ist Unfug, mindestens Demagogie. Alle Gesprächspartner waren Pragmatiker und gingen von der Realität aus. Und die war zweistaatlich.

Kritisiert werden muß die in beiden Parteien vorherrschende Vergeßlichkeit, die in Wahrheit jedoch Heuchelei ist. Weil es politisch opportun scheint, möchte keiner etwas mit dem »Unrechtsregime« zu tun gehabt haben. Eigentlich sollte man in Bonn wissen, daß man im Glashaus sitzt und besser nicht mit Steinen werfen sollte.

Aber immerhin: Im Schlußbericht des bayerischen Schalck-Untersuchungsausschusses vom 6. Juli 1994 wird das »Zürcher Modell« als »ein Alternativmodell zu dem zwischen Strauß und Schalck eingeleiteten Milliardenkredit« expressis verbis gewürdigt.

Prof. Dr. Jürgen Nitz ist der erste aus dieser Geheimdiplomatenrunde, der sein Schweigen bricht und mit seinen Erinnerungen an die Öffentlichkeit geht. Seine Darstellungen sowie bisher unbekannte Dokumente, die in diesem Band veröffentlicht werden, erhellen ein wichtiges Kapitel deutsch-deutscher Geschichte. Sie sind Zeugnis einer verpaßten historischen Chance. Und sie offenbaren, was man von der politischen Elite der heutigen Bundesrepublik Deutschland zu halten hat, die sich derart vor der Wahrheit drückt.

Frank Schumann

Das »Zürcher Modell«

Das Jahr 1994 war nur wenige Tage alt, als mir ein außergewöhnlicher Brief ins Haus flatterte. Der Absender: Bundeskriminalamt, Abteilung Staatsschutz, 53340 Meckenheim bei Bonn. Ich wurde als Zeuge im Verfahren gegen einen Offizier des MfS und einen hochrangigen Politiker aus Bonn wegen des »Verdachts geheimdienstlicher Agententätigkeit« zur Vernehmung geladen.

Kurz zuvor hatte mich bereits ein Bekannter gewarnt: »Professor, es liegt schon wieder ein Antrag vor, Sie vor den Schalck-Untersuchungsausschuß nach Bonn zu laden.« Und ein Freund überraschte mich zudem mit der Nachricht, daß ich außerdem bald vor dem Ausschuß des Bayerischen Landtags zum gleichen Thema zu erscheinen hätte.

Die staatlichen Stellen waren an der deutsch-deutschen Grauzone der achtziger Jahre interessiert. Es ging um Agentenfälle, um Philipp Jenninger, Karl Wienand und Franz-Josef Strauß, um Alexander Schalck-Golodkowski und andere. Es ging um die Hintergründe und darum, ein wenig Licht ins Dunkel zu bringen.

Oberstaatsanwalt Dr. Schmidt von der Karlsruher Bundesanwaltschaft eröffnete mir, daß meine Gespräche, Begegnungen und Kontakte zum und in den Westen jahrelang kontrolliert und ausgeforscht worden waren. Mielkes Mannen waren also auch hinter mir her.

Der ermittelnde Beamte, Dr. Schmidt, begriff erst langsam die Brisanz seines Falles: Vertraulichkeiten erster Ordnung zwischen Bonn und Ostberlin kamen nach und nach zum Vorschein. Allmählich wurden die Umrisse einer deutsch-deutschen Zusammenarbeit bis zur politischen Wende in der DDR sichtbar, die als »Zürcher Modell« bekannt werden sollte.

Wie hatte sich alles entwickelt, wer war daran beteiligt?

Das »Zürcher Modell« hatte viele Paten. Neben Holger Bahl ist der ehemalige SPD-Fraktionsgeschäftsführer Karl Wienand zu nennen, der viele Transaktionen mit dem Osten auf den Weg gebracht hatte. Dann Horst Steinebach, Generaldirektor, und Günter Grötzinger, Finanzchef der Intrac, als Handels- und Finanzdienstleistungsunternehmen ein wichtiger Eckpfeiler des KoKo-Imperiums. Sie machten schon seit Jahren mit Holger Bahls Schweizer Bank gute Geschäfte.

Die »geistigen Väter des Zürcher Modells« waren in den politischen Führungsetagen in Bonn und Ostberlin zu finden. Anfang der 80er Jahre brauchte die DDR mehr Devisen denn je und wollte sich als Akteur im humanitären Bereich profilieren, Bonn dagegen erstrebte mehr Erleichterungen im Reiseverkehr nach Westen für die Bürger der DDR und engere wirtschaftliche Bande zum zweiten deutschen Staat.

Und so begann die Sache...

Steinebach und Grötzinger waren am 9. Oktober 1981 wieder einmal in Zürich.[3)] Sie wollten mit Bahl einen 50-Millionen-Dollar-Kredit für die Intrac unterzeichnen. Dabei äußerten die beiden DDR-Geschäftsleute, daß ihr Land bereit sei, für einen Kredit von einigen Milliarden DM das Reisealter um mindestens fünf Jahre zu senken. Bahl sollte über seinen alten Bekannten Karl Wienand doch einmal die Lage in Bonn bei Bundeskanzler Schmidt sondieren.

Der Zeitpunkt schien günstig, denn der Ostberliner Rechtsanwalt Vogel, von Kanzler Schmidt als Verbindungsmann zu Honecker gewünscht, bereitete gerade den ersten Besuch des Bonner Kanzlers in der DDR vor. Neben wirtschaftlichen und humanitären Fragen, eben auch der Senkung des Reisealters für DDR-Bürger, ging es auch um protokollarische Fragen.

Vogel ließ Honecker »streng geheim« in einem Gesprächsprotokoll zum Thema Reise- und Rentenalter wissen, daß der Bundeskanzler darüber unterrichtet sei, »daß da wirtschaftliche bzw. finanzielle Gegenleistungen im Gespräch seien, die aber nicht seine Billigung fänden. Und daß er, Schmidt, frustriert sei, daß da über einen Bankfachmann aus Zürich *(Bahl – Anm. d. Autors)* von einem DDR-Handelsunternehmen an Karl Wienand völlig unannehmbare Hirngespinste herangetragen worden seien.«[4)]

Doch Vogel ließ nicht locker. Er meinte, daß Schmidt »sich doch nicht eine seit Barzels Ministerzeit einmalige Chance«[5)]

Gerhard Beil und Jürgen Nitz im Gespräch mit einer internationalen Handelsorganisation

entgehen lassen könne. Schmidt erkannte nach anfänglichem Zögern die Chancen, die für die westdeutsche Politik in diesem Projekt lagen. Auch wollte er Pluspunkte für seine sozial-liberale Koalition sammeln und dachte an die nächste Bundestagswahl – eine Zusage gab er jedoch noch nicht.

Daraufhin ging Rechtsanwalt Wolfgang Vogel zu seinem langjährigen Gesprächspartner Herbert Wehner, dem Fraktionsvorsitzenden der SPD im Bundestag. Der erkannte die Bedeutung des Vorschlags für die Deutschlandpolitik seiner Partei sofort. Deswegen konnte der Ostberliner Rechtsanwalt voller Hoffnung dem Generalsekretär Honecker berichten: »Bezüglich Rentenalter *(Reisen – Anm. d. Autors)* erklärte er *(Wehner – Anm. d. Autors)*, z. Zt. habe der BK *(Bundeskanzler – Anm. d. Autors)* für wirtschaftliche Gegenleistungen kein Ohr. Das müsse nicht so bleiben.«[6] Dann zitiert Vogel Wehner wörtlich: »Wenn man am Werbellinsee das Gespräch beginnt, soll es unter dafür Beauftragten auf nur einer Schiene fortgesetzt werden. Dann ist der BK irgendwann im Zugzwang, auch was die Gegenleistung betrifft. Ich werde da nachhelfen.«[7]

Die beiden deutschen Politiker trafen sich, und das Spitzentreffen war erfolgreich – so die offizielle Version. Honecker und Schmidt benannten für weitere Verhandlungen Schalck und Bölling, den Ständigen Vertreter Bonns in der DDR, für wirtschaftliche sowie Vogel und Hirt, Ministerialdirektor im Bundesministerium für innerdeutsche Beziehungen, für humanitäre Fragen.

Und auch auf der dritten, nachstehenden Ebene verhandelten Bonn und Ostberlin weiter. Es brauchte allerdings Zeit. Am Vormittag des 10. März 1982 kam es in Holger Bahls Privathaus in Zürich-Pfaffenhausen zu einem Treffen zwischen Wienand, Steinebach und Grötzinger aus der Schalck-Zentrale. Sie besprachen ein von Bahl erarbeitetes Papier mit dem Titel: »Zusammenarbeit zwischen einer staatlichen Institution der BRD und der Intrac Handelsgesellschaft mbH, Berlin/DDR im internationalen Kreditgeschäft«. Die staatliche Institution der BRD war die bundeseigene Kreditanstalt für Wiederaufbau.[8)]

Weiter diskutierten die vier Herren Verhandlungspositionen, die der Bundeskanzler am 9. März 1982 zusammen mit Karl Wienand und dem Staatssekretär im Bundeskanzleramt, Manfred Lahnstein, festgelegt hatte. Wienand machte den DDR-Vertretern klar, daß nur mit einem Kredit zu rechnen sei, wenn humanitäre Aspekte wie die Senkung des Reisealters in die weiteren Gespräche mit aufgenommen würden. Dies war jedoch Bonn von der DDR-Seite schon am 9. Oktober 1981 vorausschauend angeboten worden. Grundsätzlich war Bonn der Meinung, daß die »Geschäftsgrundlage für eine solche Operation« vorhanden sei. Doch es gab noch genügend Probleme: Für die technische Seite der Abwicklung mußte eine Bank gefunden oder gegründet werden, und die Höhe des Kredits bereitete Probleme: Die Aufbringung einer Summe von 4 Milliarden in DM bzw. Anteilen in anderen Währungen war nach Wienands Ansicht weder kurzfristig noch in einem Betrag möglich, wie er mir später in einem persönlichen Gespräch bestätigte.

Die Unterhändler aus der DDR waren zurückhaltend und notierten in ihrem Verhandlungsprotokoll: »Wir müssen feststellen, daß von bundesdeutscher Seite keine konkreten Vorstellungen und Vereinbarungen unterbreitet werden.«[9)]

Doch war noch alles offen, und bei einem gemeinsamen Mittagessen, so erinnert sich Bahls Ehefrau Yvette Zurbuchen, ging Wienand fest davon aus, daß »das Milliardending einen günstigen Verlauf nehmen« würde. So äußerte er sich mir gegenüber.

Daß sich die Vorgänge zum »Zürcher Modell« tatsächlich so abgespielt haben, wie mir Herr und Frau Bahl sowie auch Karl Wienand schilderten, bestätigt der Bericht der beiden beteiligten DDR-Vertreter vom 11. März 1982, der in der Gauck-Behörde unter der Registriernummer 00177 abgelegt ist.[10)]

Diese Ereignisse in Zürich im Jahre 1982, über die Bahl exakt Buch führte, sind zum Teil minutiös von den genannten Intrac-Leuten aufgezeichnet worden und in den Unterlagen des MfS gelandet. Der Gesprächsbeauftragte der BRD, Karl Wienand, hat demzufolge unterstrichen, daß er »als langjähriger Vertrauter« von Bundeskanzler Helmut Schmidt und Herbert Wehner handelte und »eine konkrete Durchsprache des Projekts« auf Weisung des Kanzlers mit dessen Staatssekretär im Bundeskanzleramt, Herrn Lahnstein, am 9. März 1982 nachmittags erfolgte.

Strengste Verschwiegenheit war angebracht. Diese deutsch-deutschen Verhandlungen durften nicht an die Öffentlichkeit gelangen. Sie durften auch nicht dem jeweiligen Großen Bruder in Moskau und Washington bekannt werden. Die Verhandlungen mußten vor dem Koalitionspartner in Bonn und vor der Opposition abgeschirmt werden. Das brisante Projekt verließ nicht den kleinen Kreis.

Als Rechtsanwalt Wolfgang Vogel im Mai 1982 in einem Gespräch mit Hirt das Thema Reisealter und Kreditgewährung antippte, erwies sich Hirt als nicht informiert. »Hirt kannte das Thema nicht, hat Wischnewski informiert. Er kannte das Thema auch nicht.«[11)] Auch der für die Verhandlungen mit Schalck verantwortliche Leiter der Abteilung Deutschlandpolitik im Bundeskanzleramt, Otto Bräutigam, mußte passen. Wischnewski, er war damals Staatsminister im Bundeskanzleramt, rief darauf Helmut Schmidt an, dem die Sache bekannt war. »Es muß alles so vertraulich behandelt werden, daß Genscher nichts davon erfährt«[12], äußerte Schmidt gegenüber Wischnewski.

Beide Seiten konstruierten das »Zürcher Modell« weiter. Es wurde Sommer, und nun ging es schon um die Details und Zeitabläufe.

Mehrere Verhandlungsrunden zogen sich bis in den Herbst 1982 hinein. Nach wie vor war Dr. Wolfgang Vogel der Chefunterhändler der DDR. Mit den finanziellen Zugeständnissen Bonns zur Stabilisierung der DDR war man einverstanden. Die Gespräche führten, nachdem ihre Inhalte im Spätsommer von Honecker und Schmidt akzeptiert wurden, im August/September 1982 zu einer weitgehenden Einigung, die für ein geplantes Treffen in Weimar festgehalten wurde. Die Beauftragten waren für die Bundesregierung Staatsminister Wischnewski, für die DDR Rechtsanwalt Dr. Vogel.

Dem war unmittelbar ein Zusammentreffen von Honecker mit Wischnewski vorausgegangen. Der von der Kreditanstalt für Wiederaufbau zur Verfügung zu stellende Kredit wurde dem Vernehmen nach auf 4 bis 5 Milliarden D-Mark festgesetzt. Die Finanzierungsbedingungen sind dem Anhang zu entnehmen.[13]

Wie meist bei solchen generellen Absichtserklärungen gab es noch etliches zu erörtern, worauf Karl Wienand nach einem Jahrzehnt in der »Berliner Zeitung« vom 8. April 1993 verwies. Das Projekt bedurfte einer weiteren Präzisierung und einer vertraglichen Ausarbeitung. Die Kompetenzen der wichtigsten Finanzierungsinstitution des Bundes, der Kreditanstalt für Wiederaufbau, die die Milliarden zur Verfügung stellen sollte, waren zu definieren. In Bonn mußte eine politische Mehrheit für das Milliardenpaket gewonnen werden.

Das Projekt sei damals noch nicht kabinettreif gewesen, sagte Wienand im April 1994.[14] Doch man demonstrierte allseits gute Hoffnung. Wienand glaubt heute jedoch, daß die Bereitschaftserklärung »von Seiten der DDR nur ein Lippenbekenntnis war. Da im Vorzimmer von Martin Bangemann *(Bundeswirtschaftsminister – Anm. d. Autors)* eine Stasi-Agentin saß und auch der Bundestagsabgeordnete William Born Markus Wolf diente, kann man davon ausgehen, daß man im

Osten zu diesem Zeitpunkt schon von den FDP-Plänen wußte, die zur politischen Wende in der Bundesrepublik führten«.[15] Bewiesen ist das bis heute nicht.

Zur Vertragsunterzeichnung kam es angesichts der veränderten Regierungslage in Bonn nicht mehr. Am 1. Oktober 1982 stürzten die Fraktionen von CDU/CSU und F.D.P. mit einem konstruktiven Mißtrauensvotum Bundeskanzler Helmut Schmidt und wählten Helmut Kohl zu seinem Nachfolger.

Das »Zürcher Modell« ging als Erbe an die Regierung Kohl. Karl Wienand übergab das Projekt an das Bundeskanzleramt. Er sprach mit Philipp Jenninger, dem neuen Kanzleramtsminister, und Thomas Gundelach, der als Bürochef im Kanzleramt die deutsch-deutsche Zusammenarbeit organisieren würde. Wischnewski informierte Jenninger, daß sich zu diesem »Denkmodell« ein Bankier aus der Schweiz melden würde. Der Staatsminister wurde zuständig für die deutsche Frage, und so nahm er auch das »Zürcher Modell« in seine Regie.[16]

Holger Bahl hatte sich also auf neue Namen und Personen einzustellen. Bahl vermerkte am 18. September 1983 rückblickend über eine Begegnung mit Nitz für Kohls Kanzleramtsminister Dr. Philipp Jenninger:

»Zusammen mit Fräulein Emrich *(die Leiterin von Bahls Kreditabteilung – Anm. d. Autors)* weilte ich vom 4. September abends bis zum 8. September 1983 vormittags in Leipzig. In Sachen ›Zürcher Modell‹ ist folgendes festzuhalten: 1. Am Sonntagabend traf ich Dr. Nitz vor dem Eingang des Hotels Stadt Leipzig. Mit Dr. Nitz bin ich auf der Frühjahrsmesse 1983 erstmals zusammengetroffen und zwar aufgrund einer Vorstellung von Dr. Rösch. Laut Dr. Rösch ist Dr. Nitz enger Vertrauter von Staatssekretär Dr. Beil. Nach außen ist Dr. Nitz tätig am Institut für Politik und Wirtschaft (IPW), DDR-Berlin.«[17]

Dr. Thomas Gundelach, Jenningers damaliger Bürochef, beschrieb das »Zürcher Modell« am 4. März 1993 bei seiner Zeugenvernehmung vor dem Schalck-Untersuchungsausschuß.[18] Es umfaßte nach seiner Darstellung eine deutsch-deutsche Bank mit Sitz in der Schweiz, bei der sich die DDR mit Krediten in einer Höhe von drei bis vier Milliarden D-Mark hätte bedienen können. Die in Zürich gegründete Bank »IK Industriekredit AG, Zürich«, in der Kapital aus der Bundesrepublik, aus der DDR und der Schweiz gemeinsam tätig wurden, war im wesentlichen als eine Finanzinstitution zur Beschaffung und zur Bereitstellung von Krediten für die DDR »in allen gängigen Währungen« ausgelegt, sowie »zur risikomäßigen Absicherung« von Exporten, Investitionen etc. der DDR-Unternehmen auf Auslandsmärkten. Ferner war an eine Finanzierung deutsch-deutscher Gemeinschaftsprojekte gedacht.[19)] Das betraf Orientierungen sowohl aus den frühen 80er Jahren als auch für die Zeit der zweiten Hälfte des Jahrzehnts. Als Gegenleistung wurden von der DDR wichtige menschliche Erleichterungen erwartet. Man sprach über die Absenkung des Reisealters bei Rentnern um fünf Jahre und um Verbesserungen im Mindestumtausch für die Bewohner der Bundesrepublik: der Reiseverkehr sollte leichter werden. So also stellte sich Bonn nach dem Regierungswechsel der Vorgang dar.

Bahls erster Ansprechpartner war Staatssekretär Schreckenberger aus dem Bundeskanzleramt, der zugleich auch Koordinator der Geheimdienste war. Philipp Jenninger und Thomas Gundelach wurden von ihm über die Vorteile und die Probleme des Regierungsgeschäfts bis in alle Details hinein informiert.

Doch auch in der DDR gab es neue Gesichter. Mit Dr. Wolfgang Andrä vom Außenhandelsministerium der DDR gingen die Gespräche weiter, man diskutierte bereits, ob der DDR zuerst der Kredit gewährt und dann zeitlich versetzt das Reisealter gesenkt werden sollte. Diese Fristenlösung sollte der DDR das Geschäft noch schmackhafter machen. Doch der DDR-Unterhändler Dr. Andrä, der im Auftrage Günter Mittags, des SED-ZK-Sekretärs für Wirtschaft, fungierte, sagte plötzlich die Verhandlungen ab.

In Ostberlin waren die Rolläden heruntergegangen. Auch Wolfgang Vogel erklärte, daß er kein Mandat mehr von Honecker für Verhandlungen habe. Die Intrac-Chefs meinten, über manches neu nachdenken zu müssen.

Holger Bahl sah seine Felle davonschwimmen. Er mußte sich der neuen Lage anpassen und andere Partner für Bonn in der

DDR finden. Das »Zürcher Modell« war in der Krise – und mit ihm die deutsch-deutsche Zusammenarbeit.

Es war die CDU, die in dieser Situation den Kontakt zu Ostberlin suchte. So kam es am 24. Januar 1983 von 10.33 bis 11 Uhr zu einem ersten Telefongespräch zwischen Kohl und Honecker. Es war ein Signal für die Lösung aktueller Probleme und für gemeinsame strategische Überlegungen zwischen Bonn und Ostberlin.

Allerdings: Das Zustandekommen des Telefonats war kurios. Kohl beauftragte Jenninger und Gundelach, Kontakt zum DDR-Staatsratsvorsitzenden herzustellen. Die beiden besaßen natürlich nicht dessen Telefonnummer, keine Sekretärin konnte weiterhelfen, noch nicht einmal der BND. Gundelach rief einfach DDR-Rechtsanwalt Wolfgang Vogel an. Vogel, auch auf den Decknamen »Spatz« getauft, reagierte anfänglich etwas widerstrebend. Doch angesichts der geschichtlichen Tragweite des Geschehens rückte er schließlich eines der am meisten gehüteten Geheimnisse von Partei, Regierung und MfS, Honeckers Telefonnummer, an den Klassenfeind heraus.

Im Kanzlerbungalow wartete Kohl gespannt auf die Verbindung. Gundelach schritt selbst zur Tat und wählte die Ostberliner Nummer. Es rauschte, es knackte in der Leitung – und dann: »Hier ist Honecker ...«[20]

Kohl erinnerte während des Gesprächs an Projekte zu Verbesserungen im Reiseverkehr, an humanitäre Anstrengungen und Korrekturen beim Mindestumtausch: »Ich will auf diesem Weg das nur ganz zurückhaltend formulieren. Mir scheint, es gäbe vielleicht eine Möglichkeit – im Zusammenhang auch, was in den wirtschaftlichen Bereich hineinreicht ...«[21]

Es gebe ja auch in Berlin gewisse Vorstellungen. »Ich habe heute früh gerade eine entsprechende Nachricht erhalten, die über München gelaufen ist, wo offensichtlich Kontakte stattgefunden haben ... Ich glaube, wenn ich mich so ausdrücke, bin ich verstanden worden.«[22] Kohl abschließend: Man solle die Möglichkeiten nutzen, er sei dazu bereit.

Kohl wußte von den Kontakten, die Alexander Schalck-Golodkowski, Staatssekretär im Ministerium für Außenhandel und Leiter für die »Kommerzielle Koordinierung«, zum bayerischen Ministerpräsidenten und CSU-Vorsitzenden, Franz-Josef Strauß, unterhielt. Der Rosenheimer Fleischhändler Josef März hatte die beiden Männer miteinander bekannt gemacht. Erste Gespräche über eine enge wirtschaftliche und politische Zusammenarbeit und über finanzielle Transaktionen waren bereits erfolgt, von denen Kohl Kenntnis erhalten hatte.

Anläßlich der bevorstehenden Leipziger Frühjahrsmesse in zwei Monaten sollte diese »Südschiene« durch den Strauß-Freund März weiter ausgebaut werden. In einer Information über sein Gespräch mit Josef März am 10. März 1983 in Leipzig schrieb Schalck-Golodkowski: »Der Wunsch zu dem Treffen in Leipzig ging von Strauß aus, weil er damit zum Ausdruck bringen will, daß der aufgenommene Kontakt nach der gewonnenen Wahl in der bisher praktizierten sehr sachlichen Art weitergeführt werden sollte. ... Zu dem bisher verhandelten Thema – Ausreichung eines Finanzkredites mit den diskutierten Abtretungen aus Forderungen der DDR im Rahmen der Transitpauschale – nimmt Strauß nach wie vor eine positive Haltung ein. Er legt Wert darauf festzustellen, daß das Hineintragen eines Junktims *(Verbesserungen im DDR-Grenzregime – Anm. d. Autors)* nicht seinen Vorstellungen entsprach und offensichtlich Kohl durch unkompetente, in der Sache nicht informierte Leute falsch beraten wurde. Um alle undichten Stellen im eigenen Apparat auszuschließen, wurde von März angefragt, ob man die detaillierte Formulierung aus dem Telefongespräch zwischen dem Genossen Erich Honecker und Helmut Kohl, speziell zu dieser Frage Kredit und menschliche Erleichterungen sowie zu der Bezugnahme von Bahl auf Jenninger in seiner Offerte, die er unmittelbar vor den Bundestagswahlen im Ministerium für Außenhandel hinterlegt hatte, zur Verfügung gestellt bekommen könnte.

Ich habe März erklärt, daß ich diesen Sachverhalt prüfen werde.

In diesem Zusammenhang möchte ich darauf aufmerksam machen, daß ich bevollmächtigt war, März den Namen Bahl und den hergestellten Zusammenhang zu anderen Fragen mitzuteilen.«[23)]

Aus Schalcks Papier wurden folgende Positionen und Zusammenhänge deutlich:
Erstens: Der Milliardenkredit, der im Juni 1983 abgeschlossen werden sollte, wurde schon sehr früh zwischen Strauß und Schalck verhandelt, ohne daß Bonn darüber ausreichend informiert gewesen war.
Zweitens: Milliardenkredit und »Zürcher Modell« wurden parallel und noch nicht als konkurrierende Alternativen behandelt.
Drittens: Nach dem Telefongespräch Kohl-Honecker im Januar 1983 wollte Strauß über dessen Inhalt von Ostberlin – und nicht von Bonn – informiert werden.
Viertens: Unmittelbar vor den Bundestagswahlen im März 1983 wurde das »Zürcher Modell« durch Bahl offiziell als Bonner Offerte im Ministerium für Außenhandel in Ostberlin hinterlegt. Strauß erbat auch dazu Informationen zum Inhalt des Projektes.
Fünftens: Der Name des Schweizer Bankiers wurde Strauß mitgeteilt. Schalck hatte sich ein offizielles Mandat geben lassen.

Im diskreten Gespräch war das »Zürcher Modell« Thema auf der Leipziger Frühjahrsmesse 1983. Honecker und Kohl bekundeten in einem weiteren Telefongespräch am 18. April 1983 ihr Interesse an Verhandlungen und benannten Unterhändler.[24)]

Jenninger und Mittag, der von der Hannover-Messe kam, trafen sich in Bonn, um die nächsten Schritte in Sachen »Zürcher Modell« zu planen. Schalck wurde zum Unterhändler der DDR ernannt, auf der westdeutschen Seite wollte kein Geringerer als der Bundeskanzler selbst die Gespräche führen, wie sich Holger Bahl am 31. August 1983 erinnerte.[25)]

Nach diesem Gespräch zum »Zürcher Modell«, das Holger Bahl am 18. Mai 1983 um 17.30 Uhr mit Staatsminister Dr. Jenninger führte, fertigte Bahl einen Aktenvermerk an, der vom Bundeskanzleramt quittiert wurde. Darin hieß es:

»1. Sofern ein Treffen zwischen Dr. Schalck und dem Kanzler in Bonn erfolgen soll, würde er dies begrüßen. Man erwartet auf der westdeutschen Seite jedoch, daß Generalsekretär Honecker nach den zweimaligen Anrufen von Bundeskanzler Kohl dieses Treffen dem Bundeskanzler telefonisch avisiert bzw.

bestätigt. Wenn ein solches Telefongespräch nicht möglich ist, ist Dr. Jenninger auch bereit, Dr. Schalck in West-Berlin zu treffen. Als Zeitpunkt würde der 12. oder 13. 6. 1983 in Frage kommen.

2. Im Hinblick auf mögliche Indiskretionen wird auf der westdeutschen Seite folgendes Problem gesehen:

Man hat grundsätzlich keine Bedenken gegen die schon des öfteren besprochene Phasenverschiebung. Problemhaft wäre es jedoch, wenn die Auszahlung der ersten Kredittranche publik würde und die westdeutsche Seite noch nicht bekanntgeben könnte, welche Gegenleistung von der DDR-Seite erfolgen würde. Es wäre daher zu überlegen, ob man nicht bei Valutierung der ersten Kredittranche von DM 1 Mrd. Zug um Zug eine Neuregelung des Mindestumtausches in der bereits des öftern besprochenen Form herbeiführen könnte. Alsdann könnte der eigentliche Kredit von DM 4 Mrd. in Tranchen valutiert werden und dann die besprochene Erklärung der DDR betreffend Reisealter erfolgen.

3. Bezüglich der Zustimmung zum Zürcher Modell auf der westdeutschen Seite wurde mir versichert, daß auch Strauß dafür sei und man ihn auf jeden Fall in dieser Sache einbauen wolle. Im übrigen rechnet die Bundesregierung auch mit der Zustimmung der Opposition. Bemerken möchte ich noch, daß mir Herr Wienand noch vor kurzem zusagte, daß mit der Zustimmung der SPD zum Zürcher Modell fest gerechnet werden könne.«[26)]

Der Inhalt des Vermerks von Bahl wurde dem Gesprächspartner im DDR-Außenhandelsministerium mitgeteilt.

Bahl formulierte unterschiedliche zeitliche Szenarien, um das »Zürcher Modell« zu verwirklichen und schickte sie an die Auftraggeber.[27)] Gleichzeitig wurde an neuen Präzisierungen gearbeitet. Das Bankimperium des Holger Bahl wurde aktiviert. Die IK Industriekredit AG in Zürich entstand. Man schuf einen neuen Firmensitz in der stillen Mainaustraße unmittelbar neben dem Zürichsee. Heidemarie Emrich, langjährige Kreditchefin bei der BKA, avancierte zur Direktorin der neugegründeten Bank.[28)]

Zugleich wurden die Probleme größer. In seinem Aktenvermerk vom 31. August 1983 beschrieb Holger Bahl die Lage:

»In Sachen Zürcher Modell sind nach dem Amtsantritt der neuen Bundesregierung im wesentlichen folgende Ereignisse eingetreten:

1. Ausgangspunkt war die Bereitschaft beider Staaten, das Zürcher Modell in der schriftlich vorliegenden Form durchzuführen. Darüber hatten sich zuletzt Rechtsanwalt Dr. Vogel und Staatsminister a. D. Wischnewski im Herbst 1982 in Weimar verständigt.

2. Der Unterzeichner hat erstmals im November 1982 bei Staatsminister Dr. Jenninger abklären können, daß auch die neue Bundesregierung an der Durchführung des Zürcher Modells interessiert ist. Auf Seiten der DDR fanden sich keine Gesprächspartner. Sowohl Staatssekretär Dr. Schalck wie Rechtsanwalt Dr. Vogel erklärten, daß sie kein Mandat zum Verhandeln besäßen.

3. Als neuen Gesprächspartner fand der Unterzeichner einen leitenden Beamten des Außenhandelsministeriums der DDR vor. Nachdem zunächst sowohl die Bundesregierung wie auch die DDR ihr Interesse bekundet hatten, das Zürcher Modell vor dem 6. 3. 1983 durchzuführen, konnte dieser Zeitpunkt nicht eingehalten werden.«[29]

Unter den Faktoren, die auf die Gestaltung der Beziehungen zwischen den beiden deutschen Staaten aus der Sicht der DDR einwirkten, sind auf jeden Fall zu nennen: die internationale Situation, insbesondere das Ost-West-Verhältnis; die Politik Honeckers vor dem Hintergrund des Einflusses Moskaus und der Differenzen im Politbüro der SED; die spezifische Rolle von Schalck und sein Sonderverhältnis zu Strauß.

Da alle offiziellen Unterhändler der DDR, von Vogel und Schalck über die Intrac-Chefs bis zum Außenhandelsministerialen Anfang 1983 das Handtuch warfen, mußte ein neuer Mann aus der DDR her, den man in Ostberlin vor allem im Falle des Bekanntwerdens der Gespräche nur als Diskutanten ausgeben konnte, und den Bonn als Gesprächspartner, Informationsvermittler und Konfidenten akzeptierte.

Man hat mich des öfteren gefragt, warum denn gerade ich von politisch relevanten Kreisen in Bonn ausgesucht worden war, um Informationen, Anfragen und Wünsche an einflußreiche Persönlichkeiten in der DDR-Führung heranzutragen. Dies hat auch im Gespräch mit dem Oberstaatsanwalt Dr. Schmidt von der Bundesanwaltschaft in Karlsruhe, der mich als Zeuge im Januar 1994 befragt hatte, eine Rolle gespielt. Ich habe ihm gesagt, daß mich dafür wohl jemand in Bonn »ausgeguckt« haben müsse. Er hat dies nicht dementiert und darüber herzlich gelacht.

Gründe? Ich zitiere den Bonner Beamten Rösch. Nitz sei, so Rösch, ein enger Vertrauter von Gerhard Beil, dem DDR-Außenhandelsminister. Beil selbst hatte diesen Gedanken auf internationalen Konferenzen genährt, indem er des öfteren den Vertretern aus Wirtschaft und Politik sagte: »Wenden Sie sich an Dr. Nitz. Er vertritt mich hier.« Auch gegenüber dem CDU-Bundestagsabgeordneten Wißmann bezog er diese Position. Zudem wurde ich wiederholt in den Teilnehmerlisten internationaler Kongresse als Berater von Beil oder als Experte geführt, und die bundesdeutsche Seite kannte mich aus Verhandlungen sowie gemeinsamen Formulierungsrunden in den 70er Jahre.

Außerdem kannte ich den DDR-Volkskammerpräsidenten Horst Sindermann, der sich auf eine Bonn-Reise vorbereitete, sowie die ZK-Sekretäre Hermann Axen und Prof. Herbert Häber, die für die Beziehungen zwischen der DDR und Bonn zuständig waren, aus gemeinsamer Journalistentätigkeit in den 50er Jahren. Und über Prof. Dr. Max Schmidt, Direktor des IPW, liefen Drähte ins Außenministerium und in die West-Abteilung des ZK.

Ich arbeitete weder im Regierungs- und Parteiapparat, noch gehörte ich der Regierung oder der Parteispitze an. Außerdem war ich 1966 aus der SED ausgeschlossen und mit Berufsverbot wegen »Entfernung von der Politik der Arbeiterklasse« belegt worden. Das rückte mich in den Augen der Bonner – so vielleicht das Kalkül – in die Nähe von Dissidenten, was ihnen den Rückzug bei Bekanntwerden der Gespräche erheblich erleichtert hätte.

Allerdings mußte man auch etwas von der Sache verstehen, was bei meinem professionellen Hintergrund gegeben war: Ich arbeitete viele Jahre als Experte für Ost-West-Beziehungen und wissenschaftlicher Berater insbesondere für die Wirtschaftsbeziehungen zwischen beiden deutschen Staaten und hatte mich auf diesem Gebiet auch wissenschaftlich ausgewiesen. Außerdem hatte ich – was international bekannt war – Mitarbeitern des Ministeriums für Außenhandel geholfen, Kooperationsdefinitionen zu suchen und auf Tagungen jenseits des »Parteichinesischen« Formulierungen zu finden, die auch international akzeptiert wurden.

Und wer war Holger Bahl? Auch heute geistert diese Frage durch diverse Untersuchungsausschüsse, ohne daß man im Bonner Schalck-Ausschuß ihn selbst befragt hätte. Bahl galt und gilt international als ein seriöser Bankier. Dies haben mir zahlreiche seiner Kollegen und andere bestätigt.

Natürlich verfolgte Holger Bahl bei diesen Gesprächen auch eigene kommerzielle Interessen. Über seine Bank sollte das »Zürcher Modell« und das »Länderspiel« zusammen mit der Kreditanstalt für Wiederaufbau finanziell realisiert werden. Es ging um Milliardenumsätze, sofern die Projekte ins Laufen gekommen wären. In Zürich hätte die Kasse geklingelt.

Ich sprach über Holger Bahl mit Herrn Wieand, damals Chef der Mainzer Landesbank, mit Friedel Neuner, dem Chef der West-LB in Düsseldorf, mit Pohlmeyer, verantwortlich für die Ost-West-Handelsbank, in Frankfurt/Main, und mit Manfred Schüler, Vorstandsmitglied der Kreditanstalt für Wiederaufbau, sowie mehreren Ministern der Bundesländer. Alle kannten ihn zum Teil schon viele Jahre und schätzen ihn in ihrer Runde.

Der Beleg für die Seriosität von Holger Bahl und zugleich für die Ernsthaftigkeit des Projektes lieferte das Bundeskanzleramt selbst. Gundelach wurde 1985 eigens zu mir nach Zürich geschickt, um mit mir – assistiert von Bahl – auf neutralem Boden u.a. folgende Themen zu erörtern: Wie soll es mit der Swing-Vereinbarung weitergehen? Wie sind die Chancen des »Länderspiels« einzuschätzen? Wie sind die Probleme und Perspektiven im innerdeutschen Handel zu bewerten? Wäre ich bereit und in der Lage, das Bonner »Ja« zum Sindermann-Besuch an den DDR-Politiker zu übermitteln und die Modifikationen zu präzisieren? Wie sind die politischen Rahmenbedingungen der deutsch-deutschen Zusammenarbeit zu bewerten?

Und in der Tat: Nach diesem Treffen mit Gundelach und Bahl wurde durch Bonn unverzüglich etliches bewegt.

Gundelach bezeichnete Bahl mir gegenüber als einen Vertrauten des Kanzleramts. Mit seiner Hilfe kamen die Besuche Sindermanns und Honeckers in der Bundesrepublik zustande.

Doch wofür genau hatte Bahl ein Mandat? Er verhandelte nie in politischem Auftrag. Er hat sich um seine Bankgeschäfte gekümmert und dabei auch politische Gespräche geführt, die Lage sondiert, vermittelt und Informationen übernommen. Er hat seine Dienste zur Verfügung gestellt, andere machten Gebrauch davon. Die Verhandlungen führten andere, die Regierungen, alle, die dafür ein Mandat hatten. Er spielte dieselbe Rolle, die auch mir zugedacht war, und die ich ausführte.

Die wichtigsten Verbindungen Bahls zu führenden Persönlichkeiten der Bundesrepublik wurden von der Hauptabteilung XVIII des MfS in einer Analyse über operative Personenkontrolle des Vorganges »Agentur«, so der Codename Bahls, am 30. April 1987 dokumentiert. Seine Verbindungen reichten von Kanzleramt, Bundestagspräsident und Bundesministern über Bundestagsabgeordnete bis zu den Vorständen großer deutscher Banken. Dieses Material wird inzwischen von der Gauck-Behörde verwaltet.[30)]

Bahl notierte am 3. Oktober 1983 in einer Information für das Bundeskanzleramt: »Dr. Nitz betonte, er habe kein Mandat zum Verhandeln, sei aber ermächtigt, meine Ausführungen entgegenzunehmen und an Günter Mittag und Prof. Häber weiterzuleiten.«[31)]

Allerdings gerieten unsere Gespräche bald auf ein Nebengleis. Die »Südschiene« wurde zum Hauptgleis, je stärker die Verbindung von Schalck-Golodkowski zu Strauß wurde. Der bayerische Ministerpräsident und CSU-Vorsitzende versprach der DDR schnelles Geld, ohne daß Honecker zu Gegenleistungen verpflichtet wurde.

Der erste Milliardenkredit, der mit ihm ausgehandelt wurde, markierte den Tiefpunkt aller bisherigen Verhandlungen für das

Bundeskanzleramt. Die Initiative in der Deutschlandpolitik verlagerte sich nach München, Schalck und Strauß hatten vollendete Tatsachen geschaffen.

Am 29. Juni 1983 erhielt die DDR einen Kredit über eine Milliarde D-Mark von einem Bankenkonsortium unter der Führung der Bayerischen Landesbank in Luxemburg, ausgereicht an die Deutsche Außenhandelsbank der DDR in Berlin (DABA).[32)]

Kurze Zeit später gab es Nachschlag: Ein zweiter Milliardenkredit wurde durch ein Bankenkonsortium unter der Führung der Deutschen Bank AG, Luxemburg, eingeräumt. Empfänger des Geldes war wieder die DABA in Ostberlin. Doch die Sorgen der DDR waren damit nicht grundsätzlich behoben. Sie hatte noch immer 20 Milliarden DM Auslandsschulden, und mancher Kredit mußte kurzfristig zurückgezahlt werden. Außerdem drückte der jährliche Schuldendienst von etlichen Milliarden D-Mark immens.

Die Intrac nahm unverzüglich Kredite bei der DABA und der Deutschen Handelsbank[33)] auf. Das Kreditstanding der DDR am Euromarkt verbesserte sich erheblich, wie auch Bahl im Juni 1986 rückblickend über Entwicklung und Stand des »Zürcher Modells« in einer Zusammenfassung für das Bundeskanzleramt feststellte. Die DDR war 1983 finanziell gerettet worden.

Doch es ging um weit mehr. Der Ost-West-Konflikt hatte sich insbesondere durch die militärische Intervention der UdSSR in Afghanistan seit 1980 und die Reaktionen der US-Administration zugespitzt, der Warenverkehr und die wirtschaftliche Kooperation zwischen den Ländern der beiden Blöcke stagnierten bzw. gingen zurück. Technologieblockaden, Wirtschaftskrieg und Kreditembargo waren seinerzeit die die Politik bestimmenden Begriffe. Damit waren zugleich die östlichen Märkte für eine Expansion des Absatzes der westlichen Unternehmen blockiert. Ohne eine Belebung des Kreditgeschäftes wäre in dieser Situation auch nichts mehr gegangen.

Es ist ein historischer Verdienst des bayerischen Ministerpräsidenten, mit den beiden Milliardenkrediten eine Art Initialzündung nicht nur für eine finanzielle Atempause und Besserung der Kreditsituation der DDR gegeben, sondern zugleich den Weg für neue Geschäfte mit dem Ostblock, voran für die deutsche Wirtschaft sowie für die Stabilisierung der Außenwirtschaftsbeziehungen auch der UdSSR geleistet zu haben. Mit dem Strauß-Kredit wurde also keineswegs die deutsche Einheit eingeläutet, auch wenn dies Schalck-Golodkowski dem bayerischen Ausschuß gleichen Namens am 17. März 1994 weismachen wollte. Die Tatsache aber, daß Geld aus dem Westen kam, ohne daß die DDR zu politischen Konzessionen genötigt worden war, ließ in Ostberlin Desinteresse am »Zürcher Modell« anwachsen.

Franz Josef Strauß handelte aus persönlichem Interesse. Er wollte die aktuelle Krise in den deutsch-deutschen Beziehungen bewältigen und seine Eigenständigkeit gegenüber Kohl demonstrieren. Ich glaube nicht, daß er weitergehende strategische Überlegungen – etwa in Richtung deutsch-deutsche Konföderation oder gar deutsche Einheit – verfolgte.

Ottfried Hennig, Staatssekretär a. D., ist das einzige Regierungsmitglied, das sich heute zum »Zürcher Modell« bekennt. Die anderen tun so, als ob sie es von Anfang an blockiert oder für Unfug gehalten hätten. Jenninger ließ angeblich – im Widerspruch zur Aussage seines Bürochefs Gundelach – schon bei seinem ersten Gespräch Günter Mittag wissen, »daß ich keine Chancen sehe, ein solches Modell zu realisieren, weil die Bundesregierung nicht bereit ist, in absehbarer Zeit finanzielle Mittel zur Verfügung zu stellen, um eine solche Sache zu finanzieren.«[34)] Diese Aussage wurde von ihm vor dem Schalck-Ausschuß wiederholt kolportiert.

Nimmt man Jenningers Aussage ernst, dann hat es ein eigenständiges Handeln Bonns in der Deutschland-Politik nicht gegeben. Die Musik zur deutschen Frage wurde von Franz-Josef Strauß im Verein mit Erich Honecker gemacht.

Die Aussagen Jenningers vor dem Schalck-Untersuchungsausschuß steckten noch voller weiterer Überraschungen. Er berichtete über ein Treffen mit Günter Mittag: »Aber bei diesem Besuch habe ich – und bei diesem Gespräch *(bei dem es um die angebliche Beerdigung des »Zürcher Modells« gegangen sein soll – Anm. d. Autors)* – auch von Herrn Mittag vernommen, daß er, wenn das nicht ginge, auch an einem Bankkredit interessiert sein könnte. Ich habe ihm damals gesagt: ›Das ist eine schwierige politische Frage, die muß natürlich erst geklärt werden.‹«[35]

Wir wissen heute, daß diesem Wunsch Mittags ohne Sträuben und binnen kürzester Frist nachgegeben wurde. Damit wurde noch einmal unterstrichen, daß die Initiativen der Deutschlandpolitik Anfang der achtziger Jahre nicht in Bonn gestartet und bestimmt wurden. Und es beweist noch mehr: Das SED-Politbüro in Ostberlin gab den Ton und die Richtung an. Bonn hatte lediglich »noch eine Frage zu klären«, dann war man Honecker, Mittag und Schalck zu Diensten – wenn man Jenninger glauben darf.

Bonn stand nicht im Zentrum, sondern am Rande der aktiven Deutschlandpolitik. Das zeigt auch die Resonanz, die ein Besuch von Strauß im Frühsommer 1983, fast ein halbes Jahr nach dem Regierungswechsel, erfuhr.

»Es war im Vorfeld des ersten Kredits«, bemerkte Gundelach. »Nach meiner Erinnerung war es so, daß Herr Jenninger mich nach diesem Gespräch zu sich gerufen hat und so etwa sinngemäß gesagt hat: ›Gundelach, wir wurschteln hier herum, und es gibt den Herrn Bahl, und es gibt das ›Zürcher Modell‹, und es gibt den F. J. S., der den Herrn Schalck kennt und mit ihm gesprochen hat.‹ Jetzt erst begann man sich kundig zu machen.«[36]

Schon verwunderlich, wenn Dr. Philipp Jenninger zehn Jahre später über Holger Bahl und die gemeinsam betriebene Sache erklärte: »Wir haben eine Tasse Kaffee getrunken, und er hat dann berichtet. Aber mehr war es nicht.«[37]

Grotesk wurde es, als Jenninger im Schalck-Untersuchungsausschuß mit Unterlagen aus dem Mielke-Ministerium konfrontiert wurde, die seine engen Beziehungen zu Holger Bahl belegen. Zunächst bestritt der ehemalige zweite Mann in der Bundesrepublik seine Kenntnis von der Existenz der IK-Bank. Dann behauptete er, daß er sich an eine Teilhabe der Kommerziellen Koordinierung Schalck-Golodkowskis an dieser Bank nicht erinnern könne.

Erst nach wiederholten Vorhaltungen durch den Ausschußvorsitzenden Friedrich Vogel (CDU), über seine, Jenningers,

Reaktion auf einen diesbezüglichen Brief Bahls an ihn, gestand er ein: Ja, er habe Frau Bahl-Zurbuchen, der Gattin des Zürcher Bankiers Holger Bahl, zur Wahl in den Verwaltungsrat der IK-Bank AG per Brief gratuliert. Jenninger fügte hinzu: »Wenn man halt freundlich ist zu den Menschen.«[38)]

Und er beschrieb die Bonner Grundposition richtig: »Bundeskanzler Kohl war es wichtig, auch einen deutlichen Akzent zu setzen, in dieser außenpolitischen Situation damals, nicht zuletzt im Hinblick auf seinen zu erwartenden Besuch in Moskau trotz dieser Auseinandersetzung um die Stationierung der Raketen.«[39)]

Nach der Gewährung des ersten Milliarden-Kredits und der Vorbereitung des zweiten Kredits hatten Bahl und ich nicht nur einmal darüber nachgedacht, ob wir nicht unsere Gespräche einstellen sollten. Die politische Entwicklung und das zunehmende Desinteresse am »Zürcher Modell« in Bonn und Berlin ließen uns das zweckmäßig erscheinen. Doch Bahl hatte die eigenen weitgesteckten kommerziellen Interessen niemals aufgegeben, und ich wollte auch nicht freiwillig meine exponierte Stelle räumen.

Während wir noch darüber nachdachten, kam im September/Oktober 1983 eine neue Anweisung aus der DDR-Spitze ins Außenhandelsministerium. Dem dortigen Vertrauten von Bahl, Dr. Andrä, stellvertretender Generaldirektor im Ministerium, ließ Mittag mitteilen, daß alle bestehenden Kontakte mit dem Zürcher Bankier Bahl weiterzuführen seien. Außerdem wurden die Intrac-Vertreter wieder aktiviert. Als Absender der Weisung wurde Honecker ausgegeben. Dazu kam noch ein substantieller Hinweis. Die Realisierung des »Zürcher Modells« wurde von Seiten der DDR nunmehr von der Einräumung des zweiten Kredits ohne Gegenleistung abhängig gemacht. Bahl interpretierte diese Handlungsanweisung aus Ostberlin so: Man wollte dort das »Zürcher Modell« nicht völlig beerdigen, um es parat zu haben, wenn es mal mit den Krediten auf der »Südschiene« nicht mehr klappen sollte.

Zugleich zitierte Bahl in einem Aktenvermerk für Jenninger ein Gespräch, das er am 14. September 1983 um 21.00 Uhr hatte: »Zum ›Zürcher Modell‹ sagte Dr. Nitz, daß er die Sache durchaus nicht so pessimistisch sehe wie andere. In diesem Geschäft würde es eben mal hart zugehen. Ich informierte Herrn Dr. Nitz darüber, daß ich Kenntnis des Schreibens von H. Sch. *(Helmut Schmidt – Anm. d. Autors)* an K. W. *(Karl Wienand – Anm. d. Autors)* hätte.«[40)]

In jenen Tagen wurde ich auf einen neuen Widerspruch in der mit dem »Zürcher Modell« betriebenen Politik gestoßen, der es der DDR-Führung leicht gemacht hätte, die Verhandlungen unter einem Vorwand zu blockieren. Bonn versuchte zu »tricksen«.

Bahl hatte am 3. Oktober 1983 über ein Telefongespräch mit Gundelach notiert: »Die Bundesregierung ist nach wie vor an der Durchführung des ›Zürcher Modells‹ interessiert, und der Bundeskanzler wie Dr. Jenninger stehen zu ihrer Zusage, den zuständigen Bevollmächtigten der DDR persönlich zu empfangen.«[41)] Er zitierte dann im folgenden meinen deutlichen Vorbehalt, die Chancen nicht genutzt zu haben: »Dr. Nitz fragte, warum Dr. Jenninger nicht von der Möglichkeit Gebrauch gemacht hätte, DDR-Staatssekretär Beil anläßlich des Beitz-Geburtstages in Essen zu treffen. Das gleiche gelte für ein von Dr. Jenninger abgesagtes Gespräch mit dem Mitglied und Abteilungsleiter des Zentralkomitees, Prof. Häber. Beide Herren wären auf das ›Zürcher Modell‹ ansprechbar gewesen.«[42)]

Über den Besuch von DDR-Staatssekretär Beil in Essen hätte man erst aus der Presse erfahren, hieß es ausweichend. Bei Dr. Jenninger sei eine Amerika-Reise in der Woche danach dazwischengekommen. Deshalb habe er an der Veranstaltung, die Häber forciert hatte, nicht teilnehmen können.

Interessant ist gerade in diesem Zusammenhang ein Gespräch, das Häber mit Wienand in Leipzig geführt hatte. Dazu Bahl: »In diesem Gespräch ist Wienand eingehend über das ›Zürcher Modell‹ befragt worden, insbesondere auch nach den derzeitigen Verhandlungspartnern und der Rolle des Anwalts Dr. Vogel.«[43)]

Einen vorläufigen Höhepunkt in der Auseinandersetzung um die Konkurrenz zwischen »Zürcher Modell« und »Südschiene« stellte das Treffen zwischen Honecker und Schmidt im Herbst

1983 in der Schorfheide dar. Aus einem Brief des Ex-Kanzlers an Wienand über das Gespräch vom 7. September 1983 gehen mehrere Einsichten hervor. Honecker erklärte unzweideutig zu dem Stellenwert des »Zürcher Modells« und seine Modalitäten: »Nein, das ist jetzt wohl nicht mehr nötig.«[44)]

Und nach dem Milliardenkredit befragt, erklärte er zutreffend und offenherzig: »Die DDR sei dazu gekommen wie die Jungfrau zum Kinde.«[45)] Schließlich sagte Schmidt zu Honecker, »...daß er einen so günstigen Kredit auf der ganzen Welt nicht bekäme, was er mit lachender Zustimmung quittiert hat.«[46)]

Als ich damals von diesen Auslassungen Honeckers erfuhr, erschienen mir zumindest vier Aspekte weitaus deutlicher als zuvor: In der höchst relevanten Konkurrenz zwischen Milliardenkredit und »Zürcher Modell« hatte das Strauß-Schalck-Projekt den Sieg davongetragen, allerdings einen Pyrrhussieg für die deutsch-deutsche Sache. Honecker wollte über Schalck auch künftig zu Geld kommen, ohne Gegenleistungen im Reiseverkehr zu erbringen. Eine total irrige Position. Er versuchte damit etwas zu verweigern, was er im Lauf der Zeit ohnehin in Fortsetzung des KSZE-Prozeßes seinen Staatsbürgern hätte zugestehen müssen. Zudem war ihm der weit höhere reale Geldwert des »Zürcher Modells«, also der finanzielle Vorteil für die DDR – es ging immerhin um fünf Milliarden DM –, nicht bewußt geworden. Daß Bonn dem DDR-Staatschef dabei Schützenhilfe leistete, war mehr als zu bedauern.

Auf die Idee, daß man beide Projekte – das eine als partielle Minderung der DDR-Finanzmisere, das andere als strategischen Ansatzpunkt in Richtung deutsch-deutsche Konföderation – parallel hätte verfolgen können, war Honecker nicht gekommen.

Von Schalck wurde diese den Realitäten und objektiv den DDR-Interessen entgegenstehende Position Honeckers genutzt, um schnell noch »eine Kohle nachzulegen«. In einer Aktennotiz von Schalck vom 5. November 1983 wurde unter Punkt 3, »Weitere Verhandlungen mit Jenninger« die Grundposition Honeckers zum »Zürcher Modell«, noch einmal genüßlich bestätigt: »Ich habe J. *(Jenninger – Anm. d. Autors)* klargemacht, daß eine Senkung des Reisealters vom jetzigen Stand auf 5 Jahre weniger angesichts der politischen Gesamtlage offenbar leider nicht möglich ist. Es bleibt bei 65 Jahre für Männer und bei 60 Jahre für Frauen, eingeschlossen alle Invalidenrentner und ohne Rücksicht auf deren Alter. Ich habe J. darauf aufmerksam gemacht, daß B. *(Bahl – Anm. d. Autors)* unter Berufung auf das ›Züricher Modell‹ unglaubliche Angebote gemacht habe, das selbst diese von J. als reine Fantasie bezeichneten Angebote keine Änderung der geltenden Regelung in diesem Punkt herbeiführen könnte. J. hat das mit größtem Bedauern zur Kenntnis genommen.

Er hat auch Zweifel an der Zweckmäßigkeit geäußert, daß Frauen anders behandelt werden sollen als Männer.

Ich habe ihm vorgeschlagen auch zur Weiterleitung an den Bundeskanzler, diesen Punkt unter den obwaltenden Umständen vorerst nicht mehr zu verfolgen.«[47)]

Schalck interessierte seine Gesprächspartner mehr für grenznahen Verkehr, Zwangsumtausch etc.

Obwohl wiederholt von Strauß und Jenninger Gegenteiliges beteuert wurde, ist erwiesen, daß die Kontakte neben der »Südschiene« weiter bzw. anders weitergelaufen sind.

In der Führung der DDR hatten sich danach die politischen Meinungsverschiedenheiten um die Deutschlandpolitik erneut zugespitzt. Wieder gewann das »Zürcher Modell« mit dem Segen von oben erneut an Glanz, vermutlich auch durch die realistischen Züge in der Politik des Kreml-Chefs Andropow.

Am 6. Dezember 1983 traf Bahl mit dem leitenden Mitarbeiter im DDR-Außenhandelsministerium, Direktor Dr. Wolfgang Andrä, im Berliner Hotel Metropol zu einem weiterem Gespräch zum »Zürcher Modell« zusammen. DDR-Staatssekretär Dr. Gerhard Beil hatte dieses Treffen ausdrücklich genehmigt, denn es waren Bedenken an dem zweiten Milliardenkredit über die »Südschiene« Schalck-Strauß zu klären. Schalck hatte den Kredit bis dato nicht unter Dach und Fach gebracht und schob die Schuld dafür auf das Bundeskanzleramt und dessen Konfidenten Bahl. Das Resümee Bahls vom 12. Dezember 1983: »Kommt die 2. Milliarde bis Weihnachten nicht zustande, ... wird die Zuständigkeit für das ›Zürcher Modell‹ von Dr. Schalck weggenommen und auf Dr. Beil übergehen. Dies würde automatisch bedeuten, daß die Schalck-Firma Intrac ausscheidet und an ihre Stelle die Dr. Beil unterstellte DABA Deutsche Außenhandelsbank AG, DDR-Berlin, treten würde.«[48]

Und wie sollte es weitergehen?

»Das weitere Vorgehen i.S. ›Zürcher Modell‹ sah Dr. Andrä wie folgt: Neues Gespräch zwischen Weihnachten und Neujahr (wenn also das Schicksal der 2. Milliarde definitiv feststeht); gegebenenfalls Vorbereitung eines Telefongesprächs zwischen Generalsekretär Erich Honecker und Bundeskanzler Dr. Helmut Kohl; konkretes Stadium des »Zürcher Modells« aus Sicht der DDR, März/April 1984.

Bis dahin seien auch die Nachwehen des Nachrüstungsbeschlusses – hoffentlich – ausgestanden.

Dr. Andrä bemerkte noch, daß definitiv über das Verhältnis der DDR zur Bundesrepublik und mögliche Folgen des Nachrüstungsbeschlusses erst bis März/April 1984 entschieden würde. Vor allen Dingen würde es noch koordinierende Abstimmungen mit den Verbündeten der DDR geben.«[49]

Doch die zweite Milliarde kam, wenn auch mit Verspätung. Das »Zürcher Modell« verlor 1984 in seiner ursprünglichen Form weiter an Bedeutung. Im September 1984 wurde eines seiner Teile faktisch verselbständigt – nämlich die Finanzierungsschiene –, wobei zugleich die Aspekte der menschlichen Erleichterungen und alle politischen Überlegungen ausgeklammert wurden. Honecker stand nicht mehr unter Druck. Nach den Krediten auf der »Südschiene« gab es mehr Finanzierungsofferten an die DDR, als diese nutzen konnte. Infolge des abgekarteten gemeinsamen Spiels Bonn-München-Ostberlin blieben Millionen DDR-Bürger ohne Reisemöglichkeiten.

Mit einem Beauftragten von Günter Mittag sowie den Führungsleuten der Intrac wurde lediglich eine deutsch-deutsche Finanzierungskonzeption ausgearbeitet, die Bahl wie folgt darstellte: Abkopplung des menschlichen Bereichs sowie jeglichen politischen Inhaltes; Übernahme des Aktienkapitals der IK von nominal 900.000.- Schweizer Franken zu je 50 Prozent durch Intrac und Kreditanstalt für Wiederaufbau; Kapitalerhöhung auf 200 Millionen Schweizer Franken (oder direkt auf 500 Millionen Schweizer Franken) paritätisch durch Intrac und Kreditanstalt für Wiederaufbau; Geschäftszweck der IK:

Durchführung von Geschäften, die im Interesse der Aktionäre der IK liegen, insbesondere auf dritten Märkten; Absichtserklärung der Vertreter der Intrac zum Schluß der Messe, 50 Prozent des Aktienkapitals der IK zu übernehmen. Beginn der kommerziellen Geschäftstätigkeit zwischen IK und Intrac.

All dies bestätigte auch die Hauptabteilung (HA)XVIII des MfS in einer Analyse vom Mai 1986. Aber auch sonst rissen die Querelen nicht ab, die diesmal vom MfS im Hintergrund mit provoziert wurden: Im März 1985 war zwar eine Intensivierung der Geschäftstätigkeit zwischen der IK und der Intrac zu registrieren, aber die zugesagte Joint-Venture-Gründung durch eine Kapitalbeteiligung bei der IK blieb vorerst aus. Zugleich wurde eine Teilnahme der Kreditanstalt für Wiederaufbau weiter angestrebt: »Erste Zusammentreffen von mir und Frau H. Emrich mit Herrn Dr. Schüler, Mitglied des Vorstands der Kreditanstalt für Wiederaufbau, durch Vermittlung von Herrn K. Wienand und Dr. Jenninger; ...Zusammentreffen von Dr. Jenninger, Herrn Wienand, Dr. Schüler und dem Unterzeichner. Es wird vereinbart, daß die Kreditanstalt für Wiederaufbau in Geschäftsbeziehung zur IK tritt, wobei der Geschäftsnutzen für die IK betragsmäßig dem Nutzen der IK aus der Geschäftsbeziehung zur Intrac entsprechen sollte«[50)], ist in den Akten des Schalck-Ausschusses und bei Bahl zu lesen. Dies wurde auch in einem anderen Vermerk bestätigt.

Noch im Mai 1985 war die Lage mit der Intrac-Beteiligung weiter offen. Doch andererseits wurden nun die Beziehungen zur Kreditanstalt für Wiederaufbau enger: Nach neuen Gesprächen im Sommer und Herbst 1985 in Zürich, Berlin und Leipzig kam ein echter Durchbruch zur deutsch-deutschen Finanzkooperation zustande: Die Intrac beteiligt sich mit 50 Prozent an der IK. Der KoKo-Finanzexperte Günter Grötzinger, seinerzeit stellvertretender Generaldirektor der Intrac, und die Ehefrau von Bahl, Yvette Bahl-Zurbuchen, traten in den Verwaltungsrat ein; Neubert ging in die Direktion der IK, allerdings mit Sitz in Berlin. Ein Teil des Aktienkapitals wird der Kreditanstalt für Wiederaufbau angeboten, so heißt es in den Unterlagen weiter.[51)]

Um diese Beteiligung einer dem Bund zugehörigen Finanzinstitution abzusichern, mußte erneut das Bundeskanzleramt bemüht werden. Bahl informierte Dr. Jenninger und notierte: »Grundsätzliche Bereitschaft der Intrac zur Zuwahl von Dr. Schüler in den Verwaltungsrat der IK. Unterrichtung von Dr. Jenninger unter Übergabe der in diesem Zusammenhang erstellten Dokumentation. Bitte an Dr. Jenninger, den Bundeskanzler und den Finanzminister Dr. Stoltenberg zu unterrichten, damit Dr. Schüler die entsprechenden Genehmigungen erhält. Diese Unterrichtung ist offensichtlich nicht erfolgt. Erstellung eines neuen Konzeptes für die IK.«[52)]

Im Jahre 1986 gab es erst einmal wieder neue Verzögerungen. Im Januar verschoben sich die Gespräche mit der Kreditanstalt für Wiederaufbau; im Februar kam es zu einem neuen Rückschlag: Besuch Holger Bahls zusammen mit Karl Wienand bei Dr. Jenninger. Unterrichtung durch Dr. Jenninger über ein Gespräch mit Bundesminister Dr. Schäuble, wonach Dr. Schalck gegenüber dem bayerischen Ministerpräsidenten jegliche Aktualität des »Zürcher Modells« verneint hat.[53)]

Nun blockte die DDR noch deutlicher. Sie wollte nicht, daß diese Seite der deutsch-deutschen Finanzgeschäfts – die Bildung eines Banken-Joint-Ventures mit möglicher neuer Verkopplung zum »Zürcher Modell« – ruchbar werden könnte. Dazu aus dem Bahl-Protokoll: »Absage der Kreditgespräche zwischen der IK und der Kreditanstalt für Wiederaufbau sowie Abendessen mit Dr. Schüler in Zürich auf Wunsch der Intrac. Beschluß des Verwaltungsrates der IK und entsprechende Weisung an die Direktion (auf Wunsch der Vertreter der Intrac), keinerlei Geschäftsbeziehungen zur Kreditanstalt für Wiederaufbau aufzunehmen. Beschränkung der geschäftlichen Aktivitäten der IK auf Wunsch der Intrac auf ein minimales Niveau. Die Beteiligung der Intrac bei der IK soll auf Wunsch der Intrac nach außen nicht in Erscheinung treten.«[54)]

Das MfS und Schalck hatten reagiert. Im oben genannten Vermerk der Hauptabteilung XVIII des MfS vom 8. Mai 1986 über »Aktivitäten zur Herbeiführung finanzieller Abhängigkeiten der DDR gegenüber der BRD« wurde »dem Gen. Dr. Schalck« empfohlen »zu prüfen, unter welchen Bedingungen die Intrac sich von der Industriekredit AG lösen kann und das ›Zürcher Modell‹ unabhängig von möglichen weiteren Modifizierungen *(gemeint ist damit offensichtlich das »Länderspiel« – Anm. d. Autors)* nicht realisiert wird«.[55)]

Sodann wurde dem DABA-Präsidenten und dem Generaldirektor der Handelsbank empfohlen, die diesbezüglichen Verträge »fristgemäß zu beenden und keine weiteren Geschäftsanbahnungen bzw. -abschlüsse mit ihm *(Bahl – Anm. d. Autors)* vorzunehmen«.[56)]

Abgesehen davon, daß der KoKo-Bereich des MfS damit die Relevanz des »Zürcher Modell« und von Nachfolgeprojekten *(offenbar war das »Länderspiel« gemeint – Anm. d. Autors)* 1986 bestätigte, tauchte die dem Minister Erich Mielke direkt unterstellte Diensteinheit als Mittäter bei Aktivitäten gegen eine deutsche Annäherung über den Weg dieser Projekte auf. Nicht nur beim Bundeskanzleramt und bei Honecker, auch bei Mielke kann sich die DDR für die Verhinderung von Verbesserungen im Reiseverkehr und nachfolgenden Annäherungschancen für alle Deutschen bedanken.

Im April 1986 gingen die Lebenslichter der »Zürcher Modell«-Konzeption aus. Mittag war anläßlich der Hannover-Messe beim Bundeskanzler und bei Dr. Jenninger. Dort wurde das Thema nicht behandelt, mutmaßte Bahl. Jedoch: »Hingegen zeigt sich Staatssekretär Dr. Beil bei einer Ansprache durch Dr. Gundelach i. S. ›Zürcher Modell‹ unterrichtet.«[57)]

Gundelach dazu resümierend: Das »Zürcher Modell« habe eigentlich die ganzen Jahre weitergegeistert, »so daß diese Geschichte ›Zürcher Modell‹ nicht unbedingt restlos und für alle Zeiten abgehakt war«.[58)] Das Thema »Zürcher Modell« und »Länderspiel« war auch Gegenstand eines längeren Gespräches zwischen Dr. Andrä und Dr. Gundelach auf der Leipziger Messe im Herbst 1986, das von Mitarbeitern der HA XVIII des MfS abgehört wurde. In diesem Gespräch fielen die Namen Kohl, Strauß, Schäuble, Jenninger, Gundelach, Schalck, Beil, Mittag und Honecker. Dabei ging es auch darum, wie das Cocom-Embargo zur Verhinderung von Technologielieferungen an die DDR durchbrochen werden und wie die DDR verhindern konnte, daß via Berlin-Schönefeld keine flüchtenden Tamilen mehr nach Westberlin gelangten. Dies alles waren Probleme, die, zumindest partiell, unverzüglich geregelt wurden. In die DDR flossen Geld und Embargogüter – und Kohl und Schäuble brauchten sich keine Sorgen mehr um die Asylbewerber aus Sri-Lanka zu machen.

Viele der schriftlichen Belege über solche Gespräche sind verschwunden. Wo sind sie? Bei den mehrjährigen Diskussionen im Schalck-Ausschuß wurden zahlreiche Aufzeichnungen aus dem Bundeskanzleramt vermißt, die Aufschluß über Aktivitäten des DDR-Devisenbeschaffers bzw. seiner Partner oder über angrenzende Vorhaben (wie das »Zürcher Modell«) geben könnten. Man vermutet, daß es vielleicht keine gegeben hat, oder daß sie vernichtet wurden. Denkbar auch: Sie sind in die Hände von Geheimdiensten geraten.

Natürlich sind verschiedene Varianten denkbar. Was die Gespräche zwischen Bonn und Berlin anbelangt, so ist die Erklärung einfacher: Es gibt allein zum »Zürcher Modell« Dutzende von Aktenvermerken mit verschiedenen Partnern zwischen 1982 und 1990, in denen von den West-Partnern akribisch Äußerungen aufgezeichnet wurden. Selbst MfS-Akten gingen nicht intensiver auf die Einzelheiten ein.

Das MfS war deutlich darum bemüht, die Kontinuität von Gesprächen in Sachen »Zürcher Modell« und »Länderspiel« über die 80er Jahre hinweg zu verdeutlichen. Zudem wurden die Inhalte vom »Zürcher Modell« und vom »Länderspiel« exakt beschrieben, und zwar nach der bundesdeutschen Originalvorlage. Das gilt auch für die Namen der Hauptakteure: Wischnewski, Axen, Schalck, Schreckenberger, Jenninger, Mittag, Beil, Kohl, Schäuble, Honecker und Sindermann *(in der Reihenfolge ihrer Erstnennung)*.[59)]

Ich selbst habe mehr als 100 Seiten Anfang 1994 in Zürich, wo Kopien deponiert sind, noch einmal nachgelesen. Darüber hinaus liegen dicke Akten im Schalck-Ausschuß in München, die die handschriftliche Eingangsbestätigung des Bundeskanzleramtes tragen. Sie wurden mir vom Vorsitzenden des Schalck-Ausschusses gezeigt. Sie geben die Gesprächsinhalte im wesentlichen wieder und beleuchten zugleich die Hintergründe aus westlicher Sicht.

Warum diese bis 1994 nicht dem Schalck-Ausschuß in Bonn vorlagen? Ganz einfach. Bekanntlich hat man es in Bonn abgelehnt, die eigentlichen Akteure und deren schriftliche Beweise zur Sache zu den Ausschuß-Anhörungen hinzuzuziehen. Und wer möglicherweise noch immer glaubt, daß die Aktivitäten um das »Zürcher Modell« nur ein Stück aus dem Märchenbuch gewesen seien, dem helfen die Unterlagen des MfS weiter.

Auch zu den Tagungen der Enquête-Kommission des Bundestages zur Aufhellung der DDR-Geschichte wurde niemand eingeladen, der in die deutsch-deutschen Gespräche auf Seiten der DDR involviert war. Demzufolge mußten die damaligen Gesprächs- und Verhandlungsinhalte der Öffentlichkeit zwangsläufig verborgen bleiben.

Zweitens: Wer informierte wen? Aus dem geradezu pingeligen Gebaren des oder der Verfasser vieler Vermerke geht hervor, daß zahlreiche dieser Unterlagen auf den Tischen von Jenninger, Gundelach, Wienand, Schüler, aber auch von Schäuble gelandet sind. Von etlichen wurde zudem noch der Eingang von den Empfängern handschriftlich quittiert.

Drittens: Eine für die damaligen Aktivitäten und die heutige Diskussion interessante Frage ist, welche relevanten Gruppierungen in Bonn »immer über alles informiert waren«? Dies war zur Zeit der sozial-liberalen Koalition sicher schon sehr wichtig, denn unter Willy Brandt war der Entspannungs- und Öffnungsprozeß zum Osten einschließlich zur DDR zu einem tragenden Pfeiler der Bonner Politik geworden. Er hat seine grundsätzliche vertraglich gesicherte Ausprägung gefunden. Dies entsprach auch der Position des Ex-Kanzlers Schmidt, der gerade die deutsch-deutsche Variante dieser Annäherung weiter intensivierte.

Die CDU/CSU vertrat damals in ihrer Mehrheit dem gegenüber eine politische Antiposition. Nach dem Regierungswechsel war demzufolge die weitere Politik der CDU/CSU von allergrößtem Interesse, aber nicht minder die Haltung der SPD, denn beide waren vonnöten.

Auf einen der wichtigsten Akzente in den Gesprächen und im Verhalten Bonns macht Gundelach zurückblickend aufmerksam, und zwar zuerst das »Zürcher Modell« betreffend, aber noch mehr in bezug auf das nachfolgende »Länderspiel«. Man darf ihm in seiner Aussage nur zustimmen: »Für mich schien das zu signalisieren, daß im Falle eines Falles mit der Zustimmung der anderen großen Partei im Bundestag eine solche Sache zu verwirklichen wäre.«[60] Nur ein enger Konnex zwischen CDU/ CSU und SPD gestattete, diese Modelle politisch-parlamentarisch zu verwirklichen. Das setzte vor allem einen permanenten Informationsfluß zur SPD-Spitze voraus. Bahl sicherte, daß direkt über Gundelach, Jenninger, aber auch später über Schäuble die Bundesregierung ins Bild gesetzt wurde. Die Information der SPD-Spitze besorgte – nachdem er durch Bahl informiert worden war – Wienand. Sie ging durch ihn weiter an Lahnstein, Wehner, Vogel, Schmidt usw. – ein ganzes Jahrzehnt lang.

Und noch eines: Gerade Gundelach äußerte sich in einer Schlüsselfrage über die Kontinuität des Informationsflusses durch Bahl. Über seine DDR-Gespräche und -Kontakte erklärte der ehemalige Bürochef von Philipp Jenninger im Schalck-Ausschuß: »Der Herr Bahl, den ich im Verlaufe der Jahre recht gut kennengelernt habe, der sich häufig gemeldet hat, war ein sehr rühriger Mensch, und manches von dem, was er übermittelte, denke ich, haben wir schon eher cum grano salis genommen. Aber auf der anderen Seite, das war ein Mann, der mit der DDR offensichtlich keine schlechten Geschäfte machte ... und mit seiner Person war verbunden, halt potentiell immerhin, ein mögliches Übereinkommen mit der DDR im Sinne ... Ich habe gesagt, das ging über Jahre. Ich glaube, der Herr Bahl hat das die ganzen 80er Jahre hindurch weiterverfolgt, ist auch in dieser Sache nach 84 noch häufig vorstellig geworden oder hat sich gemeldet ...[61], in der Regel bei mir, aber gelegentlich auch direkt bei Herrn Jenninger. Er stand da auch nicht völlig allein«.[62] Und weiter:

»Soweit ich weiß, hat Herr Jenninger auch den Bundeskanzler in der Regel mündlich informiert, vielleicht mal mit einem handgeschriebenen Blatt mit den entscheidenden Punkten.«[63]

Die Informationen auf DDR-Seite gingen an solche Adressaten wie Mittag, Sindermann und Andrä, ferner an die Führungsetagen der Intrac, des KoKo-Schalck-Imperiums usw.

Die einmalige historische Situation, daß die Akten des friedlich untergegangenen Kontrahenten nun der anderen Seite offen vorlagen, brachte im Osten manches zum Vorschein, das man in Bonn oder München lieber vergessen oder auf ewig vergraben hätte.

Die Ergebnisse der dort tätigen parlamentarischen Untersuchungsausschüsse zu den Aktivitäten des Schalck-Imperiums nötigen dem politischen Beobachter den Eindruck auf, daß die Zusammenhänge im »Zürcher Modell« und im »Länderspiel« in der bayerischen Landeshauptstadt weitaus objektiver und gründlicher behandelt wurden. Hier kam man – da man die eigentlichen Akteure wie Holger Bahl, Karl Wienand, Jürgen Nitz, Wolfgang Andrä anhörte und zumal die Aussagen von Thomas Gundelach den gleichen Tenor hatten – zu folgenden Feststellungen: Es hat tatsächlich deutsch-deutsche Verhandlungen gegeben, die im Austausch ihrer Angebote öffentlich bekannte Grenzen überschritten. Dazu zählten eine mögliche Anerkennung der DDR-Staatsbürgerschaft und die Auflösung der zentralen Erfassungsstelle in Salzgitter. Das offizielle Bonn war stets als Auftraggeber von Initiativen schriftlich durch Aktennotizen und Vermerke informiert und hat den Eingang von Aufzeichnungen und Mitschriften von Gesprächen bzw. Verhandlungen vielfach schriftlich bestätigt.

Bekannt wurden auch die Informationswege in der DDR. Es wurden Beil und Mittag, in besonders gravierenden Fällen auch Sindermann direkt ins Bild gesetzt. Selbstverständlich wurden dort auch Weisungen gegeben, wie weiter zu verfahren sei. Es wurden auch die Hauptstränge der Information an das MfS deutlich: Eine als »Kontrollabteilung« getarnte Diensteinheit im Außenhandelsministerium gab die dicke Aktenordner füllenden Unterlagen an die MfS-Zentrale in der Ostberliner Normannenstraße weiter.

Sichtbar wurden allerdings auch die Widersprüche zwischen den Aussagen von Jenninger einerseits und den in München und Bonn aufgetretenen Zeitzeugen andererseits.

»Nach der Anhörung früherer deutsch-deutscher Unterhändler ... durch den bayerischen Schalck-Untersuchungsausschuß sind neue Fragen um das ›Zürcher Modell‹ aufgetaucht. Die wichtigste: Warum hat Philipp Jenninger gelogen?« fragte deshalb völlig zurecht die »Berliner Zeitung« am 26. April 1994,

Philipp Jenninger spielte seine Gespräche mit der DDR herunter – Akten und Zeugen aber widerlegten ihn, und es wurde weiter festgestellt, daß Jenninger im Bonner Schalck-Ausschuß aussagte, daß es zum »Zürcher Modell« nach 1983 keine Gespräche mehr gegeben habe.

Das aber stimmte nicht, wie Bahl, Andrä und Nitz sowie die graue Eminenz der SPD, Karl Wienand, übereinstimmend bestätigten, wie die Zeitung referierte. »Und Holger Bahl konnte gar als Beweis von Jenninger abgezeichnete Vermerke über seine Gespräche mit Nitz und Andrä präsentieren. Damit läuft Jenninger Gefahr, wegen Falschaussage von einem parlamentarischen Untersuchungsausschuß angezeigt zu werden.«

Demgegenüber fiel die Arbeit der Enquête-Kommission des Deutschen Bundestages zur Aufarbeitung der DDR-Geschichte unter Vorsitz von MdB Rainer Eppelmann (CDU) noch weiter ab. Nicht nur, daß in ihrem Abschlußbericht zur Außenpolitik der DDR gar nichts gesagt wurde. Nicht gehört wurden jene, die auf Wunsch des Bundeskanzleramtes oder auf Veranlassung der DDR jahrelang Gespräche oder Verhandlungen geführt hatten, kritisierte die Zeitung.

Der Bonner Schalck-Untersuchungsausschuß hellte die Tätigkeit des Schalck-Firmenimperiums mit großem Aufwand auf und zeigte eine Anzahl von Segmenten des deutsch-deutschen Verhandlungsgeflechtes. Genannt wurden die Verantwortlichen aus den beiderseitigen politischen Führungsetagen.

Im Abschlußbericht dieses Ausschusses[64)] wimmelte es nur so von Namen der höchsten politischen Chargen in der Bundesrepublik. Die Gespräche wurden eben im Auftrag der Bundesregierung, des Bundeskanzlers und des Kanzleramtes geführt. Auf DDR-Seite erschien interessanterweise seit 1967 fast immer nur Schalck, der im Auftrage von Honecker, Mielke und Mittag, zuletzt von Krenz und Modrow aktiv wurde.

Deutlich macht der Bericht weiter, daß die Intensität gerade der oberen Ebenen in der deutschen Zusammenarbeit seit 1967 – mit wenigen Unterbrechungen – beharrlich zunahm. Zudem wurden im Laufe der Jahre die Partner auf Bonner Seite immer hochkarätiger. Dabei wurden, weil sie nicht Gegenstand der Untersuchung waren, die unzähligen Fachgespräche der unterschiedlichen Experten noch nicht einmal erwähnt. Nirgends auf der Welt gab es noch zwei Staaten verschiedener sozialer Systeme, wo so permanent und intensiv verhandelt wurde.

Die Art der Gespräche und Kontakte wurden im Bericht des Schalck-Auschusses jedoch richtig beschrieben. Die interessantesten Themen, vor allem offene Fragen, wurden durch inoffizielle Kanäle vorbereitet. Nach Abschluß des Grundlagenvertrages gewannen zunehmend die offiziellen Verhandlungen auf Regierungs- und Parteiebene an Gewicht. Dennoch wurden zwischen denselben Personen gleiche Sachfragen sowohl offiziell als auch inoffiziell verhandelt. Günter Gaus, Bonns erster Ständiger Vertreter in Ostberlin, formulierte pointiert: mal mit Hut und mal ohne Hut. Bei Schalck hieß es: Mal mit Jackett, mal ohne Jackett.

Nach Ansicht des Ausschusses waren die finanziellen Leistungen an die DDR, später die Vorbereitung der beiden sogenannten Milliarden-Kredite, wesentlicher Gegenstand der Gespräche.

Die Gespräche nach dem Regierungswechsel in Bonn dienten der Feststellung, ob die unter der früheren Regierung besprochenen Projekte fortgesetzt werden sollten.[65] Die Gespräche von Schalck dienten wiederum der Regierung in Bonn, sich als Wahrer der Interessen aller Deutschen darzustellen. Dies galt insbesondere für Berlin(West) und für humanitäre Fragen. Gelegentlich wurde auch Wahlhilfe für die SPD registriert. Für den Kanzlerkandidaten Rau wurde im September 1986 eine Regelung in der sogenannten Tamilenfrage gefunden, wonach die DDR-Regierung den Zustrom von Tamilen über Westberlin in die BRD unterband. Schalck kommentierte: »Man hätte halt auf diese Weise versucht, stückweit auch einmal für die Sozialdemokraten etwas Gutes zu tun.«[66]

Das »Zürcher Modell« war auch Gegenstand der Gespräche auf hoher Ebene, wenn sie auch nicht zum erwünschten Ergebnis führten. Es hat auch in spätere Verhandlungen keinen Eingang gefunden. Bahl habe, laut Schalck-Ausschuß, mit seinen Initiativen »auf beiden Seiten für Irritation« gesorgt. Die Darstellungen im Untersuchungsbericht sind bruchstückhaft und verworren. Die Autoren räumten teilweise einen Widerspruch ein und stellten geradezu erleichtert fest: »Wegen der Themenzuordnung bleibt es dem bayerischen Untersuchungsausschuß überlassen, diese Widersprüche aufzuklären.«[67)]

Eingeräumt wurde noch, daß ein Überblick über die Gespräche Jenningers ab 1983 zu den eigentlich politisch heiklen Fragen fehlte. Die Aktenlage im Bundeskanzleramt zu den Parallelverhandlungen »Zürcher Modell« und »Milliardenkredit« sei schlecht. »Im Bundeskanzleramt waren derartige Akten nicht auffindbar«.[68)]

Holger Bahl hingegen stellte schon am 2. Juni 1986 in Zürich die Genesis des »Zürcher Modell« dar. Das Papier zitiere ich hier bewußt als eine Art Nachhilfeunterricht für den Bonner Ausschuß.

»Entwicklung und derzeitiger Stand des ›Zürcher Modells‹ (ZM)

Die Grundkonzeption des ZM wurde in meinem Schreiben vom 17. 2. 82 an Herrn H. Steinebach, DDR-Berlin, und Herrn K. Wienand, Windeck/BRD, wie folgt festgelegt:

– Gründung einer Finanzgesellschaft in Zürich mit zunächst Fr. 200 Mio. Aktienkapital, welches je zur Hälfte mit der Intrac Handelsgesellschaft mbH, DDR-Berlin, und der Kreditanstalt für Wiederaufbau, Frankfurt/Main (KFW), übernommen wird.

– Kredit über DM 4 Mrd. der KFW über die gemeinsame Finanzgesellschaft als Treuhänder an die Intrac mit einer Laufzeit von 20 Jahren.

– Abgabe der damals vorgesehenen Erklärung der zuständigen Behörden der DDR über die Senkung des Reisealters für DDR-Bürger in die BRD (um 5 Jahre).

– Kapitalerhöhung der Finanzgesellschaft auf Fr. 500 Mio. paritätisch durch Intrac und KFW; Gründung von Filialen in DDR-Berlin, West-Berlin, Leipzig und Frankfurt/Main.

Diese Konzeption entwickelte sich bis heute wie folgt:

August/September 1982

Einigung beider Seiten zu dieser Konzeption zwischen dem Beauftragten der Bundesregierung, Staatsminister Wischnewski, und dem Beauftragten der DDR, Rechtsanwalt Dr. Vogel, in Weimar. Diese Einigung erfolgte unmittelbar nach dem Zusammentreffen von Generalsekretär Honecker mit Staatsminister Wischnewski in Berlin. Meines Wissens wurde der Kreditbetrag damals auf DM 5 Mrd. festgelegt.

November 1982

Abklärungen des Unterzeichners bei Rechtsanwalt Dr. Vogel und dem Vertreter der neuen Bundesregierung, Staatssekretär Schreckenberger, ob beide Seiten nach dem Regierungswechsel in Bonn weiterhin an dem ZM interessiert sind. Weiterführung der Gespräche in Bonn mit Dr. Jenninger, in Berlin mit den Beauftragten von Dr. Mittag und Staatssekretär Dr. Beil (Dr. Vogel hatte kein Mandat mehr).

Februar 1983

Interesse beider Seiten, das ZM vor der Bundestagswahl im Frühjahr 1983 durchzuführen. Erstmals wird die Möglichkeit einer Fristentransformation zwischen Kreditgewährung und Senkung des Reisealters diskutiert. Schließlich Absage durch den Beauftragten von Dr. Mittag.

April 1983

Erneute Bekundung des Interesses beider Seiten am ZM anläßlich des Telefongesprächs des Bundeskanzlers mit GS Honecker vom 18. 4. 1983 sowie bei dem am gleichen Tag geführten Gespräch Dr. Jenninger/Dr. Mittag. Benennung von Staatssekretär Dr. Schalck als Verhandlungsbevollmächtigter der DDR. Bereitschaft des Bundeskanzlers, die Gespräche mit Dr. Schalk persönlich zu führen. Demzufolge Aktivierung der IK Industriekredit AG, Zürich, als für das ZM vorgesehene Finanzgesellschaft, Miete von Büroräumen in Zürich an der Mainaustraße 19 und Einstellung von Frau H. Emrich, vormals langjährige Kreditchefin bei der Bank für Kredit und Außenhandel AG, Zürich, als Direktorin.

Juni 1983

Erklärung meines Gesprächspartners, des Beauftragten von Dr. Mittag, daß er kein Mandat mehr für das ZM habe. Gewährung des Kredites über DM 1 Mrd. eines Bankenkonsortiums unter Führung der Bayerischen Landesbank, Luxemburg, an die Deutsche Außenhandelsbank, DDR-Berlin.

September 1983
Besuch von Altbundeskanzler Helmut Schmidt bei GS Honecker. Erklärung von GS Honecker, daß das ZM nach dem Milliardenkredit wohl nicht mehr nötig sei.
Oktober 1983
Neuaufnahme meiner Gespräche, nunmehr mit dem Beauftragten von Dr. Beil. Ständiger Kontakt zu Dr. Jenninger. Querelen um den zweiten Milliardenkredit und allfälliger Gegenleistungen. Unstimmigkeiten über die Mandatsverhältnisse beim ZM. Auf DDR-Seite sind Milliardenkredite und ZM offensichtlich konkurrierende Kreditvarianten. Erklärung des Beauftragten von Dr. Mittag, daß GS Honecker entschieden habe, daß die bestehenden Kontakte meiner Gesprächspartner in der DDR zu mir weitergeführt werden sollen. Nunmehr wird das ZM von DDR-Seite von der Einräumung des zweiten Milliardenkredites (ohne Gegenleistung) abhängig gemacht.
Januar 1984
Einräumung des zweiten Milliardenkredites durch ein Bankenkonsortium unter Führung der Deutschen Bank AG, Luxemburg, an die DABA. Verbesserung des Kreditstandings der DDR am Euromarkt. Erste Kreditaufnahmen der Intrac, DABA und der Deutschen Handelsbank.
August 1984
Absage des ZM durch Dr. Schalck am 1. 8. 1984 gegenüber Dr. Jenninger.
September 1984
Neukonzeption des ZM anläßlich der Leipziger Herbstmesse in Gesprächen mit dem Beauftragten von Dr. Mittag sowie Vertretern der Intrac auf rein kommerzieller Basis wie folgt:

– Abkopplung des menschlichen Bereichs sowie jeglicher politischer Inhalte.
– Übernahme des Aktienkapitals der IK von nom. Fr. 900.000,- zu je 50% durch Intrac und KFW.
– Kapitalerhöhung auf Fr. 200 Mio. (oder direkt auf Fr. 500 Mio.) paritätisch durch Intrac und KFW.
– Geschäftszweck der IK: Durchführung von Geschäften, die im Interesse der Aktionäre der IK liegen, insbesondere auf dritten Märkten.

– Absichtserklärung der Vertreter der Intrac zum Schluß der Messe, 50% des Aktienkapitals der IK zu übernehmen. Beginn der kommerziellen Geschäftstätigkeit zwischen IK und Intrac.

März 1985

Verzögerung der vorgesehenen Beteiligung der Intrac bei der IK aufgrund der Verschlechterung der deutsch-deutschen Beziehungen insgesamt, jedoch Intensivierung der Geschäftstätigkeit zwischen IK und Intrac. Erstes Zusammentreffen von mir und Frau H. Emrich (mit Herrn Dr. Schüler, Mitglied des Vorstands der KFW, durch Vermittlung von Herrn K. Wienand und Dr. Jenninger).

Mai 1985

Weitere Verzögerung der Beteiligung von Intrac bei IK. (Zusammentreffen von Dr. Jenninger, Herrn Wienand, Dr. Schüler und dem Unterzeichner. Es wird vereinbart, daß die KFW in Geschäftsbeziehung zur IK tritt, wobei der Geschäftsnutzen für die IK betragsmäßig dem Nutzen der IK aus der Geschäftsbeziehung zur Intrac entsprechen sollte).

Oktober 1985

Beteiligung der Intrac mit 50% an der IK. Zuwahl von Günter Grötzinger, stellv. Generaldirektor der Intrac, und Frau Yvette Bahl-Zurbuchen in den Verwaltungsrat. Zuwahl von Herrn Klaus Neubert, Finanzdirektor der Intrac, in die Direktion der IK mit Sitz in Berlin. Grundsätzliche Bereitschaft der Intrac zum Verkauf des von Frau Bahl-Zurbuchen gehaltenen restlichen Aktienkapitals der IK von ebenfalls 50% an die KFW. (Grundsätzliche Bereitschaft der Intrac zur Zuwahl von Dr. Schüler in den Verwaltungsrat der IK. Unterrichtung von Dr. Jenninger unter Übergabe der in diesem Zusammenhang erstellten Dokumentation. Bitte an Dr. Jenninger, den Bundeskanzler und den Finanzminister Dr. Stoltenberg zu unterrichten, damit Dr. Schüler die entsprechenden Genehmigungen erhält. Diese Unterrichtung ist offensichtlich nicht erfolgt. Erstellung eines neuen Konzeptes für die IK)

Januar 1986

Verschiebung der Gespräche mit der KFW zwecks Beteiligung an der IK und Entsendung von Dr. Schüler in den

Verwaltungsrat der IK auf Wunsch der Intrac. Bereitschaft der Intrac zur Aufnahme eines Kredites von DM 50 Mio. bei der IK, der durch die IK bei der KFW refinanziert werden soll. Bereitschaft der Intrac zu einem Abendessen mit Herrn Dr. Schüler in Zürich.

Februar 1986

Besuch des Unterzeichners zusammen mit Herrn Wienand bei Dr. Jenninger. Unterrichtung durch Dr. Jenninger über ein Gespräch mit Bundesminister Schäuble, wonach Dr. Schalck gegenüber dem bayerischen Ministerpräsidenten jegliche Aktualität des ZM verneint hat.

März 1986

Absage der Kreditgespräche zwischen der IK und der KFW sowie des Abendessens mit Dr. Schüler in Zürich auf Wunsch der Intrac. Beschluß des Verwaltungsrates der IK und entsprechende Weisung an die Direktion (auf Wunsch der Vertreter der Intrac), keinerlei Geschäftsbeziehungen zur KFW aufzunehmen. Beschränkung der geschäftlichen Aktivitäten der IK auf Wunsch der Intrac auf ein minimales Niveau. Die Beteiligung der Intrac bei der IK soll auf Wunsch der Intrac nach außen nicht in Erscheinung treten.

April 1986

Besuch von Dr. Mittag bei Bundeskanzler Kohl und Dr. Jenninger anläßlich der Hannover-Messe. Meines Wissens unterbleibt die abgesprochene und vorformulierte Ansprache des ZM durch Dr. Mittag. (Hingegen zeigt sich Staatssekretär Dr. Beil bei einer Ansprache durch Dr. Gundelach i.S. ZM unterrichtet.)

Zürich, den 2. Juni 1986«

Zu diesem Vermerk von Bahl sei mir noch eine Bemerkung gestattet. Aus den von der Gauck-Behörde freigegebenen Unterlagen geht hervor, daß Wischnewski, Wienand und Jenninger für Führungspositionen in der Bank vorgesehen waren, ebenso Schalck und Rechtsanwalt Dr. Vogel.[69]

Das »Länderspiel«

Im Frühjahr 1985 kam Holger Bahl, von Bonn inspiriert, mit neuen konzeptionellen Vorstellungen, nachdem es mit dem »Zürcher Modell« offensichtlich nicht mehr weiterging. Er fragte, ob »der Wind aus dem Osten weiter so eisig weht«, oder ob man seit Gorbatschow die »äußeren Einflüsse« für das Anliegen deutsch-deutscher Kooperation und perspektivisch Konföderation nun als günstiger bewerten könne? Er war damit auf einen besonders neuralgischen Punkt in der deutschen Geschichte und im besonderen in der DDR gestoßen, welcher heute bei der Beurteilung innerdeutscher Beziehungen wenig oder keine Beachtung findet. Für Bahl und mich war dies jedoch der Dreh- und Angelpunkt. Für das Scheitern oder Gedeihen deutsch-deutscher Projekte war Moskau letztlich verantwortlich. Dennoch gewann Honecker zunehmend politischen Spielraum. Insofern waren Kenntnis offizieller politischer Leitlinien sowohl aus dem Kreml als auch aus dem ZK der SED oder dem DDR-Staatsrat und deren sachkundiger Interpretation von allergrößter Bedeutung. Bahl war da ein für das Bundeskanzleramt sehr wichtiger Informationskanal.

Jenninger selbst unterstrich vor dem Schalck-Untersuchungsausschuß den besonderen Wert, den die Kontakte Bahls zur DDR gerade für das Bundeskanzleramt hatten, wenngleich er sie herunterspielte: »Er *(Bahl – Anm. d. Autors)* kam vielleicht alle zwei, drei Monate mal, wenn er in Bonn zu tun hatte, vorbei, oder wenn er etwas ganz Interessantes zu sagen hatte, insbesondere nach den Messen, was er da wieder gehört und erfahren hat. Ich legte nicht so entschiedenen Wert darauf, daß er nun also täglich bei mir auftauchte, denn so wichtig war er nun auch wieder nicht. Aber um Information und Gegeninformationen abzuchecken, war es mir dann schon mal gelegentlich wertvoll, von ihm zu hören. Ich habe zwei-, dreimal festgestellt, daß er mir etwas gesagt hat, was dann, in zwei, drei Tagen eingetroffen ist. Also hat er schon Informationen gehabt aus dem Bereich der früheren DDR, die für uns von Bedeutung waren.«[70] Bahl »hatte dort einige Informanten, die ihm einiges gesagt haben, und das war für mich nicht uninteressant.«[71]

Ich erinnere mich an eines dieser »Schlüsselerlebnisse«, das Bahl dem Kanzleramtsminister wärend der kurzen Amtszeit des KPDSU-Generalsekretärs Tschernenko bescherte:

Mein Chef, Prof. Max Schmidt, Direktor des Instituts für Internationale Politik und Wirtschaft, war im Zusammenhang mit dem NATO-Doppelbeschluß und seinen Folgen zu einer Lageberatung ins Zentralkomitee der SED gerufen worden. Nach seiner Rückkehr versuchte er, uns eine neue Sicht der schwierig gewordenen Situation zu vermitteln. Ich sah den Ernst der Lage durchaus ebenso dramatisch und war darum wie andere an einem Ost-West-Ausgleich und einer Annäherung der beiden deutschen Staaten interessiert. Offensichtlich waren die politischen Eliten in beiden Staaten über die Stationierung von Atomraketen auf deutschem Boden betroffen. Zufällig war ich am Abend dieses Tages mit Bahl verabredet. Er war an einer Lagebeurteilung aus DDR-Sicht brennend interessiert. Ich sah eine Chance, dies geradezu »ofenfrisch« an den Mann zu bringen. Denn für die deutsch-deutschen Projekte konnte die DDR-Sorge ein ausschlaggebender Fakt und zugleich eine Mahnung an die Bundesregierung sein.

Aus meinem Notizbuch diktierte ich ihm, was man in der DDR-Spitze jetzt »als Sache« ansah und was für die Ohren der Bonner Entscheidungsträger gedacht war:

»Erstens ist nach dem politischen Wechsel in Bonn die DDR-Führung in ihrer faktischen, vor allem offiziellen Deutschlandpolitik noch immer auf Tauchstation, wie man ja in Bonn schon deutlich gemerkt hätte. Man kann in dieser Zeit zu diesem Punkt aus Berlin keine eigenen spektakulären Aktivitäten erwarten.

Zweitens hat sich zudem die internationale Lage in Europa weiter erheblich verschlechtert. Bonn machte mit seiner Raketennachrüstung ernst, und Moskau blockierte die Verständigung. Die UdSSR begann, auf dem von ihr besetzten Territorium, Mittelstreckenraketen mit Atomsprengköpfen zu stationieren. (Ich verwies auf Tschernenkos als Drohung gedachtes Wort, daß sich die Deutschen aus ihren jeweiligen Staaten bald durch einen Zaun von Raketen anschauen werden.) Der Begriff einer neuen politischen Eiszeit prägt das politische Klima. Das unter der sozial-liberalen Koalition ziemlich in Fahrt gekommene Schiff deutscher Zusammenarbeit und Annäherung ist somit ins Schlingern geraten. Sein Kurs wird immer unbestimmter, sogar sein Stranden ist nicht auszuschließen.

Drittens gehen die internationalen Auswirkungen, die einen Rückfall in ein Klima des kalten Krieges bedeuten, über die Verhärtung der Situation in der deutschen Frage weit hinaus. Unter dem USA-Präsidenten Ronald Reagan hat sich in Konfrontation zur anderen Supermacht die Gesamtsituation verschlechtert, nicht zuletzt durch die Fortsetzung des Afghanistan-Abenteuers, aber auch durch die amerikanische Raketenrüstung, Embargos und anderen Beschränkungen seitens der US-Administration. Positive Wirkungen auf die deutschen Annäherungsbemühungen sind demzufolge aus Washington und Moskau nicht zu erwarten.

Viertens ist man gerade in Moskau nach wie vor gegenüber der Kohl-Regierung von größtem Mißtrauen erfüllt. Von Kohl und der gesamten Regierungs-Crew wird ein Positionswandel erwartet. Hierzu muß man sich an folgendes erinnern, was für die DDR stets von größter Relevanz war: Ob und wie stark sich der Wind Mitte der 80er Jahre weiter in Richtung Zusammenarbeit der Deutschen drehen oder der kalte Krieg die Deutschlandpolitik weiter bestimmen würde, hängt nach wie vor von dem Willen der jeweiligen Kreml-Chefs und der Großwetterlage im Ost-West-Verhältnis ab.«

Als Juri Andropow, der vormalige KGB-Chef, im November 1982 Generalsekretär in Moskau wurde, hatte man in Berlin Mut geschöpft, um kühner an etliche deutsch-deutsche Projekte heranzugehen. Die Stagnation und das konzeptionslose Taktieren in der deutschen Frage setzten jedoch unverzüglich ein, als Andropow am 9. Februar 1984 starb. Dem kurzen Reform- und Verständigungsfrühling folgte frostige Politik seines Nachfolgers Konstantin Tschernenko. Zwar erlag der kränkelnde Generalsekretär schon nach sehr kurzer Regierungszeit am 10. März 1985 seinem Leiden, aber in seiner Amtszeit bewegte sich in der deutschen Frage nichts nach vorn. Vielmehr ging es wieder etliche Schritte zurück. In diesem Jahr dominierte eine restaurative Politik, die sich negativ auf die innerdeutschen Beziehungen auswirkte.

Das war die Ostberliner Sicht, die ich Holger Bahl in den Block diktierte. Ich fügte noch Beobachtungen hinzu, die ich bei einer Abstimmungsrunde unter den Experten der RGW-Länder gemacht hatte. Der Tagesordnungspunkt zur wirtschaftlichen Gesamtsituation und den Folgerungen, die sich daraus für den Ost-West-Handel ergeben könnten, war noch nicht aufgerufen, als ein Berater der Kreml-Führung zu politischen Aspekten der internationalen Situation zu referieren begann. Er machte die Aversionen im KPdSU-Politbüro gegen die regierenden Unionspolitiker in Bonn deutlich. Der Experte kündigte eine Verhärtung der sowjetischen Deutschlandpolitik an, falls die Bonner Regierung nicht auf den Boden der von der sozial-liberalen Koalition vertraglich vereinbarten Tatsachen zurückkehrte.

Die Projekte der deutsch-deutschen Zusammenarbeit wurden damit wieder höchst vakant.

Auch die Reise Honeckers nach Bonn, die man Anfang/Mitte 1984 aktiv vorbereitete, wurde fraglich.

Was ich damals nur dem Inhalt, nicht dem Wortlaut nach kannte, ist inzwischen aktenkundig: Tschernenko zitierte Honecker zum ersten Mal am 14. Juni und noch einmal am 17. August 1984 nach Moskau und verwies darauf, daß eine Visite des SED-Generalsekretärs in Bonn der sowjetischen Politik entgegenstünde und den Sozialismus schwächen würde. Für eine gesamtdeutsche Koalition der Vernunft, so Tschernenko, bestehe keine Basis. Vielmehr wäre gegenüber »der revanchistischen und nationalistischen Politik der BRD« Zurückhaltung angesagt. Tschernenko drohte Honecker mit der Feststellung, daß die KPDSU »stets das Vertrauen zwischen unseren beiden Parteien, die weitere Festigung der Einheit unserer Aktionen in den Beziehungen, die Freundschaft und Zusammenarbeit zwischen der Sowjetunion und der DDR, hoch geschätzt hat. Das war und bleibt die Kernfrage. Das bezieht sich auch, Genosse Honecker, auf Sie persönlich.«[72)]

Ein andermal informierte ich Holger Bahl auf Grund von Hinweisen aus Expertenkreisen in Moskau, daß die Meinungen im Politbüro nicht einhellig seien. Man warte auf ein deutliches Zeichen aus Bonn, um »über das Verhältnis« weiter nachzudenken. Zum anderen signalisierte der SED-Generalsekretär, daß es trotz Raketenstationierung in Sachen deutsch-deutscher Annäherung unter bestimmten Bedingungen weitergehen könnte.

Unsere Gespräche gingen in die Richtung: Was ist dennoch möglich? Dafür hatte Honecker selbst die Vorlage mit Schlüsselsätzen geliefert: Wir sind dafür, den Schaden möglichst zu begrenzen... Es geht darum, die durch die Raketenstationierung veränderte Lage wieder zum Besseren zu wenden... Das erreichte Positive in den Beziehungen wahren und ausbauen.

Die Laune meines Partners aus der Schweiz besserte sich bei solchen »Steilpässen« spürbar. Er machte stets mehrere Seiten Notizen und sagte mir, er werde unverzüglich Jenninger ins Bild setzen.

Auf Tschernenko folgte Anfang 1985 Gorbatschow, dessen postulierte Grundsätze Perestroika und Glasnost hießen. Darunter verstand der neue KPDSU-Generalsekretär: »Entwicklung der Demokratie auf breiter Basis, sozialistische Selbstverwaltung, Förderung der Initiative und schöpferischer Arbeit, Stärkung der Ordnung und Disziplin, mehr Offenheit, Kritik und Selbstkritik in allen Bereichen unserer Gesellschaft; ein Höchstmaß an Achtung des Individuums und Wahrung seiner persönlichen Würde. Perestroika bedeutet Intensivierung der gesamten sowjetischen Wirtschaft, Wiedereinführung und Entwicklung der Prinzipien des demokratischen Zentralismus bei der Führung der Volkswirtschaft, generelle Einführung ökonomischer Methoden, Verzicht auf ein Management des Kommandierens und administrativer Methoden sowie Ermutigung zu Innovation und sozialistischem Unternehmergeist auf allen Ebenen.«[73] Also ein Ansatz zu markwirtschaftlichen Elementen in einer bislang verbürokratisierten Zwangswirtschaft.

Mit seinem Zauberwort Glasnost erweckte er Vorstellungen von Demokratie und Pluralismus. Den Ost-West-Konflikt wollte er durch eine radikale atomare Abrüstung beenden und für den alten Kontinent ein gemeinsames europäisches Haus errichten. In ihm sollten sich alle europäische Staaten, darunter auch die beiden deutschen, einrichten.

Jedoch brauchte auch Gorbatschow Zeit, um seine Machtbasis auszubauen. Er löste Außenminister Andrej Gromyko durch Eduard Schewardnadse ab, vertrieb hunderte führender Apparatschiks, darunter seinen schärfsten Gegenspieler Grigorij Romanow, aus den Machtzentralen. Im Oktober 1985 verkündete er sein neues politisches Programm, und im März 1986 orientierte er den Warschauer Pakt auf neue außenpolitische Konzeptionen. Auf dieser Tagung des Politisch Beratenden Ausschusses in Sofia wurde praktisch Honeckers außenpolitischer Kurs, mit dem er in Moskau angeeckt war, gebilligt und übernommen. Die von ihm geforderte »Koalition der Vernunft« ging ein in die Überlegung von Gorbatschow/Schewardnadse von einem »Europäischen Haus«.

Moskau aber war klar, daß man ohne die Bundesrepublik bei der Errichtung des »europäischen Hauses« nicht vorankommen würde. Darum müsse die Zusammenarbeit schrittweise entwickelt werden, ließ Gorbatschow seinen neuen Außenminister verkünden.[74)] Doch die Politik Bonns wurde in Moskau nach wie vor als eine potentielle Quelle von Konflikten und Spannungen angesehen und auch so kommentiert.

Bis zu diesem Zeitpunkt konnte Kanzler Kohl noch auf keinen sichtbaren Erfolg in der Deutschland-Politik verweisen. Der Honecker-Besuch in Bonn wurde wieder wahrscheinlicher. Die Sindermann-Visite bei seinem bundesdeutschen Pendant Jenninger – der Reise des DDR-Staatsratsvorsitzenden zeitlich, thematisch und atmosphärisch vorgeschaltet – ging in seine heiße Phase. Die verbesserung der wirtschaftlichen Kooperation der beiden deutschen Staaten stand auf der Tagesordnung; konföderative Elemente waren nicht mehr ausgeschlossen. Demgegenüber ging die Atomrüstung dennoch weiter; internationale Konflikte blieben – und Reagans »Sternenkrieg« wurde unvermindert vorbereitet.

Aber wo sollten denn nun die Gespräche im einzelnen hingeführt werden? In dieser Zeit wußte die SED-Führung nicht, was sie ihren offiziellen Unterhändlern für mögliche Verhandlungen im Bundeskanzleramt als Marschroute vorgeben sollte. Demzufolge konnten die Gespräche, deren Inhalt über die verkündete Politik hinausging, auch weiterhin nur höchst diskret geführt werden, weil sie im Nebel stattfanden. Alles und nichts war denkbar zwischen Berlin und Bonn. In dieser Atmosphäre wurden Überlegungen formuliert, die unter dem Codenamen »Länderspiel« kursierten. Die Anregung kam aus dem Bundeskanzleramt. Im Juni 1985 diskutierten wir die von Holger Bahl und mir skizzierten Positionen mit jenningers Bürochef Gundelach, der nur aus diesem Grunde aus Bonn nach Zürich kam. 1986 gab Holger Bahl dem »Länderspiel« seine endgültige schriftliche Form.[75)]

Die neue Grundidee aus Bonn sollte in der Deutschland-Politik für beide Seiten den Durchbruch bringen. Der Kerngedanke: Die DDR läßt ihre Bürger frei in den Westen reisen (eine Hauptforderung Bonns wäre damit erfüllt), und die Bundesrepublik respektiert die DDR-Staatsbürgerschaft ohne Wenn und Aber. Über ihre volle Respektierung käme es zu sukzessiven DDR-Anerkennung.

Ehe Bahl mir die neuen Überlegungen im einzelnen vortrug, stellte ich meine erste Gegenfrage: Wer würde diese Grundkonzeption in Bonn mittragen? »Philipp Jenninger hat mir die Frage so beantwortet«, sagte Bahl. »Wenn die DDR zum freien Reiseverkehr übergehen will und dies gegen die Staatsbürgerschaftsanerkennung anbietet, könnte sich der Kanzler den Konsequenzen für die bundesdeutsche Seite nicht verschließen. Er müßte die Frage einer Grundgesetzänderung hinsichtlich der Staatsbürgerschaftsanerkennung durch den Bundestag neu beantworten lassen. Der Kanzler werde sich nicht der Realisierung einer Vorstellung, daß sich die Deutschen nach so langer Trennung an jedem beliebigen Ort wieder zusammenfinden könnten, entgegenstellen.«[76)]

In unseren nachfolgenden Zusammenkünften standen die entsprechenden Konsequenzen zur Diskussion. Mein Partner erläuterte ein Modell, das zumindest Asyl aus wirtschaftlichen Gründen ausschloß, d. h. die DDR konnte man nicht ohne weiteres für immer verlassen, wenn man lediglich einen besser bezahlten Job im Westen gefunden hatte. Die sogenannten Wohlstandsasylanten sollte es nicht mehr geben. Asyl wegen politischer Verfolgung sollte jedoch durch Bonn weiterhin gewährt werden können.

Das politische Risiko bei Realisierung der Grundidee war für beide Seiten sehr groß. Honecker würde auf jeden Fall durch die Staatsbürgerschaftsregelung ein erhebliches Stück Anerkennung mehr für sich gewinnen, vor allem unter Berücksichtigung des freien Reiseverkehrs seiner Bürger. Das bedeutete eine generell unbeschränkte Reisefreiheit mit normalen Grenzkontrollen. Eines der schweren Handicaps, die die DDR belasteten – die Verweigerung der Reisefreiheit seiner Bürger – wäre damit vom Tisch. Und die bis dahin Eingesperrten würden es ihrem Staatschef erst einmal danken.

Die sogenannte Rückführungsfrage wurde von Bahl und mir damals nicht zu Ende diskutiert, da es exakter juristischer Überlegungen und Formulierungen bedurft hätte. Auch die Finanzierungsfragen blieben offen, obgleich Bahl auf seine Bank und die Kreditanstalt für Wiederaufbau verwies. Erich Honecker war offensichtlich bereit, das bestehende Grenz- und Reiseregime dem Westen gegenüber zu ändern. Horst Sindermann wurde im Zusammenhang mit seiner Bonner Visite informiert. Zugleich war mir von Bahl unter Berufung auf Gundelach mitgeteilt worden, daß man auch Probleme des »Länderspiels« mit Jenninger erörtern könnte. Also käme es nunmehr auf die konkrete Ausfüllung dieses Grundsatzes und auf die politischen Kräfteverhältnisse in Bonn, besonders im Bundestag, an.

Von der SPD wurde angenommen, daß sie ohnehin ein solches Modell unterstützen würde, weil die SPD-Führung mit dem SED-Politbüro kungelte. »Die CDU würde in einer solchen Schicksalsfrage im wesentlichen hinter ihrem Parteivorsitzenden stehen.« Dies würde bereits der »größte Teil der Miete« sein, meinte Bahl unter Bezug auf die Positionen seiner Auftraggeber.

Nicht einfach zu kalkulieren wäre hingegen die Position der CSU; hier sei das Verhalten von Strauß noch genau zu erkunden. F. J. S. rückte auch hier in den Mittelpunkt der Überlegungen für eine weitergehende Annäherung der Deutschen. Um Strauß sollte sich Schalck kümmern.

Doch die im Zusammenhang mit dem »Länderspiel« zu klärenden Komplexe waren sehr umfangreich, obwohl die Mehrheit der Fragen sich mit Staatsbürgerschaftsanerkennung und Reisefreiheit ohnehin von selbst geregelt hätte. Die bundesdeutschen Behörden hätten keine Pässe für DDR-Bürger mehr ausstellen müssen, falls diese bei unbehindert freien Besuchen im anderen deutschen Staat weiter ins »westliche Ausland« hätte reisen wollen. Für Grenzzwischenfälle wäre keine Erfassungsstelle in Salzgitter mehr vonnöten gewesen; denn sicher hätte sich die Zahl solcher »besonderen Vorkommnisse« enorm minimiert bzw. sie wären wie bei anderen Staaten auch Ermittlungsgegenstand der zuständigen Staatsanwaltschaften geworden.

Ich unterstrich gegenüber Bahl, diesen Annäherungsprozeß der Deutschen in einer gesamteuropäischen Dimension und in Einheit mit dem Abbau des Ost-West-Konflikts zu sehen. Sonst würde sich in Moskau und Washington keine hinreichend starke politische Gruppierung finden, die Schritte in Richtung einer Konföderation tolerieren oder unterstützen würde.

Holger Bahl drängte, nachdem Horst Sindermann ins Bild gesetzt worden war, auf Eile. Mir hingegen war klar, daß aufgrund bekannter Differenzen im Politbüro und der doppelgleisigen Politik in Moskau das Gesamtprojekt Zeit verlangte.

In dieser Zeit passierte eine Begebenheit, die jedoch weit mehr als nur symbolischen Charakter annahm. Bahl konnte mich in Berlin einige Wochen nicht erreichen, hatte aber das Bundeskanzleramt in Bonn als Mahner im Nacken, wie er mir später mitteilte. Es gab bei mir einige Terminschwierigkeiten, da ich mit längerfristigen wissenschaftlichen Ausarbeitungen zeitlich unter Druck stand. Die Institutsleitung bedrängte mich – sehr zu Recht – meine Forschungskomplexe mit Priorität voranzubringen. Mein Gesprächspartner nahm das zum Anlaß, um durch eine seiner Mitarbeiterinnen eine an mich adressierte persönliche Botschaft im Institut zu hinterlegen. Im Brief hatte Bahl handschriftlich auf einem Zettel mitgeteilt: »Achtung! BK *(sprich: Bundeskanzler)* an GS *(sprich: Generalsekretär)*: Es wird höchste Zeit!«

Beigefügt war eine auf Hochglanzpapier gedruckte Bilanz seiner Bank in Zürich.

Bahl hatte vermutet, daß die anmahnende Botschaft, an den innerdeutschen Verhandlungen nun schneller zu arbeiten, ungeöffnet auf meinen Tisch gelangt, wie dies im Regelfall üblich war. Ich erhielt sie zwar ausgehändigt, jedoch mit der Aufforderung, meinen »Kontaktmann zum Bundeskanzleramt« zu bitten, künftig mehr Vertraulichkeit und Fingerspitzengefühl zu wahren.

Sindermann zeigte sich aufgeschlossen, Honecker zu informieren. Honecker sprach 1987 im Saarland beim Besuch öffentlich den Kerngedanken des »Länderspiels« an. Er sagte, daß »die Grenzen nicht so sind, wie sie sein sollten« und führte am 10. September 1987 in Neunkirchen aus: »Wenn wir gemeinsam entsprechend dem Kommuniqué handeln, das wir in Bonn vereinbart haben, und in Verbindung damit eine friedliche Zusammenarbeit erreichen, dann wird auch der Tag kommen, an dem Grenzen uns nicht mehr trennen, sondern vereinen, so wie uns die Grenze zwischen der Deutschen Demokratischen Republik und der Volksrepublik Polen vereint.«[77)]

Es gibt aber noch einen erheblichen Aufklärungsbedarf, wie die Dinge regierungsseitig weiterliefen.

Honecker kam meines Wissens später noch mindestens zweimal auf die Notwendigkeit zurück, »der Grenze zwischen der DDR und der BRD einen völlig anderen Charakter« zu geben. Sie sollte für den Reiseverkehr der DDR-Bürger geöffnet werden. In einer »Erklärung von Erich Honecker über seine Haltung zu humanitären Fragen von Anfang 1990« stellt er retrospektiv fest: »Die geschlossenen Grenzen zwischen der DDR und der BRD waren nicht mehr zeitgemäß und brachten menschliche Erschwernisse. Zugleich wurden sie zunehmend zum Hindernis für die Normalisierung der Beziehungen.«

Und: »Meine Erklärung während meines Aufenthalts in der BRD, daß bei Durchführung der im Gemeinsamen Kommuniqué festgelegten Maßnahmen der Charakter der Grenze zwischen der DDR und der BRD der gleiche wie der der Oder-Neiße Friedensgrenze zwischen Polen und der DDR werden solle, wurde begrüßt, rief aber in den eigenen Reihen auch Verwunderung und Unverständnis hervor.«[78)]

Bei dieser Aussage sehe ich mehrere Aspekte: Honecker griff bis mindestens 1987 den Grundgedanken des »Länderspiels« auf. Der DDR-Staatschef offerierte offene Grenzen im freiem

Reiseverkehr, ohne noch einmal auf die formelle Anerkennung der DDR-Staatsbürgerschaft explizit zu bestehen. Im Gemeinsamen Kommuniqué zum Honecker-Besuch ist daher von der Anerkennung der DDR-Staatsbürgerschaft durch Bonn nicht die Rede.

Wenn man Honeckers Lesart folgen darf, wurden die Grundgedanken des »Länderspiels« begrüßt. Bei politischen Führungspersönlichkeiten der DDR riefen seine völlig neuen Orientierungen für die Annäherung der Deutschen »Verwunderung und Unverständnis« hervor, bei denen der »anderen Seite« wohl nicht. Die Führungsspitzen in Bonn standen offensichtlich auch hinter dieser Konzeption und betrachteten die Veränderungen im Denken Honeckers mit Sympathie. Schließlich kam ja dieser Vorschlag zum »Länderspiel« aus dem Bundeskanzleramt. Von dort war sie über Bahl und Nitz und Sindermann an Honecker herangetragen worden. So gut wie sicher war auch, daß der Vorschlag ebenfalls auf der üblichen anderen DDR-Schiene – Außenhandelsminister bzw. dessen »Kontrollabteilung« sprich Außenstelle des MfS gelaufen war. Daher hatten ihn Beil, Schalck, Mittag und Mielke noch vor Honecker in der Hand. Wer hat nun in der DDR-Führung diese Vorgänge mit »Verwunderung und Unverständnis« begleitet? Gewiß die Politbüromitglieder Krolikowski, Hager, Herrmann, Neumann, mit Abstand Dohlus. Die Verwunderung Axens wurde mir von seinem Sekretär Manfred Uschner mitgeteilt. Mittag soll einige Tage vor seinem Tode seinen Vertrauten gesagt haben, daß er immer für eine Zusammenarbeit mit Bonn gerade auf den Gebieten wie Wirtschaftskooperation und Konföderation gewesen sei und man sich noch wundern werde, wenn bekannt wird, was zwischen der DDR und Bonn zum Thema alles besprochen und verhandelt wurde. Zum Beispiel sei an einem anderen Element des »Länderspiels«, an einer »Rückführungsklausel« für die Rückkehr unwilliger Bürger gearbeitet worden.

Aber wie reagierte Mielke? Und wie sein Vertrauter Schalck, der wie Strauß in die Umstände des Milliardenkredits involviert war? Was wissen die Partner Schäuble und Schalck? Und was der Kanzler, über den mir Gundelach wiederholt sagte, dieser sei wie Schäuble informiert worden? Wer ist heute noch an die für sie segensreichen Folgen der Milliarden-Kredite via München gebunden, wie politische Beobachter immer wieder vermuten?

Bekannt ist lediglich, daß es nach den ersten Gesprächen zum »Länderspiel« verschiedene Diskussionen, aber auch Pressionen gab. Ein wichtiger Punkt war bei den Gesprächen die inhaltliche Verknüpfung von Segmenten des »Länderspiels« mit dem Sindermann-Besuch und seiner unmittelbaren Vorbereitung für das Jahr 1987.

Aus den Aussagen von Mittag vor dem Schalck-Ausschuß ist belegt, was ohnehin in Expertenkreisen als eine gesicherte Erkenntnis galt, nämlich daß die Differenzen im Politbüro über die Deutschland-Politik der DDR-Führung erstens existiert haben und zweitens erheblich gewesen sein müssen. »Über die Art und Weise der Gestaltung der deutsch-deutschen Beziehungen habe es sozusagen zwei Parteien gegeben.

Die eine, das wäre seine, Mittags, Position gewesen: eine stärkere Unabhängigkeit der DDR auch im Ostblockbereich durch eine stärkere Entwicklung der wirtschaftlichen Beziehungen zwischen der DDR und der BRD zu erreichen. Die andere Partei habe genau das zu verhindern versucht. Deshalb wurde vieles über die Schiene Mittag-Schalck verhandelt, was man am Politbüro vorbei zumindest vorbereitet habe, um von daher nicht gestört zu werden, im Einverständnis mit der von ihnen so bezeichneten Nr. 1, mit Honecker.«[79)] Thomas Gundelach hatte auch damals diesen Eindruck.

Wenn man die verschiedenen Fraktionen zu personifizieren versucht, darf man davon ausgehen, daß Sindermann, Mittag, Häber, Schürer, Schalck und Beil u. a. eine auf Zusammenarbeit orientierte Position vertraten, Axen sicher für eine Zusammenarbeit mit Bonn zu gewinnen gewesen wäre, wenn in Bonn die SPD und nicht ausgerechnet die CDU das Sagen gehabt hätte.

Zu den Gegnern einer deutsch-deutschen Annäherung gehörten auf jeden Fall Joachim Herrmann, Werner Krolikowski, Alfred Neumann und Kurt Hager. Dennoch muß man einräumen, daß es von Fall zu Fall auch wechselnde Fronten gab. Und etliche Politbüromitglieder blieben absolut farblos, was aber auch keine neue Erkenntnis darstellte.

Zunehmend verstärkten sich indes die destruktiven Aktivitäten seitens verschiedener Bereiche des MfS. Dies wurde zu einem eigenständigen Faktor. Über viele Jahr hinweg wurden Zusammenkünfte und die daran beteiligten Personen observiert und überwacht. Von der ermittelnden Bundesanwaltschaft wurde ich inzwischen informiert, daß Offiziere der Abteilung I der Hauptverwaltung Aufklärung (HVA) zusammen mit »Gesprächspersonen« in Bonn eine Überwachung des »Vorganges« betrieben. In einem dem Minister Mielke direkt unterstellten Dienstbereich, der HA XVIII, dem auch der Bereich KoKo zuzuordnen ist, wurde der Widerstand gegen das »Zürcher Modell« massiver und in der Abteilung XII (Registratur), wie »Informationen« belegen, so erfaßt.

Diese Informationen der HA XVIII wurden als so brisant eingeschätzt, daß sie am 16. Juli 1987 an den »Genossen Min.« als besonders geheimes Papier gegeben wurden, und zwar u.a. mit den handschriftlichen Empfehlungen bzw. Interpretationen:

– der OPK »Agentur« wäre Holger Bahl

– »passive Kontakte« und »nicht kommerzielle Kontakte zu Bahl« (also offenbar auch meine) seien »zu unterbinden«

– einen »Maßnahmeplan« mit »konkreten Festlegungen« wäre auszuarbeiten.[80)]

Mit den zunehmenden Aktivitäten in der deutsch-deutschen Politik gab es 1986/87 warnende Stimmen auch an meine Person, die, wie ich inzwischen weiß, ihren Ursprung in der genannten HA XVIII hatten. Mir wurden »illegale Treffs« mit Konfidenten des Bundeskanzleramtes »im Ausland« unterstellt. Es wurden mehrere »Vertrauenspersonen« dieser Hauptabteilung im März 1987 aktiviert, auf mich dahingehend einzuwirken, daß ich die Beziehungen zu Bahl abbreche. Axen hatte mir gesagt, ich solle »das mit dem Bahl jetzt sein zu lassen!« Auch Beil legte mir das in Gesprächen unter vier Augen nahe.

Angesichts dieses Sachverhaltes erscheint es mir unbegreiflich, daß in einem Bericht der HA XVIII des MfS vom Mai 1985, »über operativ bedeutsame Aspekte« im Zusammenhang mit dem »Züricher Modell« und dem »Länderspiel« vermerkt wurde, daß »ein illegales Zusammentreffen« zwischen mir »und Staatsminister Jenniger in der Schweiz« stattgefunden habe.

Unsinn ist auch die Aussage im selben Bericht, daß mein »letztes Zusammentreffen« mit Bahl im März 1987 erfolgt sei, »wo dem Bahl der Abbruch der Kontakte mitgeteilt wurde«.[81)]

Bis zum Herbst 1989 trafen wir uns mehrmals im Jahr, wir erlebten den Abend der Maueröffnung bei einem gemeinsamen Abendessen im Berliner Palast-Hotel und setzten unsere Gespräche und Gegenbesuche bis zum heutigen Tage fort. Die Zwänge der Historie haben es mit sich gebracht, daß wir inzwischen als Zeugen zeitgleich im Schalck-Ausschuß und der Bundesanwaltschaft zu gleichen Vorgängen und beschuldigten Personen auszusagen hatten. Im Schalck-Ausschuß in Bonn wurden wir beide mit den gleichen fadenscheinigen Argumenten von der Ausschußmehrheit an einer Aussage über die Verstrickungen des Bundeskanzleramtes in Aspekte einer schwarz-roten Connection Bonn-DDR gehindert. Gerade deshalb traten wir gemeinsam in verschiedenen Fernsehsendungen auf.

Ermutigung und Widerstand zugleich hatte es stets auch aus Moskau gegeben. Prof. Dashitshew, Berater der Kreml-Führung, informierte mich darüber bei verschiedenen Anlässen in Berlin, Moskau, Wien, Budapest und Sofia. Nach dem Amtsantritt Andropows sprach er, zuerst zögernd, von einer Stimmung in der Sowjetführung, die auf »eine Realisierbarkeit der offenen deutschen Frage« hinauslaufe, später sprach er von Chancen, die – nach einem Zwischentief unter Tschernenko – sich unter Gorbatschow »tendentiell verbesserten«.

Bei unseren Zusammenkünften nach 1985/86 sah er die Möglichkeiten eines Zusammengehens der Deutschen enorm steigen. Als prominente Befürworter einer solchen Politik nannte er neben Gorbatschow Ministerpräsident Ryshkow und Außenminister Schewardnadse sowie die Präsidentenberater und Deutschlandexperten Sagladin und Jakowlew. 1987/88 trat Dashitshew als Leiter der wissenschaftlichen Kommission beim sowjetischen Außenministerium wiederholt für ein Zusammengehen der Deutschen ein. Als er dabei die innerdeutsche Grenze als »Überreste und Überlieferungen des kalten Krieges« öffentlich kritisierte, veranlaßte dies Hermann Axen, sich darüber Anfang Juni 1988 beim UdSSR-Botschafter in Berlin, Wjatscheslaw Kotschemassow, zu beschweren.

Meine Partner in Moskau machten andererseits immer wieder auch auf den Widerstand in der Kreml-Führung gegen eine Politik der Öffnung nach dem Westen und die Diskussionen um die offene deutsche Frage aufmerksam. Hier wurden bis zu ihrer jeweiligen Entmachtung Gromyko, Ligatschow, Romanow sowie andere Hardliner im KGB, im Parteiapparat und in der Armeeführung genannt. In meinen damaligen Notizen taucht in dieser Rubrik auch der Name Boris Jelzin auf.

Infolge des ständigen, wenn auch personell wechselnden Widerstandes gegen Gorbatschow und seine Politik blieb die taktische Position des sowjetischen Präsidenten bis in die Zeit nach der politischen Wende in der DDR widersprüchlich. In der Tendenz immer deutlicher, in der Endzeit der DDR geradezu rigoros, optierte er für das Zusammengehen der Deutschen und die staatliche Einheit, was von seinen Kritikern als »Komplott« oder »Verrat« gegen den einstigen Verbündeten tituliert wurde. Gorbatschow hat im Frühstadium seiner Macht nie offen und massiv auf die Verwirklichung des »Länderspiels« hingewirkt. Eventuell deshalb nicht, weil die Lage in Mitteleuropa instabil werden konnte, sofern sich der territoriale und politische Status quo zu schnell zu ungunsten des Ostblocks verändert hätte.

Unter den letztgenannten Bedingungen war sein Sturz in Rechnung zu stellen, wie mir alle Informationen aus Moskau und Topleute aus der deutschen Wirtschaft sowie Experten nach Besuchen in der sowjetischen Hauptstadt bestätigten.

Seinerzeit wurden mir von Bahl und Gundelach und via Bahl auch seitens Wienand die Bedenken vermittelt, die in der politischen Klasse in Bonn gegen deutschlandpolitische Projekte bestanden.

Während Philipp Jenninger ein positives Bild von der Bereitschaft des Kanzlers vermitteln ließ, meinte Karl Wienand zur Position der Bundesregierung, daß eine nach dem Prinzip des »Länderspiels« gestaltete vertragliche Beziehung zur DDR nicht vorstellbar war. Zudem brachten die Ermittlungen der Schalck-Untersuchungsausschüsse in Bonn und München immer neue Einzelheiten über die damalige Politik ans Licht. Die Annäherungs- und Konföderationsmodelle der 80er Jahre wurden zwar nie in eine vertraglich abgesicherte Politik umgesetzt. Jedoch lieferten die Denkansätze und der Geist, der diesen Konzeptionen innewohnte, für die Politik des Jahrzehnts wesentliche Impulse.

Moskau betrachte bis Gorbatschow die DDR als ihr legitimes Glacis. Das innerdeutsche Verhältnis hatte sich der Großwetterlage zwischen den Großmächten unterzuordnen. Bis Mitte der 80er Jahre herrschte Eiszeit. Dennoch hätte man nach strategischen Lösungen für die Überwindung des Status quo suchen können. Auf beiden Seiten dominierte im Denken die Fortschreibung konventioneller Kategorien und tradierter Zielstellungen. Gorbatschow brach erstmals als Staats- und Parteichef aus diesem Käfig aus und sorgte mit dem »Neuen Denken« für Bewegung in den starren Linien. Mit Perestroika und Glasnost orientierte er auf die »Veränderung« des Systems. Seine Konzeption vom »gemeinsamen europäischen Haus« war allerdings ohne eine »Lösung der deutschen Frage« nicht zu verwirklichen. Also mußte sich die neue Kreml-Führung früher oder später die Frage stellen, daß eine eigenständige DDR einem solchen europäischen Verständigungsprozeß möglicherweise im Wege stand.

Politikerkreise in Bonn hatten letztlich, wenn auch mit unterschiedlicher Intensität, ein Zusammengehen im europäischen Rahmen ohnehin mit der »Lösung der deutschen Frage« verkoppelt. Die Illusion in Moskau könnte allenfalls darin bestanden haben, daß es der Westen zulassen würde, daß die gegensätzlichen Systeme und militärischen Paktsysteme gleichberechtigt »aufeinander zugingen«.

Auf die Frage an den sowjetischen Außenminister Schewardnadse: »Wann sind Sie zu der Schlußfolgerung gelangt, daß Deutschlands Vereinigung unvermeidlich ist?«, antwortete er: »Schon 1986. Bereits zu jener Zeit äußerte ich im Gespräch mit einem unserer herausragenden Deutschland-Experten die Vermutung, daß dieses Problem demnächst aufkommen werde ... Unter den Bedingungen einer seit nahezu einem halben Jahrhundert währenden Spaltung eines Volkes sei dies eine nationale Frage. Eine Frage der Einheit einer Nation, die durch die Mauern der Ideologie, der Waffen und des Stahlbetons nicht getrennt sein will.«[82)]

In diesem Sinne wurde auch sowjetische Deutschland-Politik gemacht. Gleichzeitig war die öffentliche Haltung Gorbatschows auch durch Widersprüche gekennzeichnet. Wohl nicht zuletzt unter dem Druck seiner innenpolitischen Gegner äußerte er sich öffentlich für die Fortexistenz beider deutschen Staaten. Über die Frage der deutschen Nation wollte er »nicht theoretisieren«. »Es gibt zwei deutsche Staaten mit unterschiedlicher Gesellschaftsordnung«; die »Geschichte« werde weiter »entscheiden«, so 1987 gegenüber dem Bundespräsidenten von Weizsäcker.[83)]

Die deutsche Frage, so im Oktober 1988 zu Kanzler Kohl, sei ein »Ergebnis der Geschichte«. »Die Versuche, diese umzustoßen oder eine unrealistische Politik voranzutreiben, sind ein unberechenbares und sogar gefährliches Unterfangen.«[84)]

Kohl selbst hob immer wieder hervor, so auch am 1. Dezember 1988, daß man vor der Annahme warnen müsse, eine Lösung der deutschen Frage sei näher gerückt, wenn man die Teilung auch überwinden wolle und bis dahin den Zusammenhalt der Nationen bewahrt.[85)] Noch am 5. September 1989 erklärte er: »Das Verhältnis der beiden deutschen Staaten in Deutschland zueinander ist ein wesentliches Element der Stabilität in Europa. Angesichts mancher Stimmen kann ich nur warnend sagen: Wer diese Stabilität gefährdet, muß wissen, welche Folgen dies für alle Beteiligten hätte.«[86)]

Der SPD-Vorsitzende Hans-Jochen Vogel erklärte gleichfalls: »Wir respektieren unverändert die Staatlichkeit der DDR.« [87)]

Erst am 30. Januar 1990, nach dem für den Untergang der DDR schon alle Messen angestimmt waren, redete Gorbatschow Klartext. Er sagte, daß die »Vereinigung der Deutschen niemals und von niemandem prinzipiell in Zweifel gezogen wurde. Wir haben immer gesagt..., daß die Geschichte den Gang der Dinge beeinflußt. So wird es auch in Zukunft sein. Wenn wir sagen, die Geschichte wird die Dinge entscheiden... dann wird das auch so sein, und ich glaube, daß sie bereits ihre Korrekturen einbringt.«[88)]

Schewardnadse fügte dem hinzu, »daß die Vereinigung Deutschlands ein nicht zu langfristiges Anliegen sein werde«. Moskau wolle da nicht abseits stehen. »Unser Ziel war im

Grunde genommen ebenfalls klar: Die Sicherheitsgarantien für die UdSSR und ganz Europa in diesen Prozeß einzubinden.«[89)]

Wenn man Honecker folgt, hatte er dieses außenpolitische Spiel um die DDR seit langem durchschaut, ohne es unterbinden zu können. Etliche Gründe sollen dies verhindert haben, heißt es in seinen »Moabiter Notizen«. Die grundsätzlichen Feststellungen Honeckers sind inhaltlich identisch mit den teils retrospektiven Aussagen der Kreml-Führung zu deren Deutschlandpolitik.[90)]

Dem aufmerksamen Beobachter – so Honecker – konnte schon 1987/88 nicht verborgen bleiben, daß »nach dem Tode Konstantin Tschernenkos im März 1985 die Todesstunde der DDR eingeleitet wurde. Das Ziel war, das System zu verändern, dafür die Verbündeten – auch die DDR zu opfern. Erste Überlegungen Gorbatschows und Schewardnadses gab es bereits Herbst 1984. Die Änderungen im politischen Denken begannen 1985.«[91)] Auf dem Treffen Gorbatschows mit Reagan in Genf, wo Gorbatschow seine neue globale Politik präsentierte, und auch in Rejkjavik hob der sowjetische Präsident gegenüber seinem amerikanischen Kollegen auf die globale Fragestellung ab.

Es folgten, so Honecker weiter, Hinweise Moskaus über die Entlassung der DDR aus dem östlichen Paktsystem. Diese Haltung »führte letzten Endes in der sowjetischen Außenpolitik zu der Bereitschaft, in Übereinstimmung mit den Plänen der USA, das NATO-Gebiet nach der Okkupation der DDR bis zur Oder-Neiße-Grenze auszudehnen.«[92)] Daß Gorbatschow bis 1988/90 »in Gespräche mit der DDR diese als ihren strategischen Verbündeten im Zentrum Europas bezeichnete«, sollte »dazu dienen, den Preis für den Verkauf der DDR an die BRD auf der entsprechenden Höhe zu halten.«[93)]

Honecker lag vermutlich mit seiner Einschätzung nicht allzuweit neben der Wahrheit. Sagte doch selbst Schewardnadse, wie im Kreml zunehmend Überlegungen angestellt wurden, daß sich aus »einem allfähigen Gesamtdeutschland der beste bilaterale Nutzen ziehen ließe. Vor allem in Außenwirtschaftskreisen mehren sich die Stimmen derer, die in einem Deutschland vom Rhein bis zur Oder einem lukrativen und bei Zugeständnissen in der Wiedervereinigungsfrage auch anbindbaren Partner sehen«. Man könne »den nationalen Entscheidungsprozeß nicht weiter blockieren«.

Honecker sprach von der »Opferung der DDR auf dem Altar des von Gorbatschow so eifrig verfochtenen ›europäischen Hauses‹«.[94)] Die größten Veränderungen in der Weltarena wurden nur möglich durch das Zusammenspiel von Moskau, Washington und Bonn, schlußfolgerte er.

Jedoch: Die DDR-Führung erwies sich als unfähig, auf die sich 1986/87 abzeichnende Revision der bislang im Ostblock gültigen Positionen zu reagieren und zu Reformen überzugehen.

Diesen Gesamteindruck von der Absicht Moskaus, die DDR aus dem Warschauer Pakt zu entlassen, bestätigte mir noch eine andere Information, die ich seinerzeit erhielt. Bei einem Ost-West-Experten-Gespräch im österreichischen Kurort Bad Ischl kam ein leitender Mitarbeiter einer renommierten deutschen Bank auf mich zu. Er ließ mich wissen, was nach einem Gespräch in Moskau inzwischen auch Kanzler Kohl als Information zugegangen war.

Am Rande eines Kreml-Empfangs sei erklärt worden, die DDR unter bestimmten Bedingungen aus der Obhut des Warschauer Paktes zu entlassen. Dies würde die deutsche Frage zwar nicht im Sinne der Bonner Politik lösen, denn die deutsche Einheit sei nicht durch Moskau zu verordnen. Aber beide deutsche Staaten könnten sich arrangieren, wie sie es für richtig befänden. Die Deutschen – hier vor allem die Bürger der DDR – hätten fortan zu entscheiden, wie sie sich ihre Zukunft gestalten wollten. Die UdSSR würde jedenfalls den Entscheidungen der Deutschen nicht im Wege stehen. Als Absender dieser Überlegungen wurden genannt: Gorbatschow, Schewardnadse, Ryshkow, Jakowlew und Sagladin.

Das war natürlich eine überraschende Mitteilung. Ich fragte nach, ob ich den Sinn der Nachricht richtig verstanden hätte. Zum zweiten wollte ich wissen, ob diese Botschaft von mir weitergeleitet werden sollte. Mein Gesprächspartner lächelte vielsagend. Einen anderen Grund für unsere heutige Begegnung habe es nicht gegeben, sagte er und verabschiedete sich.

Das war keineswegs der erste Hinweis, der in diese Richtung zielte, aber meist waren solche Andeutungen als nicht glaubhaft zurückgewiesen worden. Zudem sorgten immer neue Erklärungen und Dementis der Gruppe um Gorbatschow für Unsicherheiten. Meist hieß es, daß die DDR und die UdSSR feste Verbündete, »in unverbrüchlicher Freundschaft vereint« und nicht zu trennen wären. Im Zweifelsfall waren Äußerungen sowjetischer Experten mißverstanden oder falsch interpretiert worden, hieß es dann stets in diversen Entgegnungen.

Nach meiner Rückkehr nach Berlin ließ ich mich bei meinem Institutsdirektor anmelden. Ich war mir im klaren darüber, daß es für die DDR-Führung eine verdammt schlechte Nachricht war.

Nun weiß man ja, wie in der Geschichte mit dem Überbringer schlechter Nachrichten verfahren wurde. Meist handelten sie sich die absolute Verdammnis ihres jeweiligen Potentaten ein und wurden auf die übliche Art eliminiert.

Max Schmidt seinerseits war nicht schockiert. Er hatte derartiges aus Expertenmund wohl auch schon gehört. Wir sprachen kurz das Szenario über die Weiterleitung der Information ab, wie immer sachlich, ohne Schnörkel und eigenen Kommentar. Während wir ansonsten angehalten waren, den eigenen Namen als Überbringer von Situationsberichten oder Trendinformationen einzusetzen, nahmen wir in diesem Fall davon Abstand. Max Schmidt meinte, daß er mich aus der direkten Schußlinie heraushalten wollte. Er telefonierte in meinem Beisein auf einer Sonderleitung mit seinen Chefs im »Großen Haus«, um den Tatbestand zu avisieren. Wenig später machte er dort seine Aufwartung, nachdem seine persönliche Mitarbeiterin – und nicht wie üblich meine Sekretärin – die Endfassung meines Entwurfs zu Papier gebracht hatte.

Danach wurde ich von ihm zu einer zweiten Runde gerufen: Die Angelegenheit sei unbedingt zu deckeln, kein Wort zu Dritten, am besten wäre es, alles zu vergessen; eigentlich hatte es überhaupt nichts gegeben.

Dennoch hatte die neue Position Gorbatschows die Lage radikal verändert, wie es die Entwicklung jedem bestätigte.

Wie Honecker seinerzeit meine Mitteilung kommentierte, entzieht sich meiner Kenntnis. Ich kenne lediglich seine Wertung aus den »Moabiter Notizen«, wo es heißt: »Wir erhielten schon 1987 gewisse Informationen... Wir konnten und wollten solche Warnungen nicht glauben, sie nicht zur Grundlage unserer Politik machen. Dies, obwohl unser Botschafter in Moskau schon im Jahre 1987 feststellte, daß sowjetische Persönlichkeiten in den verschiedenen Medien ›die Überwindung der deutschen Zweistaatlichkeit‹ als ›politische Tagesaufgabe‹, als eine Voraussetzung zur ›Herausbildung des Europäischen Hauses‹ betrachten. Dies konnte nach Lage der Dinge nur durch die Liquidierung der DDR erreicht werden.«[95)]

Hier lag meines Erachtens der Hauptgrund für die Führungsmannschaft in Bonn, einem neuen Vereinigungsmodell zu folgen. Was sollte man über ein »Länderspiel« verhandeln, wenn die Einheit Deutschlands ihnen in den Schoß fallen würde wie ein überreifer Apfel?

Vor diesen im Trend ziemlich eindeutigem, jedoch damals im einzelnen schwer überschaubaren, weil sehr widersprüchlichen Prozessen und Positionen vollzog sich die Entwicklung der Zusammenarbeit beider deutschen Staaten in den späten 80er Jahren.

Netzwerk der Grauzone

In den 70er und 80er Jahren fanden regelmäßig Expertenrunden statt, die über die Verbesserung des Ost-West-Verhältnisses, insbesondere über die Wirtschaftskooperation, redeten und Meinungen über Probleme und Entwicklungstrends austauschten. Wir diskutierten darüber, wie man Handelshemmnisse, Zölle und Technologieembargos abbauen könnte. Dabei lernte ich Anfang der 80er Jahreauch Dr. Karl Hermann Fink kennen. Er war Geschäftsführer eines Ost-West-Kooperationszentrums im Westteil Berlins. Obwohl das Zentrum von der Industrie- und Handelskammer (DIHT) unterstützt wurde, dümpelte es vor sich hin. Dr. Fink erwog daher seinen Abflug in die Chefetage des Ostausschusses der Deutschen Wirtschaft in Köln. Ein Wirtschaftsjournalist hatte uns bekannt gemacht. Es wurde eine rund zehn Jahre währende Zusammenarbeit in annähernd allen Bereichen der wirtschaftlichen Ost-West-Kooperation, die deutsch-deutsche Zusammenarbeit eingeschlossen. Sie umfaßte den Austausch von Informationen, den wissenschaftlichen Streit über die Kooperation zwischen der Bundesrepublik, der DDR und anderen RGW-Ländern, die Vorbereitung und Durchführung internationaler Konferenzen, die Projektierung von wissenschaftlichen Büchern, die Abstimmung von Publikationen und viele andere Fragen.

Die Beratungen unseres »Politischen Klubs« fanden infolge der tragischen Ereignisse in Afghanistan in einer sehr gespannten politischen Atmosphäre statt. Ranghohe Diplomaten aus Washington und Moskau versuchten, die Politik ihrer Länder zur Schadensbegrenzung darzulegen. Damals wurde davon ausgegangen, daß es sich um eine kurzfristige Aktion handelte, die die begonnene Entspannung im Ost-West-Verhältnis nicht trüben würde.

Doch es kam anders und viel schlimmer als erwartet. Die Rüstungsspirale drehte sich schneller, die Raketenstationierung in Mitteleuropa nahm ihren Lauf.

Dadurch wurde besonders der Ost-West-Handel extrem getroffen. USA-Präsident Ronald Reagan verteufelte die UdSSR als das »Reich des Bösen«, erklärte Moskau den technologischen Krieg, verstärkte die Embargo-Bestimmungen gegen Osteuropa, verhängte eine Kreditblockade und veranlaßte die der NATO nahestehende Behörde Cocom in Paris zu einer verschärften Kontrolle des Technologietransfers, vor allem mit Produkten und Know-how im High-Tech-Bereich. Ein Dorn im Auge Washingtons war das Erdgas-Röhrengeschäft der BRD mit der UdSSR. Reagan versuchte, die Atlantische Allianz und Japan auf einen wirtschaftlichen Crash-Kurs gegen die RGW-Gruppierung zu steuern.

Da vor allem die Ost-West-Handels- und Kooperationsbeziehungen in Europa von diesem neuen Kalten Krieg betroffen waren, setzte gerade in den am Osthandel interessierten Ländern des alten Kontinents eine enorme Betriebsamkeit ein, um den Schaden einer solchen Politik zu begrenzen. Waren Ost-West-Zusammenkünfte von Praktikern und Theoretikern in den 60er und 70er Jahren noch überschaubar, so nahmen die Symposien, Kongresse und Beratungen zum genannten Thema nunmehr deutlich zu. Ich weiß nicht, wie oft sich Fink mit mir in den 80er Jahren getroffen hat – ich habe nicht Buch geführt. Ein Mitarbeiter unseres Instituts meinte, es müßten über siebzigmal gewesen sein.

Dr. Fink und ich machten Wanderungen durch die bayerischen Berge, saßen beim Heurigen in Grinzing oder auf den Schiffen der Weißen Flotte in Berlin oder in Moskau auf den Ufertreppen der Moskwa unterhalb vom Weißen Haus oder in den Bauden des Thüringer Waldes.

Unsere Chefs wußten Bescheid. Ich erinnere mich an die Festlegung zwischen dem Vorsitzenden des Ostausschusses der deutschen Wirtschaft, Otto Wolff von Amerongen, und DDR-Außenhandelsminister Gerhard Beil. Die Schiene Fink-Nitz wurde von ihnen bestätigt und mit Fingerspitzengefühl entwickelt. Vielleicht brauchte mein Partner dafür kein Alibi – ich aber um so mehr.

In der innerdeutschen Zusammenarbeit gab es viele Partnerschaften: Staatsspitze zu Staatsspitze, Regierung zu Regierung, Parteien zu Parteien, Gewerkschaften zu Gewerkschaften, Sportverband zu Sportverband. Aber zu Arbeitgeber- oder Industrieellenorganisationen gab es in der DDR kein Pendant. Doch mußten auf Expertenebene ständig Probleme auch jenseits von Kommerz und Politik geklärt werden – und sei es, um das einheitliche Auftreten zur deutschen Wirtschaftskooperation auf dem internationalen Parkett notfalls gegen die Egoismen der jeweiligen großen und kleinen Brüder abzustimmen.

Auch in jenen Jahren wuchs – trotz aller Auseinandersetzungen – der innerdeutsche Handel weiter. Seine Grenze war noch nicht erreicht – trotz Kreditsperren, Embargobestimmungen und Lieferkontingentierungen für bestimmte Erzeugnisse der DDR-Wirtschaft. Sie behinderten die gegenseitigen Wirtschaftsbeziehungen, ein Debakel im innerdeutschen Handel gab es jedoch nicht.

Natürlich habe ich auch Kritik erfahren und Lehren annehmen müssen. Ich war zeitweilig der Meinung, daß es richtig sei, den innerdeutschen Handel in einen regulären Außenhandel umzuwandeln, der dann auch den EG-Bedingungen unterworfen wäre. Damit folgte ich Positionen in der Staats- und Parteiführung der DDR, die – auf der Suche nach der politischen Anerkennung der DDR – den wirtschaftlichen Schaden für unser Land jedoch übersahen.

Die westdeutschen Fachleute bedrängten mich geradezu, die rechtlichen Sonderbedingungen des innerdeutschen Handels nur nicht in Frage zu stellen. Sie verteidigten verbissen die Besonderheiten gegen mich Abtrünnigen und sagten: »Die radikalen Vorstöße der USA gegen den Ost-West-Handel können nur den Bonner Außenhandel treffen, jedoch nicht die deutsch-deutschen Wirtschaftsbeziehungen.« Sie behielten recht.

Universitäten der DDR gingen Anfang der 80er Jahre dazu über, Persönlichkeiten aus dem Ausland mit der Ehrendoktorwürde auszuzeichnen, sofern sie – so die Erklärung nach innen – sich Verdienste für Frieden, Entspannung und internationale Zusammenarbeit erworben hatten. Auf diese Weise war

Berthold Beitz, Vorsitzender der Krupp-Stiftung, vormals Chefmanager des Großunternehmens, Streiter im Ost-West-Handel und zudem Präsidiumsmitglied des IOC, in Greifswald zum Dr. honoris causa gemacht worden. 1982 fragte mich Fink hintersinnig, ob ich noch einen guten Deutschen kenne, der sich als Mittler zwischen den Blöcken verdient gemacht habe.

Es ging ihm natürlich um Otto Wolff von Amerongen, über den – unabhängig von Finks Vorstoß – in der DDR bereits nachgedacht worden war. Uns beiden war klar, daß das für die DDR eine Staatsangelegenheit war. Hier hatte die Nummer 1 zu entscheiden. Also sagte ich meinem Gesprächspartner erst einmal eine Vorabstimmung zu.

Mein erster Weg führte mich zu Beil, der sich mehr als nur interessiert zeigte. Wir formulierten die Entscheidungsvorlage für Mittag und Honecker. Es ging alles ziemlich rasch, denn Honecker schätzte den konstruktiven Geist und den Weitblick von Wolff sehr. Doch welche Universität sollte den Zuschlag erhalten?

Die Humboldt-Universität zu Berlin schien auf den ersten Blick geeignet. Doch sie lag in der Hauptstadt der DDR, ein Makel, der zu Verwicklungen führen konnte. Eine würdigere Universität als die in Leipzig war nicht denkbar. Die dortige Alma mata wirkte in einer der ältesten Messestädte der Welt und auf einer Drehscheibe des Ost-West-Handels. Aber ihr Name! Ein Kapitalist sollte Ehrendoktor an der Universität werden, die den Namen ausgerechnet von Karl Marx trug.

Auch die Wilhelm-Pieck-Universität in Rostock konnte nicht in die engere Auswahl kommen, wir brauchten erst gar nicht über ihre wissenschaftliche Reputation nachdenken.

Die Martin-Luther-Universität in Halle/Wittenberg schien geeignet, doch ihr Umland war wenig Attraktiv. Blieb nur noch Jena. Die schöne Thüringer Landschaft, die Stadt Weimar und das Schloß von Kochberg – das war's. Der Rektor Wilhelmi zeigte sich höchst angetan.

Für mich begann die organisatorisch-technische Vorbereitung: das Genehmigungsverfahren im Ministerium für Hoch- und Fachschulwesen, die Betreuung der Laudatio, das Arrangement vor Ort. Von der Protokollabteilung der Regierung in

Berlin wurden für diesen einen Tag Delikatessen, Weine und Geschirr nach Jena gekarrt, um der Auszeichnung auch auf diese Weise Glanz zu verleihen – es war wirklich ein Staatsereignis.

Doch auch in Bonn war dieses Ereignis Chefsache, wie ich später erfahren sollte.

Ich bekam im Frühjahr 1985 offiziell den Auftrag, das Anliegen des Rektors Wilhelmi an Otto Wolff heranzutragen. Bad Ischl, ein österreichischer Kurort im Salzkammergut gelegen, bot dafür den Rahmen. Im Umfeld eines Ost-West-Handelsseminars einer Gesellschaft für Ost- und Südosteuropa sprach Otto Wolff, der von seiner nahe am Wolfgangsee gelegenen Sommer-Dependance ins örtliche Kurhotel herübergeeilt war, um vor europäischen Unternehmern für die Zusammenarbeit mit dem Osten zu werben.

Abends in der Kaminecke betete ich meinen mir in Berlin und Jena aufgegebenen Vers herunter: herzliche Grüße von Herrn Beil, Wolff, großer Mann, wichtiges Lebenswerk, nun hohe Ehre in renommierter Universität... Natürlich vergaß ich nicht, auf den ungeteilten politischen Segen »von oben« aufmerksam zu machen. Otto Wolff, bereits von Fink entsprechend gebrieft, bedankte sich bewegt und stimmte freudig zu. Die Sache schien gelaufen. Doch er wollte erst mit dem Kanzler sprechen, also auch Chefsache in Bonn.

Schon am übernächsten Tag, ich bereitete mich gerade auf meinen Auftritt vor dem Auditorium vor, läutete das Telefon. Otto Wolff meldete sich. »Ich habe mit dem Kanzler gesprochen, er ist einverstanden, da es der Zusammenarbeit und den Menschen nützen würde. Im übrigen hat Kohl gemeint, es sei jemand ausgewählt worden, der es deutlich verdient hätte. Informieren Sie bitte die Ihren.« Dann folgte noch eine kurze Ergänzung: »Der Kanzler wollte noch den Namen des Überbringers der Nachricht wissen. Ich habe Sie genannt. Daraufhin hat Kohl gesagt: ›Na, wenn der Ihnen die Sache angetragen hat, geht es in Ordnung.‹«

Otto Wolff beschrieb zehn Jahre später in seinem Buch »Der Weg nach Osten« die Sache so: »Eines Tages, kurz nach dem Regierungswechsel von Helmut Schmidt zu Helmut Kohl, sprach mich Jürgen Nitz, seines Zeichens Professor am Institut für Internationale Politik und Wirtschaft der DDR und mir bis dahin kaum bekannt, anläßlich einer Tagung in Bad Ischl an. Er erkundigte sich, ob ich wohl bereit wäre, einen Ehrendoktortitel anzunehmen. Ich entgegnete im Scherz, es dürfe aber nicht gerade die Leipziger Karl-Marx-Universität sein. Das ließe sich alles wunschgemäß regeln, sagte Nitz. Ich blieb trotzdem vorsichtig, um nicht plötzlich unfreiwillig in eine Propagandaschau der DDR-Regierung eingespannt zu werden. Bei nächster Gelegenheit fragte ich den Bundeskanzler, ob so ein Ehrendoktor – inzwischen war mir die Universität Jena avisiert worden – ins politische Klima passe, und Helmut Kohl sagte ja. Anfangs glaubte ich, Nitz und seine Auftraggeber wäre pikiert, weil ich mich so in Bonn rückversichert hatte. Das

Besuch in Weimar: Prof. Wilhelmi (Universität Jena), Otto Wolff v. Amerongen, Jürgen Nitz

Ehrenpromotion für Otto Wolff v. Amerongen in Jena

Im Kreise der Familie Wolff im Goethehaus in Weimar

Gegenteil war offenbar der Fall. Die DDR-Leute schienen ganz froh zu sein, auf diese Weise ein indirektes Signal des neuen Bonner Regierungschefs über seine Einstellung zu Ost-Berlin zu bekommen.«[96)]

Internationale Beziehungen vollziehen sich, so sie dauerhaft und zum gegenseitigen Vorteil sein sollen, im Regelfall unter bestimmten von den Partnern abgesteckten und beidseitig akzeptierten politischen und juristischen Rahmenbedingungen. Es geht vor allem um Verträge sowie um Institutionen, durch die diese Beziehungen abgesteckt und reguliert werden.

Besonders kompliziert gestalten sich die Beziehungen, wenn es sich um mehrere oder gar eine Vielzal von internationalen Partnern handelt, die miteinander gemeinsam Probleme lösen wollen. Seit es Aspekte gibt, die ganze Kontinente oder gar die Existenz und Entwicklung der Menschheit betreffen, müssen multilaterale Lösungen gesucht werden.

Noch schwieriger wurde dies, seitdem sich dabei Staaten verschiedener sozialer Systeme oder deren Gruppierungen gegenüberstanden, die sich einerseits in erbitterter Auseinandersetzung befanden, andererseits aus unterschiedlichen Gründen – um gegenseitige Vorteile zu erzielen, Gefahren abzuwenden, zu überleben – miteinander zusammenarbeiten mußten.

In der breiten Öffentlichkeit ist dabei die zwischenstaatliche Arbeit solcher internationaler Organisationen und Gremien bekannt wie der UNO oder der Konferenz für Sicherheit und Zusammenarbeit in Europa (KSZE), in denen Vertreter der Regierungen und Experten offizielle Standpunkte vortragen, diskutieren, Festlegungen treffen, die verbindlichen Charakter haben oder auch nicht und gegebenenfalls auch Sanktionen ergreifen.

Auf zahlreiche dieser Beschlüsse können sich Regierungen, Organisationen und die Menschen berufen, vor allem wenn sie ihre Interessen nicht ausreichend vertreten sehen. Selbst militärische Mittel können zur Durchsetzung von Beschlüssen angewandt werden. Auf dem Gebiet der internationalen Wirtschaftsbeziehungen hat sich dabei die UNO-Wirtschaftskommission in Europa mit Sitz im Palais der Nationen in Genf einen Namen gemacht.

Kaum bekannt waren jedoch die zahlreichen Gesellschaften, Klubs und Zirkel, die sich vor allem im Ost-West-Bereich in den 70er und 80er Jahren bildeten. Sie gaben einerseits Fachleuten die Chance, ihre Erkenntnisse vorzustellen und Wissen an Interessierte zu vermitteln – was aber nicht ihr alleiniger und vordergründiger Zweck war. Sie entwickelten sich zugleich zu Foren und Zentren des Erfahrungsaustausches, der Artikulation und der Suche nach Standpunkten. Sie arbeiteten vorrangig in westlichen Ländern und unter sehr freizügigen politischen sowie oft auch günstigen materiellen Bedingungen. Auch im Ostblock wurden derartige Institutionen ins Leben gerufen.

In diesen Gremien arbeiteten seltener Mitglieder von Regierungen, obwohl jene oft eingeladen wurden, damit sie offizielle oder Regierungspositionen vortrugen und zur Diskussion stellten. Die Mehrzahl der Teilnehmer in solchen internationalen Denkfabriken waren Experten, Wissenschaftler, höhere Beamte, Diplomaten, Wirtschaftsführer, Manager und Verbandsfunktionäre, ausgewählt je nach Sachgebieten, die das Gremium behandelte. Mitunter gehörten zum Teilnehmerkreis prominente Journalisten, höhere und höchste Offiziere der NATO, aber ebenso hochrangige Beamte der Geheimdienste.

Oft waren die Aktivitäten an namhafte Institute gekoppelt, die sich die Behandlung internationaler Fragen zur Aufgabe gemacht hatten. Dies traf vor allem auf jene Institutionen zu, die in RGW-Ländern zu Hause waren. Finanziert wurden diese Gremien von verschiedenen öffentlichen Betreibern oder privaten Sponsoren.

Dieses Netzwerk von zahlreichen Gremien wurde einer »Grauzone« zugeordnet. Die vorgetragenen Positionen galten als persönliche Standpunkte, sie waren offiziös nicht offiziell. Und jeder wußte, mit wem er es zu tun hatte. Von Ausnahmen abgesehen, traf ich dort keine »Betonköpfe«, sondern sehr intelligente, höchst flexibel und zugleich strategisch denkende Spitzenleute ihres Sachgebietes, die Meinungen anderer tolerierten und zur Eigenkorrektur fähig waren. Sie schauten oft weiter als ihre Regierungen und Parteiführer oder andere Autoritäten.

Dem Geschick der Veranstalter war es zuzuschreiben, daß auch die richtigen Leute herausgefunden wurden. Auch dies war natürlich eine Sache der Erfahrung. Mit dem Fortgang der Arbeiten bildete sich eine Art Kartell, ein Braintrust der Meinungsmacher heraus. Sie zogen, gestützt auf ihr eigenes institutionelles und wissenschaftliches Hinterland, durch Workshops, Kongresse, Symposien in Europa und den USA. Sie wurden nicht selten zu den tonangebenden Fachleuten im eigenen Land, nicht zuletzt wegen ihres Informationsvorlaufes, ihrer internationalen Reputation und Akzeptanz. Das, was andere neidvoll suchten, hatten sie bereits gefunden.

Die Teilnehmer suchten nach Kompromissen und dem Machbaren. Daraus ergaben sich für Vertreter aus östlichen Ländern besondere Probleme, um nicht mit der herrschenden Ideologie ihrer geschlossenen Gesellschaften und dem allumfassenden Herrschaftsanspruch der dominierenden Regierungspartei in Konflikt zu geraten und den Repressalien der Justiz- oder Sicherheitsorgane ihrer Länder ausgesetzt zu sein. Gerade die Experten der sehr dogmatisch regierten Ostblockländer konnten – im Unterschied zu Vertretern aus Ungarn, Polen und später der UdSSR – davon ein Lied singen, wenn sie von ihrer Obrigkeit zum Rapport bestellt wurden. Daraus ergab sich in diesen Gremien oft ein mehrgleisiges Agieren der östlichen Fachleute, die – ohne etwa opportunistisch zu sein – oft mehr die »Grautöne« in die eigenen Ausführungen mischten. Man mußte bei ihnen zwischen den Zeilen lesen. Die Partner aus den westlichen Ländern haben dies respektiert, ja sogar dafür Verständnis gezeigt, wenn bei Auftritten im Plenum mitunter auch überzogen Farbe bekannt wurde. Manchmal waren wir neidisch, denn die Partner aus dem Westen konnten ihre Themen nicht selten interessanter präsentieren.

Warum aber schickten die besonders autoritär regierten Staaten Osteuropas ihre Fachleute trotzdem dorthin? Es wurde auch geblockt. Rumänien hat es getan, die Tschechoslowakei zögerte viele Jahre. Der Wunsch, sich offen zu geben und der Zwang zur Internationalität machten dies zumindest seit Mitte der 70er Jahre zunehmend nötig. In diesem Klima und in diesen Kreisen wurden die Voraussetzungen zur Schaffung von

Beziehungen erarbeitet und die Wege zu Kooperation und Konföderation angedacht, geebnet und praktisch vorbereitet. Am Rande der Veranstaltungen wechselten die Informationen, die Studien, die Positionspapiere ihre Besitzer, wurden Nachrichten und Mitteilungen der eigenen Oberen mit denen der anderen getauscht, zugleich offizielle Regierungstreffs und Gipfelbegegnungen vorbereitet.

Von besonderem Wert für die Entwicklung der deutsch-deutschen Kooperationsbeziehungen im Rahmen europäischer Zusammenarbeit war die Mitwirkung deutscher Experten beider Staaten im Wiener Rat, dem ich seit Mitte der 70er Jahre als Mitglied angehörte. Hier saß ich im Generalsekretariat zusammen mit Vertretern aus Bonn, Moskau, Sofia, Paris, Rom und Wien. Charakteristisch für diesen Rat war und ist es, daß in ihm führende Repräsentanten von Großunternehmen, Banken, Kammern und Wirtschaftsverbänden wirken.

1972 wurde dieser »International Council for New Initiatives for East-West-Cooperation« durch führende Persönlichkeiten Europas und den USA gegründet. Georg Ball, USA-Staatssekretär im State Department; Gerhard Beil, später DDR-Außenhandelsminister; Dimitr T. Bratanow, führender Außenhandelsfunktionär Bulgariens; Istvan Gerendas, Außenhandelskammer Ungarn; Olivier Giscard d' Estaing, Frankreich, Präsidentenbruder und Verbandsmanager; Djermen Gwishiani, UdSSR, Schwiegersohn des damaligen sowjetischen Ministerpräsidenten Kossygin und stellvertretender Chef des Staatskomitees für Wissenschaft und Technik; Wilhelm Hendricks, Bankier und internationaler Top-Finanzberater Österreichs; Ernst Wolf Mommsen, Staatssekretär im Bundesverteidigungsministerium und bis zu seinem Tode ein Vertrauter von Bundeskanzler Helmut Schmidt, sowie weitere internationale Persönlichkeiten.

Im Rat wirkten pro Land in Europa zwei bis vier Manager, Verbandsvertreter oder international ausgewiesene Wirtschaftswissenschaftler, die wiederum sogenannte Nationale Komitees vertraten, in denen sich Führungskreise aus Politik und Wirtschaft ihrer Länder etabliert hatten. Der Rat versteht sich

Session des »International Councils ...« in Wien (für die DDR u.a. Prof. Maier, Staatssekretär Stubenrauch; für die Bundesrepublik Karl Hermann Fink – hinter Jürgen Nitz)

seit seiner Gründung als ein Gremium von Spitzenleuten, die in der internationalen Szene den Ton angeben. Die Ergebnisse ihrer Erörterungen wurden und werden auf »diplomatischen Kanälen« an die Regierungen und an andere Entscheidungsträger wie die Weltbank und Internationaler Währungsfonds, Europarat, KSZE-Konferenzen u. ä. herangetragen.

Es war keine direkte Verkopplung des Unternehmertums und der Wirtschaftspolitik, wenn der Rat auch mitunter mit einer Art Loge verglichen wurde. Es gab keine öffentlichen Sitzungen, man legte dennoch Wert auf Öffentlichkeit. Jedoch allein die den internationalen Ereignissen, insbesondere der UNO-Wirtschaftskommission für Europa und der KSZE vorrangehenden thematischen Veranstaltungen verrieten und verraten die Absicht dieses Gremiums.

Da es um im Detail recht unterschiedliche Interessen der Partner ging, die zudem vom Ost-West-Konflikt dominiert waren, bedurfte es einer vorherigen Abstimmung der Positionen, um optimale Ergebnisse verbuchen zu können.

Diese Festlegungen zu Sachthemen wurden im Kreise der Experten, im Generalsekretariat, bis zur Beschlußreife vorbereitet, ehe sie von den Führungsleuten, in den 70er Jahren im Circle der Top-Ten, ab den 80ern in einer erweitertern »demokratisierten« Runde von rund 20 Vertretern diskutiert und verabschiedet wurden. Es ging eigentlich immer darum, rechtzeitig auszuloten, was im divergierenden europäischen Interessengeflecht oder im Dialog zwischen Europa und Übersee machbar war. Die Vertreter der beiden deutschen Seiten erfüllten dabei nicht selten eine Art Scharnierfunktion für ihre »Blöcke.« In jenen Jahren des Widerauflebens des Kalten Krieges spielte der Wiener Rat insgesamt eine Schlüsselrolle im Ost-West-Dialog. Die Kanäle der Kontinuität für die Ost-West-Kommunikation wurden durch ihn offengehalten.

Natürlich wurden hier auch immer wieder kleine, im wesentlichen aber große Geschäfte zwischen den führenden Konzernen des Westens und den östlichen Ländern angebahnt. Es war kein Zufall, daß die Bundesrepublik nicht nur durch den BDI, den DIHT und den Ostausschuß ständig präsent war, sondern zugleich durch solche Unternehmen wie Daimler-Benz, Hoechst, Siemens, Mannesmann, Krupp und die großen Banken.

Nur die DDR machte wieder eine auffallende Ausnahme. Zwar war ihr Außenhandelsminister über etliche Jahre in der Leitung des Rates – nur gesehen hat man ihn dort selten. Meist ließ er sich durch eine nachgeordnete Charge vertreten; in nicht wenigen Situationen mußte ich ohne jedes offizielle Mandat einspringen. Die Vertreter aus anderen Ländern fanden dies höchst seltsam, doch man begann sich im Verlauf der Jahre daran zu gewöhnen. Ein Grund für dieses DDR-Reglement lag offensichtlich darin, mehr den konkreten Geschäften für den eigenen Außenhandel nachzugehen und sich weniger um die konzeptionelle Ausarbeitung von Ost-West-Projekten zu kümmern, die dem gesamten Kontinent von Nutzen sein sollten.

Sicher gab es auch andere Gründe, vielleicht jenen positiven, daß man der Kompetenz von Fachleuten ohne Mandat mehr vertraute als einem Staats- und Parteifunktionär.

Ich traf gerade beim International Council zahlreiche Minister und stellvertretende Ministerpräsidenten aus RGW-

Ländern, besonders aus Moskau, Budapest, Warschau oder Sofia, die über ihre Politik diskutierten oder diskutieren ließen, neue Ideen in die Zusammenarbeit einbrachten und aufmerksam Anregungen der anderen Seite zur Kenntnis nahmen. Trotz Einladungen ließen sich die verschiedenen Entscheidungsträger aus der DDR jedenfalls selten sehen. Sie überließen die Diskussion sowohl auf den jährlichen Ratstagungen als auch auf den großen Konferenzen, von wenigen Ausnahmen abgesehen, den Experten. Manche DDR-Größe, so Günter Mittag, besuchten aber Parallelvorstellungen, um sich von der speziellen Klientel des Gastlandes oder des Handelspartners feiern zu lassen.

1974 kam es zur Konferenz »Vienna I« mit mehreren hunderten Teilnehmern aus Wirtschaft und Politik. Der Einfluß der Wirtschafts-Lobby auf den KSZE-Prozeß nahm zu, ebenso wie der von »Vienna II« im März 1979. Im Juni 1986 öffnete »Vienna III« neue Horizonte im Ost-West-Handel und in der internationalen Kooperation.

Zwischen diesen Elefantenrunden gab es mehrmals die Filigranarbeit in Varna, London, Moskau, Berlin, Leipzig, Frankfurt/Main und Paris. Es ging um Fragen der Unternehmenskooperation, der Rolle der Banken im Ost-West-Geschäft, der intersystemaren Umweltprobleme, Fragen des Kreditwesens und der Währungskonvertibilität, der dreiseitigen Kooperation auch in Entwicklungsländern, der Joint Ventures, der Rolle von Wirtschaftssonderzonen und viele Themen mehr.

In der zweiten Hälfte der 70er Jahre kam ich in eine Arbeitsgruppe, in die ich mit einem Mitarbeiter des Außenhandelsministeriums gewählt worden war. Es wurden verschiedene Prinzipien und Formen der Wirtschaftskooperation formuliert und wie stets mit dem Abgesandten aus der Bundesrepublik abgestimmt und auch zugunsten der deutsch-deutschen Sonderbedingungen abgesichert. Auf der ersten Konferenz des Wiener Rates 1979 sprachen wir bereits über Industriekooperation, Kompensationsvorhaben, wissenschaftlich-technischen Austausch, Lizenzvorhaben zur Anwendung von Know-how und zum Einsatz von Anlagen von Konzernen bei der Herstellung von westlichen Spitzenprodukten auf DDR-

Otto Wolff, Hannes Androsch in Wien

Territorium. Bis weit in die 80er Jahre fürchtete Günter Mittag, daß die Mehrheit im Politbüro dies besonders argwöhnisch betrachtete.

Auf den Zusammenkünften des Rates kam es – und dies war eine der wichtigsten Nebensachen der Ratsarbeit – zu einem regen, Jahre währenden Austausch von Informationen zwischen den Experten aus beiden deutschen Staaten, dies um so einfacher, da ja Wolff und Fink die Repräsentanten aus der Bundesrepublik waren und die Politik in Bonn mit beeinflussen konnten.

Erleichtert wurde die Arbeit, da zudem zwischen Wolff, Beil und Mittag die Chemie stimmte. Man tauschte immer sehr freundliche Grüße untereiander aus. Hier wurden die Orientierungen für die deutsch-deutsche Wirtschaftskooperation und die Schritte zur Konföderation vordiskutiert.

1990 wurde die Arbeit der DDR im Rahmen des Vereinigungsprozesses eingestellt und der Antrag gestellt, daß die DDR-Experten der Delegation der Bundesrepublik beisitzen.

Auf Vorschlag von Ratspräsident Agnelli und Vizepräsident Wolff wurde ich Anfang 1992 in die gesamtdeutsche Delegation übernommen.

Anders als in Wien vollzog sich die Mitarbeit an den Veranstaltungen im »Haus Rissen« im Hamburger Elbvorort Rissen. Das dortige internationale Institut für Politik und Wirtschaft existiert bereits rund vier Jahrzehnte, hervorzuheben sind seine Fachkolloquien und internationalen Konferenzen zur Ost-West-Problematik. Es erfreute sich einer umfänglichen Zuhörerschaft vor allem aus Wirtschaft, Politik, Verwaltung, Publizistik, Militär und auch Sicherheitsdiensten. Letztere gaben den Tagungen eine spezifische Note. Ziel der Veranstaltungen war es, »Orientierungslosigkeit und Verhaltensunsicherheiten zu überwinden«, da diese ansonsten »ein politisches Klima entstehen (lassen, daß) anfällig für Stimmungen und emotionale Polarisierungen« sei. »Es gilt daher, durch umfassende und abgewogene Information die politische Auseinandersetzung zu versachlichen«, so die Direktion des Hauses zum selbstgestellten Auftrag. »Haus Rissen« genoß infolge seiner spezifischen Teilnehmerschaft den unterschwelligen Ruf einer »Agentenhöhle«. Demzufolge mieden Experten aus Osteuropa, vor allem Wissenschaftler, so sie sich mit Politik und Wirtschaft zu befassen hatten, diesen Ort des Ost-West-Dialogs lange Zeit.

Trotz einer Anzahl von Einladungen hatte ich mich ebenfalls einem Auftritt solange entzogen, bis es die Institutsleitung anders wünschte. Führungsleute aus internationalen Instituten in Moskau drückten seit den 80er Jahren auf wissenschaftliche Institutionen in den »Bruderländern«, sich nicht länger zu verweigern, so auch auf unser IPW in der DDR-Hauptstadt.

Der inzwischen verstorbene »Rissen«-Direktor, Gerhard Merzin, verteidigte in einem Gespräch, zu dem er mich 1980 ins Westberliner Hotel »Schweizer Hof« gebeten hatte, die Spezifik seines Hauses. Er äußerte die Absicht, jetzt deutlicher in den Bereichen von Wirtschaft, Technikbewältigung, Umwelt und des ökonomischen Ost-West-Ausgleichs zu wirken. Und was seine nachrichtendienstliche Klientel anbelangte, so meinte er, daß dies ein absoluter Vorzug sei, denn dadurch »kämen wichtige Informationen und Botschaften auf direktem Wege an die entscheidenden Adressen«. Warum sollte man Umwege über Mittelsmänner wählen oder wichtiges nur an die Adresse von Multiplikatoren gelangen lassen?

Ich weiß natürlich nicht, was über meine Ausführungen im dortigen Plenum oder die im persönlichen Gespräch »an die Adressen« berichtet wurde. Für mich war »Haus Rissen« auf jeden Fall ein interessanter Platz. Weniger, um den Spitzen der NATO, der Bundeswehr und den zahlreichen anderen Militär- und Abrüstungsexperten zuzuhören. Vielmehr war es wichtig, leitende Beamte aus dem Bundeskanzleramt, dem Wirtschaftsministerium, dem Bonner Auswärtigen Amt und dem Ministerium für innerdeutsche Fragen zu treffen, die mich sonst nicht hätten sprechen können.

Anders konstituiert war der »Politische Klub« aus Berlin-Zehlendorf, der unter dem Motto «Friede durch Zusammenarbeit« einen »Arbeitskreis für europäische Zusammenarbeit« installiert hatte und im Rahmen einer Jahrestagung, aber noch ausgeprägter in Projektgruppentagungen in großen europäischen Städten, später auch in Kurorten, über die westeuropäische Integration und den Ost-West-Ausgleich freimütig diskutierte. Dort besprachen ausschließlich Fachleute aus Europa und Übersee die weltpolitische Lage, das sicherheitspolitische Gleichgewicht in Europa, die Entwicklung der Beziehungen zwischen Ost- und Westeuropa, die Beziehungen EG – RGW, aber auch soziale Aspekte im westlichen System. Es ging nicht darum, Wissen an interessierte Zuhörer zu vermitteln, sondern er lud ausschließlich zum Streitgespräch. Ungewöhnlich war für mich, daß jedes Wort im Plenum auf Band mitgeschnitten wurde, jeder Redner in den Publikationen des Klubs mit einer Nummer versehen erschien, aus denen nur mit schriftlicher Genehmigung der Klubleitung zitiert werden durfte. Es gab »Berichte« und Protokolle nur für Teilnehmer, an Veröffentlichungen war nicht gedacht.

Auch auf westlicher Seite kamen die Teilnehmer aus wissenschaftlichen Institutionen, die den Regierungen, Parteien und Verbänden oder politischen und wirtschaftlichen Führungspersönlichkeiten nahestanden, auch wenn dies in pluralistischen

Prof. Nötzold, Herr v. Kries und Jürgen Nitz (von links) in Bad Reichenhall bei der Tagung des »Politischen Klubs«, 1988

Gesellschaften schwer zu definieren ist. Von westlicher Seite beteiligten sich das Deutsche Institut für Wirtschaftsforschung in Berlin-Dahlem, das Otto-Suhr-Institut der Freien Universität Berlin, die der Bundesregierung nahestehende Stiftung Wissenschaft und Politik in Ebershausen, das Institut für Weltwirtschaft in Hamburg, das Bundesinstitut für ostwissenschaftliche Fragen in Köln, ferner Einzelpersönlichkeiten aus Osteuropa-Instituten in München und Westberlin sowie aus dem Ostausschuß der Deutschen Wirtschaft. Stark vertreten war Österreich durch das Wiener Institut für Internationale Wirtschaftsvergleiche.

Der inhaltliche Anspruch der Veranstaltungen, aber sicher auch die Zeit brachten es mit sich, daß hier bald nur noch Zirkel von Experten zusammenkamen, die Inhalt, Klima und Trends der Diskussion unter Wissenschaftlern und Fachleuten in ihren Ländern in hohem Maße beeinflußten. Dem kam entgegen, daß die östlichen Diskutanten in der Regel aus Führungsinstituten der RGW-Länder kamen. Wenn ich mal von uns absehe, waren diese meist Berater von Regierungs- und Parteiinstitutionen. Es war auch zu erfahren, daß interessante Details oder Ergebnisse der Beratungen in die Politik der politisch tonangebenden Kreise in den einzelnen RGW-Ländern unmittelbar einflossen.

In der DDR war es demgegenüber annähernd unmöglich, neue Gedanken zu äußern, vor allem wenn sie ein unverfälschtes, also ein nicht parteioffiziell geschöntes Bild der Lage wiedergaben oder die erforderliche Öffnung des Landes zum Westen verlangten. Eine stärkere Einbindung der DDR-Wirtschaft in weltwirtschaftliche Strukturen – selbstredend zum eigenen Nutzen – auf direktem Wege als Vorschlag an die Entscheidungsträger heranzubringen und dies zu fordern – das war ausgeschlossen. Dies galt besonders für die oberste Führungsetage. Eine zutiefst wissenschaftsfeindliche Haltung und ein der Realität weit entrücktes Wunschdenken prägten vor allem die Persönlichkeit Honeckers, was auf seine Umgebung abgefärbt hatte. So blieb die von anderen rege genutzte Chance, Informationen und Fachwissen auszutauschen, was jenseits der offiziellen Politik die Annäherungsprozesse voranbrachten, ungenutzt.

Im Sommer 1985 standen die deutsch-deutschen Beziehungen vor einem Debakel. Bonn warf der DDR-Führung vor, sich im politischen und zwischenmenschlichen Bereich restriktiv zu verhalten. Die DDR-Spitze bestritt dies wie immer.

Der bisherige Fraktionschef der Union im Bundestag, Wolfgang Schäuble, war neuer Chef im Bundeskanzleramt geworden. Als Minister oblag ihm nun die Verwaltung der deutsch-deutschen Beziehungen, nachdem sein Vorgänger Philipp Jenninger vom Kanzler auf den Sessel des Bundestagspräsidenten gehievt worden war.

Kanzleramtsminister Schäuble, offenbar infolge seiner Unerfahrenheit in Sachen innerdeutscher Wirtschaftsverkehr und dessen nationale und internationale Verstrickungen, wollte die Unterschrift Bonns unter das Resultat einer gerade in die Endrunde gegangenen langwierigen Verhandlung über eine neue Swingvereinbarung verweigern lassen. Dieser zinslose Überziehungskredit hatte den innerdeutschen Handel über die Jahre hinweg am Leben gehalten und war eine Reserve für schlechte Zeiten. Er sparte der DDR Devisen, wenn er auch die eigentlichen Finanzierungsprobleme nicht lösen konnte, da der Saldo immer wieder ausgeglichen werden mußte. Nicht zuletzt dank des Swing war es möglich gewesen, den Warenverkehr in über dreißig Jahren erheblich zu steigern. Damit gehörte der innerdeutsche Warenaustausch zu den dynamischsten Bereichen in den zwischenstaatlichen Wirtschaftsbeziehungen, die es überhaupt in der Welt gab. Bei den ausländischen Neidern in Ost und West war er stets Anlaß für Kritik und permanenter Anstoß zu inoffiziellen Demarchen der östlichen bzw. westlichen Verbündeten.

Es ging beim Swing dieses Mal nicht um eine Art von Jahresprotokoll, sondern um eine längerfristige Vereinbarung für die Zeit von 1986 bis 1990. Dabei waren die Modalitäten einer Swingverlängerung aus Prinzip und Erfahrung seit Jahrzehnten vorgeprägt. Beide Seiten respektierten das.

Alles lief jetzt auf die zwei Fragen hinaus: Würde es überhaupt noch eine Swingvereinbarung für die zweite Hälfte der 80er Jahre geben, falls beide Seiten auf ihren Positionen beharrten? Und sofern noch an ein neues Abkommen gedacht werden dürfte: Wie hoch würde die jährlich von der DDR in Anspruch zu nehmende Gesamtsumme sein?

Eine positive Antwort schien immer unwahrscheinlicher, denn keine Seite war offensichtlich bereit nachzugeben. Der Öffentlichkeit wurde dies erst zögernd, dann jedoch lautstark und mit Drohgebärden über die Medien bekanntgemacht. In der DDR stand – wie immer am Beginn und in der Mitte eines Jahrzehnts – der Abschluß einer neuen Planrunde bevor. Die DDR-Wirtschaft wußte nicht, wie sie die fünf Jahre bis 1990 disponieren sollte, und auch in Teilen der bundesdeutschen Industrie und im Dienstleistungsgewerbe wuchsen Unsicherheit und Unmut über die unklare Situation. Und die Zeit lief davon. Konnte da ein Treffen mit Dr. Thomas Gundelach in Zürich vielleicht doch einen bescheidenen Impuls für ein deutsch-deutsches Miteinander geben?

Ich begann meine Informationstour zuerst bei Wolfgang Andrä, meines Wissens einer der Erfahrensten und Flexibelsten in der Ministerialbürokratie der DDR. Ihm war es gelungen, die erste und lange Zeit einzige Dissertation zu seinem heiklen Arbeitsgebiet zu schreiben. Sie wurde von der DDR-Führung als vertrauliche Dienstsache eingestuft.

Nachdem Andrä erfuhr, daß ich in Zürich mit diesem »interessanten Mann aus Bonn« zusammenkommen würde, der im Vorzimmer der Macht tätig war, kam er sofort zur Sache: »Die Chance, das Swing-Drama im direkten Gespräch über die Ebene Franz Rösch *(als Ministerialer Regierungsbeauftragter für den innerdeutschen Handel für den Swing zuständig – Anm. d. Autors)* hinauszubringen, sollte man unbedingt nutzen. Erinnere Deinen Partner daran, daß es letztlich um deutsche Angelegenheiten und um gemeinsame wirtschaftliche Interessen geht. Man muß Schäuble auf die Folgen einer Verweigerung aufmerksam machen, die er offenbar noch nicht zu übersehen scheint.«

»Wieviel Millionen soll ich verlangen?«, fragte ich.

»So um 600 bis 650.«

So »instruiert« machte ich anschließend meine Aufwartung beim Minister Beil in seiner Dienstsuite. Er war mein Duzfreund seit Studententagen.

Auch Beil verwies auf die Folgen für die Wirtschaft beider Staaten, sofern der Überziehungskredit nicht mehr gewährt werden sollte. »Die negativen Rückwirkungen auf die Politik, falls die Sache mit dem Swing schief geht, kann man nicht dramatisch genug darstellen. Was zur Sache zu sagen ist, hast Du ja schon -zigmal selbst aufgeschrieben. Es gibt nichts Neues.«

In der Spitze, gemeint war das SED-Politbüro, habe man den Eindruck, daß Schäuble entweder die deutsch-deutsche Tragik einer Swingverweigerung nicht begreife oder an dieses wirtschaftliche Essential betont destruktiv herangeht, so Beil weiter.

»Wieviel soll ich verlangen? Vielleicht 650 Millionen?« Ohne Andrä zu nennen, tippte ich erst einmal auf diese Summe.

»Viel zu wenig. Das reicht nicht, wir brauchen mindestens 900 Millionen.«

»Aber soviel benötigen wir doch auf keinen Fall, wie alle bisherigen Erfahrungen belegen«, entgegnete ich überrascht.

»Wir müssen 900 Millionen fordern und möglichst auch bekommen. Weißt Du denn, wie die Lage sich weiterentwickelt?«

Gerhard Beil vermutete offenkundig einen steigenden Finanzbedarf bei einer weiter schwindenden Wirtschaftskraft der DDR. Zudem wurde das wirtschaftliche Desaster der meisten RGW-Staaten immer deutlicher, und auch die politische Situation im geteilten Deutschland konnte sich jeden Tag durchaus ändern. Die Präsidenten Reagan und Gorbatschow waren in der deutschen Frage nicht eindeutig zu berechnen. Da war der Swing als Finanzierungsrahmen eine sichere Bank im deutsch-deutschen Handel, die den Handlungsspielraum garantierte. Denn wer konnte ahnen, wie es kommen würde?

»Ich weiß es nicht«, sagte ich zu Beil.

»Na, siehst Du,« sagte er, »ich auch nicht. Gute Reise.«

Am Wochenende sollte das Rendezvous in Zürich stattfinden. Schon am Tag zuvor hatten Bahl und ich die Inhalte der Begegnung mit Gundelach erörtert und uns über die Marschroute verständigt. Der Bankier telefonierte mit Gundelach und ließ in einer Waldgaststätte einen Tisch reservieren. Ein idyllischer Platz, um ungestört zu reden. Doch es regnete an diesem Tag in Strömen, der Treff fiel buchstäblich ins Wasser. Wir mußten ihn in eine lauschige Ecke des Flughafenrestaurants verlegen.

Es war meine erste direkte Begegnung mit Gundelach.

Die allgemeine Lage war schnell diskutiert, das Thema »Zürcher Modell« wurde schon als »auslaufendes Modell« behandelt, da das Projekt nicht vom Eis kam. Fast wäre es abgehakt worden, wenn da nicht der Sindermann-Besuch in Bonn ins Haus gestanden hätte. Die Grundpositionen dazu waren rasch geklärt und die neuralgischen Punkte definiert: Programm, gleichwertige Behandlung, Zeremonieforderungen, etwa wie bei anderen Parlamentspräsidenten Besuche im Bundestag und im Plenarsaal.

Und wo sollte das politische Treffen erfolgen? Im Arbeitszimmer, im Plenarsaal oder nur im Vestibül? Monatelang wurde darüber bereits gestritten. Dr. Gundelach versprach für Sindermann einen korrekten und fairen Empfang, fast ohne Wenn und Aber – und wenn man es wollte, könnte auch das »Länderspiel« erörtert und weiter betrieben werden.

Inzwischen waren in Zürich-Klothen Mittagessen und Dessert schon vergessen, und wir wollten nicht Dauergäste für unerwünschte Beobachter auf dem Airport sein. Um zum Handel, Kooperation und zu dem verflixten Swing zu gelangen, fuhren wir in die Banker-Villa. Hier ging es nun weiter zur Sache. Gundelach war jetzt mehr Zuhörer, der, wie er sagte, meine Position sofort ins Bundeskanzleramt zur Bewertung und Entscheidung tragen würde.

Ich zog alle Register für die gemeinsamen Interessen im deutsch-deutschen Handel: ohne Swing keine wirtschaftliche Sicherheit für den gegenseitigen Warenverkehr. Man brauche ihn für alle Fälle. Dies läge besonders auch im Interesse von 3000 bis 4000 mittelständischen Unternehmen in der Bundesrepublik, die sich für Ex- und Importe via DDR engagieren würden. Ansonsten: Die Abhängigkeiten von Moskau würden wachsen. Die DDR verlöre auch die wenigen politischen Freiräume, die sie mit ihrer Sonderstellung gegenüber Bonn besäße. Die DDR-Wirtschaft werde immer mehr herausgefordert, an der oberen Grenze ihrer Leistungskraft zu produzieren. Wo sollte dies ohne neue Stabilisierung aus Bonn enden? Und weiter: Bonns Chancen, deutschlandpolitische Linien im Interesse der Deutschen mit der DDR gemeinsam umzusetzen, würden geringer. Von Gorbatschow gingen noch keine positiven Wirkungen aus. Frankreich, Japan, Österreich lägen zudem schon auf der Lauer, um Bonn zu beerben, sprich die Märkte der bundesdeutschen Wirtschaft in der DDR zumindest partiell selbst zu besetzen. Dies alles könnte doch keinen, der deutsche Interessen und die menschlichen Aspekte im Auge hätte, gleichgültig lassen. 900 Millionen Swinggarantie müßten also her, zumindestens als Vorsorgepolster.

Hier wurde von mir – wie immer in solchen Gesprächen – nicht mit Phrasen jongliert, nicht irgendwelche politischen Menetekel an die Wand gemalt. Es ging mir um deutliche Situationsschilderung, realistische Darstellungen und deren denkbare gefährliche Folgen vor dem Hintergrund deprimierender Entwicklungen im europäischen Osten. Gundelach schien nicht nur beeindruckt – er war es auch. Und er versprach, gleich nach seiner Rückkehr Jenninger und Schäuble über die möglichen Folgen im Falle einer Swingverweigerung ins Bild zu setzen und den Kanzler informieren zu wollen.

Bahl gab mir bereits am nächsten Tag im Duttweiler-Institut Nachricht, daß Gundelach sein Wort gehalten habe. Man sei in

Bonn über den Ernst der von mir geschilderten Lage beeindruckt gewesen, und der Kanzler hätte unverzüglich Weisung gegeben, die Swingvereinbarung zu unterschreiben. Und tatsächlich: Franz Rösch wurde nach Berlin geschickt, um den Vertrag über 850 Millionen Verrechnungseinheiten pro Jahr bis 1990 abzuschließen.

Am ungarischen Plattensee traf sich 1988 eine hochrangige Expertenrunde, die Berater von Regierungen der RGW-Länder, aber auch Bankenchefs, Regierungsbeamte und Vertreter von Parteien aus dem Ostblock vereinte. Es ging bei diesem Treffen um die Koordinierung von wirtschaftspolitischen Aktivitäten der östlichen Integrationsgemeinschaft gegenüber den westlichen Industrieländern, worunter die OECD-Länder zu verstehen waren. Der Leiter unserer kleinen Gruppe von DDR-Wissenschaftlern, die ebenfalls in diesem Sommer mit am Tisch in einem Fünf-Sterne-Gästehaus im ungarischen Nobelkurort in Balaton Tihany saßen, erklärte seinen Ostblock-Kollegen, daß die DDR ihre aktive Mitarbeit an einem gemeinsamen Grundsatzprogramm über die Beziehungen des RGW zu den westlichen Industrieländern aufkündige. Man wollte künftig nur noch einen lockeren Meinungsaustausch führen, und es werde ab sofort keine von der DDR mitgetragenen gemeinsamen Beschlüsse, keine gemeinsamen Standpunkte und keine DDR-Unterschrift unter ein gemeinsames Strategiepapier geben. Und dies auch, falls es in der Tat noch übereinstimmende Positionen geben sollte.

Prompt kamen kritische Fragen: Will sich die DDR damit aus den gemeinsamen Abstimmungsrunden des RGW verabschieden? Stellen sich Honecker und Mittag außerhalb der Festlegungen von Warschauer Pakt und RGW, die sie selbst mit getroffen hatten? Will die DDR die Annäherung an den Westen nun im Alleingang versuchen? Oder dominiert in Berlin die Angst vor Reform und Marktwirtschaft vollends?

Es gab darauf keine offizielle Antwort mehr, die Sitzung wurde unterbrochen.

»Hat die deutsche Karte gestochen?«, fragte mich ein ungarischer Kollege am Tisch.

Diese Affront hatte eine Vorgeschichte.

Die Gründung dieser Runde war vor Jahren auf einem Treffen der politischen Führungseliten der Staaten des Warschauer Paktes und des RGW vereinbart worden. Es ging damals um die Koordinierung der Außenpolitik und der Außenwirtschaft der östlichen Ländergemeinschaft gegenüber dem Westen. Denn der KSZE-Prozeß stand vor der Tür, und dem RGW saß die EG gegenüber. Schließlich wollte man in Moskau auch die mißliche Lage beenden, daß bei den Koordinierungsgesprächen auf hoher Ebene alle Länder oder zumindest deren Mehrheit mit differierenden Positionen auftraten. Da offensichtlich in den oberen Etagen des Ostblocks nicht mehr an koordinierende Gespräche zu denken war, sollten mindestens gemeinsame Standpunkte auf Expertenebene gesucht werden.

Ziel der Tätigkeit sollte es sein, unter Top-Wissenschaftlern aus dem RGW-Raum zum Thema einen Meinungsaustausch zu führen und Positionspapiere, auch längerfristige Strategien, für ein möglichst übereinstimmendes Handeln der Staatengemeinschaft zu formulieren. Es ging dabei um etliche Themen sowohl aus Politik als auch aus der Wirtschaft. Ein wichtiger Punkt war dabei, die Haltung des RGW zur Europäischen Gemeinschaft zu definieren, um noch für die 70er Jahre eine Annäherung beider Vereinigungen vorzubereiten. Die Grundtendenz der Aussagen sollte auf eine Annäherung und Öffnung zum Westen ausgerichtet sein. Die Entwicklung neuer Formen und Methoden der Zusammenarbeit war ebenso von Interesse wie die wirtschaftlichen Bereiche, die man Brüssel zur Kooperation anbieten wollte.

Dabei gab es noch einen ganz zwingenden aktuellen wirtschaftspolitischen Anlaß: Seit Mitte der 70er Jahre hatte die EG-Kommission in Brüssel durchgesetzt, daß die Handelspolitik nicht mehr Sache der einzelnen Mitgliedsländer, sondern nur noch die der Gemeinschaft war. Demzufolge mußten die Handelsverträge, die bislang zwischen den einzelnen Ländern der EG mit denen des Ostens abgeschlossen wurden, nun mit Brüssel ausgehandelt und abgeschlossen werden. Dazu bedurfte es schon eines neuen Standpunktes, der nicht gefunden war.

Darüber hinaus hatte es Leonid Breshnew als KPDSU-Generalsekretär in Moskau durchgesetzt, die Beschlüsse der EG zu ignorieren. Es drohte ein vertragsloser Zustand, der dann auch tatsächlich eintrat. Wer in höherem Maße auf den EG-Handel angewiesen war, konnte dann allerdings nicht mehr offiziell um vertragliche Besserungen mit einem westlichen Partnerland streiten, denn diesen Vertragspartner gab es ja nicht mehr – man verwies eben auf Brüssel. Also in der Tat ein fataler Zustand vor allem für Ungarn, Polen, die Tschechoslowakei und Bulgarien.

Unsere Kommissionstagungen fanden alternierend in den jeweiligen Hauptstädten der RGW-Länder statt. Ich erlebte dabei zum ersten Mal in meinem Leben die sowjetische Hauptstadt, aber aus der Perspektive dieser Arbeit. Ich lernte Warschau, Budapest, Prag und Sofia besser kennen. Exotische Orte wie Ulan Bator oder Havanna besuchten meine ranghöheren Chefs.

Die Beratungen fanden unter dem Siegel der Verschwiegenheit statt; das galt auch für deren Resultate. Das Unternehmen trug den russischen Codenamen »Swesda«, zu deutsch: Stern.

Die Tagungsstätten waren immer nur vom Allerfeinsten: Gästehäuser der Spitzenkategorie, Schlösser auf dem Balkan, Erholungssitze der Zentralkomitee-Nomenklatura. Allerdings spöttelte ein Partner aus der Runde, daß sich der wissenschaftliche Wert der Beiträge des öfteren reziprok zum Aufwand für die Gäste verhalten würde, was sicher in einigen Fällen auch zutraf. Dennoch muß man sagen, wie dies auch immer zu bewerten sei, gerade die kleineren Länder waren stets um ihre Gäste rührend besorgt.

Interessanter für das Thema waren da schon die politischen oder wirtschaftspolitischen Figurationen der Wissenschaftler der einzelnen Länder, die im großen und ganzen der Haltung der Regierungen und der Führungsspitzen der jeweiligen kommunistischen Parteien entsprachen. Jedoch – zumindest für die Mehrheit der Länder – waren die Auffassungen der Experten denen ihrer Spitzenpolitiker um Längen, manchmal um Lichtjahre voraus.

Die absolute Dominanz in der Runde hatten, wie bei allen Diskussionen und Entscheidungen im Ostblock, die Macher aus Moskau, die damit Inhalt und Ton der konzertierten

Aktion angaben. Bedingungslos stand die Delegation aus Bulgarien immer an ihrer Seite. Die Repräsentanten aus Budapest waren von den anderen Ländern ein erhebliches Stück in Richtung Marktwirtschaft und Öffnung nach dem Westen vorausgeeilt. Die Experten aus Warschau traten erheblich differenzierter auf, je nach ihrer Einbindung in eine der Fraktionen in der polnischen Führung: Einerseits war ihre Absicht zu spüren, marktwirtschaftlichen Konzeptionen zu folgen, andererseits kamen sie vor allem aus ihren Parteizwängen unter dem regierenden Edward Gierek, später aus den Orientierungen von General Jaruzelski, nicht weit heraus. Die tschechoslowakische Equipe hielt sich bei allem, was in Richtung Veränderung und Reform ging, extrem zurück. Zu tief saß damals allen, die aus Prag kamen, noch der Schock von 1968 in den Gliedern. Die Experten blieben bis weit in die 80er Jahre hinein in allen wesentlichen Punkten meines Erachtens auch hinter den Anforderungen ihres Landes zurück.

Die Position Moskaus war stark von den Überlegungen der jeweiligen Herrscher im Kreml bestimmt. Wir begannen unsere Arbeit unter Leonid Breshnew, dennoch war immer das Bestreben zu erkennen, nach vorn zu denken, die starren Dogmen und Praktiken der Planwirtschaft zurückzudrängen, um marktwirtschaftlichen Konzeptionen mehr Raum anzubieten. Es ging dann unter Breshnews reformorientierten Nachfolger Andropow einen guten Schritt vorwärts, unter dem Hardliner Tschernenko wieder zwei Schritte zurück. Doch die mehr marktwirtschaftlich orientierten Standpunkte wurden von einem größeren Kreis von Vordenkern, die den jeweiligen Kremlführungen beratend zur Seite standen, als wissenschaftliche Grundhaltung übereinstimmend vertreten. Richtig ist zugleich, daß sich diese praktisch nur schwer oder gar nicht durchsetzen konnten.

Vorsitzender der Internationalen Arbeitsgruppe war Prof. Oleg Bogomolow, ihm zur Seite stand der »radikale Reformer« Schmeljow und als »Sekretär« in einer Art Geschäftsführerfunktion Watscheslaw Dashitshew, einer der härtesten Kritiker der verkrusteten politischen Strukturen in der UdSSR und im gesamten Ostblock. Meines Wissens war er einer der ersten, der nach anfänglicher starker Sympathie für Gorbatschow diesen infolge seiner erfolglosen Innen- und Wirtschaftspolitik schnell als »tragische Figur« erkannte und ihn öffentlich charakterisierte.

Dashitshew hatte sich in jungen Jahren seine Sporen als Stabsoffizier im Generalstab der Sowjetarmee verdient. Für die Armee war sein Ausscheiden gewiß ein herber Verlust, für unsere Runde war er ein immenser Gewinn. Ich hielt ihn nicht nur für anregend und vom Denkansatz her stark reformorientiert, sondern – was ja schon seltener anzutreffen war – ausgesprochen strategiebegabt. Ich fühlte mich zu ihm damals sehr hingezogen, da Dashitshew eben nicht ausschließlich wissenschaftlich vorbelastet war, sondern auch bestimmte praktische Erfahrungen mitbrachte. Zudem bewegte er sich in Moskau zusammen mit seiner Frau, einer Künstlerin vom Bolschoi-Theater, in einem ungewöhnlich systemkritischen Umfeld. Wir wurden schnell bekannt und vertraut miteinander.

Die Haltung der DDR-Vertreter in der »Swesda-Kommission« war einerseits annähernd identisch mit der Position der DDR-Führung zu den größeren Entwicklungen in der Welt, zu den internationalen Trends und im speziellen zur Thematik »Europa.« Es war ein sich häufig ändernder Standpunkt. Er orientierte sich an den Linien, die durch Moskau bestimmt wurden. Andererseits gab es kein entwickeltes RGW-Land, wo die praktische Wirtschaftspolitik sich so weit von wissenschaftlichen Erkenntnissen entfernt bewegte wie die DDR. Die Kluft zu den Positionen der anderen tat sich um so mehr auf, als Moskau, Ungarn und Polen auf die Marktwirtschaft zu setzen begann.

Wie brisant die Arbeit dieser Kommission war, wurde wohl der DDR-Führung zuerst gar nicht so richtig bewußt, und damit fiel es auch den alten Herren im Politbüro der SED nicht weiter auf, daß sich über ihren Köpfen einiges zusammenbraute. In der internationalen Runde selbst glaubte man aus früheren Perioden der Nachkriegszeit an die Blocktreue der DDR und nahm an, daß auch diese in den 80er Jahren weiterhin den Wünschen Moskaus folgen würde, wie dieser Kurs auch aussehen sollte. Letztlich hatten die DDR-Vertreter Glück, weil sie mehrere Jahre lang nicht Farbe bekennen mußten. Und dies hing mit der Art und Weise, wie die Grundmaterialien erarbeitet wurden, die dann in der Generalversammlung zur Diskussion standen, zusammen.

Der generelle Einstieg der zu verfassenden Studien, die die Entscheidungsfindung in den RGW-Spitzengremien erleichtern sollten, war mehr wissenschaftlicher Art, sozusagen der theoretische Ansatz für das Gesamtkonzept. Den DDR-Deutschen – nach wie vor als »Urenkel der großen Denker« unseres Volkes angesehen – fiel meist diese Aufgabe zu, diese zu formulieren. Wir lehnten uns an die Ost-West-Kompromißformulierungen an, die wir in jahrelanger Arbeit im »Wiener Rat« und in der ECE-Arbeit gefunden hatten und die einen gesamteuropäischen Konsens besaßen. Dies entsprach auch den wissenschaftlichen und politischen Orientierungen Moskaus und der anderen in marktwirtschaftlichen Fragen tonangebenden Verbündeten wie Ungarn und Polen. Im Politbüro oder im Zentralkomitee der SED war dies – weil zu kompliziert – ohnehin kein Thema, da dort wissenschaftliche Aussagen zu dieser Thematik kaum verstanden oder, falls doch, ignoriert wurden. Also konnte man damit in Berlin erst einmal nicht anecken.

Die fordernden Formulierungen zu den konkreten Aspekten von Handel, Kooperation und Finanzen übernahmen meist die Ungarn und die Polen oder, jedoch seltener, die Bulgaren. Die Schlußfolgerungen für die Politik einer breiteren Westöffnung besorgten die Chefs aus Moskau. Die CSSR hielt sich wie stets zurück.

Aus dem gemeinsam verabschiedeten und unterzeichneten »Schlußdokument« wurde dann in den einzelnen Staaten nicht nur ein aktueller Bericht, sondern zugleich eine wissenschaftliche Orientierung für die politischen Führungsgremien formuliert – so vergingen die späten 70er und die erste Hälfte der 80er Jahre. Von Rückschlägen einmal abgesehen, hatte ich das Gefühl, daß wir von »Stern« zu »Stern« wissenschaftlich immer besser vorankamen, ohne daß jedoch in der praktischen Politik in Berlin das Mindeste passierte. Für mich waren die »Stern«-Treffen ein anregender Gedankenaustausch, man blieb jedoch im »Elfenbeinturm.«

Im Zentralkomitee der SED und in den Regierungsinstanzen der DDR fand zunächst die Arbeit dieser »multilateralen

Problemkommission« solange gelangweilte Aufmerksamkeit, wie die politische Nomenklatura darin fälschlicherweise eine Ausfüllung der Breshnew-Politik und damit vorerst auch der Honecker-Mittag-Linie vermutete. Das aber änderte sich, als Moskau über das Verhalten zur Dritten Welt eine Korrektur der Entwicklungshilfe-Politik hineinschreiben ließ. Diese Papiere schlachteten auch heilige Kühe der DDR. Ich erinnere mich dabei an folgenden Vorschlag: Man warf der DDR vor, kostenaufwendig, umweltfeindlich und absolut ineffizient Braunkohle abzubauen und forderte sie auf, mit Mocambique in eine internationale Arbeitsteilung einzutreten, Kohle in Afrika abzubauen und in den Braunkohlegebieten der DDR moderne Wirtschaftsstandorte aufzubauen. Dies war Anlaß für das SED-Politbüro – sprich: Honecker, Mittag und Axen –, das DDR-Außenministerium beim sowjetischen Botschafter mit Protest vorstellig werden zu lassen. Der sowjetische Pappkamerad, den die DDR-Offiziellen ins Visier nahmen, war Prof. Schmeljow, jedoch war dies auch nur der Sack, den man schlug, um die eigentlichen Reformer im Umfeld des sowjetischen ZK und in der Regierung zu treffen, die einige Dogmen »internationaler sozialistischer Arbeitsteilung« kippen wollten.

Wenig später geriet ein weiterer Experte aus der Kommission in die Schußlinie der Bremser im Politbüro der SED: Prof. Bogomolow kritisierte die Ineffizienz und Unbeweglichkeit der RGW-Institutionen, das bürokratische Reglement, die Verschleppung von Entscheidungen, die in Richtung Marktwirtschaft, Reformen und innere Demokratie zielten.

Diese Kritik zielte auch auf die Dogmen-Reiter aus der DDR, die immer nur auf Beschlußtreue pochten, selbst wenn sich die Lage vollends verändert hatte. Im Ergebnis dessen durfte dieser damals international hochangesehene Wissenschaftler in der DDR nicht mehr zitiert werden. Günter Mittag wies die ihm besonders ergebenen wissenschaftlichen Institute an, Bogomolow zur Unperson zu erklären.

Dabei stellten die Erkenntnisse, die in Moskau verkündet wurden, nicht nur eine Vorwärtsbewegung dar. Es gab auch tiefgehende Differenzen in der »multilateralen Problemkommission« mit der sowjetischen Parteispitze, und zwar immer dann, wenn das Großmachtstreben und die Hegemonieansprüche der Kremlführung in Konflikt mit den ausgearbeiteten Neuorientierungen zu geraten drohten.

In der zweiten Hälfte der 70er Jahre ging es darum, zu einem Konsens zwischen den beiden Integrationsgruppierungen zu gelangen, der über formale Statusfragen und die wechselseitige Anerkennung zu echter partnerschaftlicher Zusammenarbeit führen sollte. Gerade die kleineren RGW-Länder litten schwer unter der ihnen von Moskau aufgezwungenen einseitigen Integrationsdisziplin, die sie als eine »Wirtschaftspolitik einer partiellen Autarkie« verstanden. Ihr Interesse lief darauf hinaus, vor allem mehr Agrarerzeugnisse oder auch industrielle Konsumgüter in den EG-Raum möglichst ohne hohe Zollbarrieren zu liefern, Kooperationsbeziehungen zu entwickeln und wieder Kredite und Investitionsgüter zu erhalten. Die RGW-Länder wünschten dabei ein möglichst freizügiges Agieren und vor allem eigenständige vertragliche Beziehungen zur EG-Kommission, um eine höhere Liberalisierung ihres Handels zu erreichen und bei der Lieferkontingente abgebaut werden sollten. Dies setzte staatlich geregelte Rahmenbedingungen zwischen EG und RGW voraus, die es nicht gab.

In längeren Diskussionen konnten wir uns auf eine Position einigen, die einen gewissen Interessenausgleich darstellte. Dieses Projekt entsprach übrigens auch einer parallel erarbeiteten RGW-Studie mit dem Codenamen »Start«, die die Regierungen der RGW-Länder ebenso orientierte. Der Streitpunkt lag in folgendem: Wenn es zu einem Brückenschlag zwischen EG und RGW kommen sollte – und auch Brüssel hatte längst Verhandlungsbereitschaft signalisiert –, wäre eine Vereinbarung nach völkerrechtlichen Prinzipien ins Auge zu fassen. Wer aber sollte nun etwas mit wem vereinbaren?

– Die beiden Dachorganisationen? Sicher, als Grundsatzerklärung und als Rahmen auch für Gemeinschaftsaktivitäten und für die einzelnen Länder würde das gehen.

– Die Länder untereinander im Rahmen eines zu schaffenden gemeinsamen Daches? Das schien auch unbestritten, denn die konkrete Ausfüllung der Handels- und Kooperationsabmachungen konnte nur zwischen den Ländern und Unternehmen realisiert werden.

– Die Länder der einen Seite (RGW) mit dem Dach der anderen Integrationsgemeinschaft (EG)? Hier schien der Hund begraben zu sein. Konnte man den RGW-Ländern die Genehmigung einräumen, souverän mit der EG-Kommission in Brüssel zu verhandeln? Das hätte eine Aufgabe der Moskauer Vormundschaft bedeutet.

In unserer RGW-Problemkommission waren wir übereinstimmend der Auffassung, so zu verfahren, und die Delegierten aus Warschau und Budapest hatten sich dafür besonders stark gemacht – Bogomolow und Dashitshew tolerierten und förderten diese Haltung, meldeten aber starke Zweifel an, ob diese Position von der politischen Führung ihres Landes geteilt und damit erlaubt werde. Die beiden politischen Aufpasser des Kreml für die multilaterale Problemkommission, die ZK-Sekretäre Katuschew und Ponomarjow, wurden in Bewegung gesetzt, um mit dem Generalsekretär der KPdSU zu erörtern, was die Bruderländer dürften oder nicht. Nach einiger Zeit kam der Bescheid: kein grünes Licht für eine neue Souveränität der Satellitenstaaten. Der Kreml und der von ihm gelenkte RGW-Apparat behielten ihre repressive Monopolposition. Moskau wollte weiterhin bestimmen, wo es lang zu gehen hatte. Hier war zwar nicht die Breshnew-Doktrin im Spiel, wie sie 1968 gegen Prags Sozialismusreformer militärisch durchgesetzt wurde, aber es handelte sich um einen massiven Eingriff in Hoheitsrechte der Bündnispartner und deren Handelsbeziehungen zum Westen, also eine wirtschaftlich orientierte repressive Breshnew-Doktrin. Sie wurde auch von Gorbatschow geraume Zeit praktiziert.

So verfuhr der RGW auch mit seinem offiziellen Verhandlungsangebot an Brüssel, das der damals im RGW amtierende stellvertretende DDR-Ministerpräsident Weiß namens der östlichen Integrationsgruppierung seinem EG-Amtskollegen, dem luxemburgischen Minister Gaston Thorn, übergab. Dies hielt übrigens meinen polnischen Kollegen Prof. Pertschinski nicht davon ab, sich auf einer internationalen Konferenz in Rom von der sowjetischen Politik zu distanzieren, und zwar gerade an dem Tag, als der offizielle Vorschlag des RGW an die EG übergeben wurde.

Pertschinski und ich waren von der italienischen »Gesellschaft für auswärtige Politik« eingeladen worden, um die neuen Absichten der RGW-Länder zu interpretieren. Wie mir Pertschinski später erzählte, hatten seine politischen Chefs in Warschau seinen Auftritt voll gedeckt. Ich überlegte mir aber damals, was die Führung in Berlin mit mir angestellt hätte, wenn ich so aus der Reihe getanzt wäre. Ich hatte es jedoch einfacher:

Gottlob war das Abkommen über den innerdeutschen Handel keinen internationalen Interventionen ausgesetzt, und alle gingen damals davon aus, daß dieses Sonderverhältnis gegenüber Dritten auch zu verteidigen war. Die Hauptpartner im Westhandel der DDR waren neben Bonn die Nicht-EG-Mitglieder Österreich und Japan sowie Finnland, nennenswerte EG-Partner nur Frankreich und Italien, mit denen man sich zu arrangieren verstand. Sowohl bei den RGW-internen Diskussionen als auch bei Veranstaltungen mit westlichen Partnern war demzufolge äußerste Zurückhaltung angesagt, um die deutsch-deutschen Beziehungen nicht in Gefahr zu bringen.

Die DDR hatte die beste Ausgangslage, wenn sie sich wie Vogel Strauß verhielt. Hier ging es darum, den Kopf im internationalen Getümmel zumindest einzuziehen und den Sturm sich legen zu lassen. Den vorteilhaften innerdeutschen Status konnte man am besten durch Passivität und Nichtstun sichern. Dies nützte der DDR, ähnlich wie auch Bonn und der bundesdeutschen Wirtschaft am ehesten. Wenn Partner hin und wieder den Aufstand probten und auf Wechsel drängten, an den übereinstimmenden all-deutschen Interessen kamen sie nicht vorbei. Die Sonderbeziehungen zwischen den beiden deutschen Staaten galt es, nur notfalls und lautstark mit Zähnen und Klauen im RGW zu verteidigen, was mit begleitender Beihilfe aus Bonn und bis in die Zeit nach der politischen Wende geschafft wurde.

Unter der politischen Führung Gorbatschows spitzten sich die Differenzen zwischen der DDR und der UdSSR weiter zu. Wir bekamen es in der »multilateralen Problemkommission« bald zu spüren, der DDR-Ausstieg aus den Gemeinsamkeiten internationaler östlicher Gremien wurde sukzessive weiter vorbereitet. Dann kam es zum Knall.

1986/87 legten die Reformer aus Moskau im Auftrage Gorbatschows mit intensiver Unterstützung der Regierungen aus Budapest und Warschau Papiere zur Diskussion und Beschlußfassung vor, die nicht mehr nur den allgemeinen, darum auslegbaren und letztlich unverbindlichen Rahmen für eine stark ausgeweitete und vielfältige Wirtschaftskooperation mit dem Westen zum Ziele hatten, sondern die auf Veränderung des inneren Mechanismus in Richtung Marktwirtschaft – und zwar sowohl im RGW als auch in den einzelnen Ländern der Gruppierung – drängten.

Die Aussagen dieser Materialien steißen auf massive Kritik im Büro Mittag, bei Axen und im DDR-Außenministerium. Wir kamen damit in Schwierigkeiten hinsichtlich unseres Experten-Auftrages: Eine Orientierung lief darauf hinaus, »kühn und flexibel nach Neuem zu suchen«; eine zweite, die Positionen der DDR im RGW an den Mann zu bringen; eine dritte, die Übereinstimmung mit den Vertretern aller anderen Mitgliedsländer herzustellen. Also eine Quadratur des Kreises, es sei denn, alle anderen würden sich hinter die Positionen von Honecker und Mittag stellen wollen. Für das Begriffsvermögen der SED-Oberen war das vorgelegte neue »Swesda«-Konzept die blanke Konterrevolution.

Die Orientierung der Währungen des RGW-Raumes, vor allem der Leitwährung, des Rubels, auf den Dollarkurs, die freie Konvertibilität der Währungen der RGW-Länder nach abgestimmten Schritten, die Aufgabe der starren RGW-Verrechnungspreise und die Einführung von Preisen, die sich – vom Weltmarkt bestimmt – nach Angebot und Nachfrage regelten, die Einführung von durch den Markt bestimmten Mechanismen wie Kredite und Zinsen und freie Wechselkurse, die Gründung von Börsen, die Entwicklung eines Systems von Geschäftsbanken, die Planung nur noch für strategische bzw. sogenannte defizitäre Waren, für Rohstoffe oder Hauptwarengruppen für eine Übergangszeit – das war für die DDR-Spitze unannehmbar.

Und vor allen Dingen: Diese radikale Reform sollte nicht nur für die Wirtschafts-, Währungs- und Finanzbeziehungen, nach einem zeitlichen Stufenplan geregelt, zwischen den RGW-Ländern gelten, sondern auch zu neuen inneren Mechanismen für die Wirtschaft eines jeden einzelnen RGW-Landes werden.

Im Zusammenhang damit sollten sich die RGW-Länder für den Westen öffnen: Kapitalbeteiligungen, ausländische Direktinvestitionen, Eigentumsmodifizierung, Joint Ventures, gemeinsame Forschungskomplexe, Einführung von nationalen Zollsystemen bis hin zur Schaffung einer Zollaußengrenze nach EG-Modell, insbesondere gegenüber der EG, den USA und Japan. An eine schrittweise Veränderung starrer Eigentumsstrukturen, der Ausgabe von Volksaktien zur Schaffung und Belebung des Mittelstandes war ebenfalls gedacht. Die Experten aus Moskau und Budapest drängten zudem deutlich auf eine klare Haltung aller »Bruderländer«.

Schon im Vorfeld der Ausarbeitung dieser Vorschläge und auch danach gab es einige Vieraugengespräche zwischen Dashitshew und mir. Er fragte mich, wie sich die politische Führung der DDR dazu verhalten würde. Ich sagte ihm – nachdem wir das Für und Wider der neuen Konzeption erörtert hatten –, daß Honecker, Mittag, Krolikowski und Axen – soweit ich die Lage überhaupt überblicken würde – einem solchen Konzept niemals zustimmen würden. Politbüromitglied Kleiber hatte erst unlängst explizit auf einer Krisensitzung des RGW-Exekutivkomitees erklärt, »daß er eine Umgestaltung des RGW-Mechanismus in Richtung Marktwirtschaft ablehne. Nur der von Honecker vorgegebenen Vervollkommnung stimme er zu.«[97] Sie würden es vielleicht auf einen noch deutlicheren Dissens mit Moskau und den anderen Ländern, wie er sich bis dato schon angedeutet hatte, durchaus ankommen lassen.

»Na«, sagte Dashitshew zu mir, »sehen denn Deine Oberen nicht, wo die Reise international hingeht?«

»Nein«, antwortete ich, »sie sind bereits so realitätsfern und dogmatisch verbohrt, daß an einen solch radikal veränderten Kurs in der DDR unter dieser Führung nicht zu denken ist.«

Ich selbst hatte natürlich auch eine Anzahl von Bedenken, wenn ich mir die nach starren Planschemata arbeitenden

Kombinate in ihren monopolistischen Strukturen oder etwa die Arbeit der Staatlichen Plankommission und die zwangswirtschaftlichen Mechanismen im DDR- und RGW-Gefüge vorstellte. Ich hielt es für eine Titanenarbeit, diese Veränderungen in die Realität umzusetzen. Auch über die Spätfolgen dieses angestrebten Wechsels war ich mir nicht voll im klaren, ahnte jedoch das Ziel der Reise. Doch aufzuhalten waren die notwendigen Veränderungen 1987/88 und danach ohnehin nicht mehr, wie mir schien.

Zwar versuchten uns Wissenschaftler aus Instituten, die Honecker und vor allem Mittag besonders nahestanden, einzureden, daß man ja schon an marktwirtschaftlichen Elementen »basteln« würde, was eben sehr schwierig sei. Irgendwie setzten sogar dort etliche auf Reformen. Nun lag das »Swesda«-Konzept in Berlin auf dem Tisch. Und dort war man zur Entscheidung herausgefordert.

Natürlich gab es auch in den verschiedenen anderen RGW-Gremien solche seit Jahren schwelenden oder sich immer wieder neu anbahnenden kontroversen Diskussionen. Doch dort – so hörte ich immer wieder von meinen ausländischen Kollegen, die auf Staats- oder Parteiebene wirkten – wurde kaum noch diskutiert, sondern nur noch Länderstandpunkte regierungsoffiziell vorgestellt. Wie aber sollten wir in unserem wissenschaftlichen Gremium im Streitgespräch Probleme für die Zukunft klären?

Die Vorstellungen Gorbatschows aus den Jahren 1987/88 brachten schließlich das Faß zum Überlaufen. Alle Delegationsmitglieder der DDR, also Prof. Spröte, Prof. Scharschmidt und ich, einschließlich mein damaliger Chef, Prof. Lutz Maier, verweigerten der Parteiführung den Gehorsam. Wir wollten nicht den beruflichen Selbstmord proben und uns bei den Kollegen aus der Wissenschaft allerdings auch nicht lächerlich machen. Viele Gedanken schossen mir damals durch den Kopf beim Nachdenken über politische, berufliche, familiäre oder persönliche Konsequenzen. Wir verlangten eine klare Position Günter Mittags zu den aufgeworfenen Fragen und eine Instruktion, wie die divergierenden Positionen von uns unter einen Hut gebracht werden sollten. Wir beantragten eine

Aussprache mit dem »Büro Mittag« und die Entsendung eines der linientreuen Mittag-Adepten in die »multilaterale Problemkommission«, damit dieser mit der Auffassung der anderen hautnah konfrontiert werden sollte, um möglicherweise auf die Parteiführung in Richtung Veränderungen einzuwirken, sie zumindest ins Bild zu setzen.

Spröte gelang es nach mehreren Anläufen, mit unserem Anliegen wenigstens ins Haus des Zentralkomitees vorzudringen, und zwar zu einem Sektorleiter in der Hermann Axen unterstellten außenpolitischen Abteilung. Er trug unsere Besorgnisse vor. Lutz Maier, Gerhard Scharschmidt und ich assistierten ihm in den einzelnen wissenschaftlichen Bereichen.

Der Sektorleiter signalisierte Zustimmung zu unseren liberalen Vorstellungen. Er wünschte sich offensichtlich auch ein wenig Marktwirtschaft im starren DDR- und RGW-Planungsgefüge und versprach Intervention bei Axen und Mittag mit nachfolgender Rückantwort.

Und die hatte es wirklich in sich! Wir wußten von der Aversion Günter Mittags gegen die »Swesda«-Kommission und deren Überlegungen. Jetzt artikulierte er allerdings seine Abneigung gegen jegliche Wirtschaftsreform. Die Antwort des ZK-Sektorleiters lautete: »Der Genosse Mittag läßt sein ausdrückliches Desinteresse an den Vorschlägen und der Arbeit der ›Swesda‹-Kommission erklären.«

Wir wurden angewiesen, nur noch die offizielle DDR-Version vorzutragen und nicht mehr zu diskutieren, sondern die Auffassungen der anderen kommentarlos an unseren Ohren vorbeirauschen zu lassen und nichts mehr zu unterschreiben. In den Kommuniqué-Text durfte nur noch aufgenommen werden, daß DDR-Vertreter an den gemeinsamen Kommissionssitzungen teilgenommen hatten. Punktum, basta.

Wir erregten uns nach diesem Befehlsempfang erst einmal, aber der Mann aus dem Parteiapparat konnte uns auch keinen anderen Rat als diesen geben, und so nahmen die Dinge am Plattensee – vorn geschildert – ihren Lauf.

Es war übrigens meine letzte Zusammenkunft mit den Kollegen in diesem Kreis. Für eine solch peinliche Rolle war ich mir zu schade.

Alle, die uns im »Swesda«-Reigen persönlich gut kannten, bedauerten das Ausscheiden. In Runden über mehr als zehn Jahre hinweg hatten wir uns in der konzeptionellen Arbeit nun zu einem Grundsatz für den Übergang zur Marktwirtschaft von RGW und in den RGW-Ländern durchgearbeitet, und dies war offenkundig das Ende.

Im Frühjahr 1992 gab es in Berlin ein herzliches Wiedersehen mit meinem alten Freund Prof. Dashitshew – im Deutschen Komitee für Sicherheit und Zusammenarbeit in Europa. Dashitshew, inzwischen Gastprofessor an der Freien Universität Berlin, versuchte dort in einem Vortrag, ein Stück Vergangenheit aufzuarbeiten. Er schilderte den schweren Weg der östlichen Länder in die Marktwirtschaft, um sich dann an das Auditorium zu wenden: »Mein schon damals auf die Marktwirtschaft orientierter Freund Jürgen Nitz hat mir seinerzeit gesagt, daß es unmöglich sein werde, Honecker und Mittag auf marktwirtschafliches Handeln zu orientieren. Leider hat er Recht behalten. Die Folgen sind bekannt. Auch in Rußland und allen ehemals sozialistischen Staaten waren die Führungskräfte nicht zu neuen Orientierungen zu bewegen. Dort wird es allerdings möglicherweise national und sozial im Chaos und in der Katastrophe enden.«

Der Honecker-Besuch

Nach dem »njet« Tschernenkos im Sommer 1984 zum Honecker-Besuch in Bonn wurde die Situation nach dem Machtantritt Gorbatschows wieder interessanter. Die Trauerfeiern für die Großen in Europa waren die Orte hoffnungsvoller Begegnungen für die Sache der Deutschen.

März 1985: Am Grabe von Tschernenko sprechen die beiden politischen Spitzen aus Bonn und Ostberlin ausführlich über die Verbesserung der Beziehungen zwischen beiden deutschen Staaten.

März 1986: Gespräche Kohl – Honecker nach der Trauerfeier für den ermordeten schwedischen Ministerpräsidenten Olof Palme in Stockholm: Der Generalsekretär wird kommen, aber wann?

27. März 1987: Vieraugengespräch Honecker – Schäuble über einen möglichen Besuchstermin. Schäuble hat den Bundeskanzler zu wesentlichen protokollarischen Zugeständnissen veranlaßt.

1. April 1987: Mittag besucht Bonn und überbringt einen konkreten Terminvorschlag für die zweite Septemberwoche. Kohl akzeptiert.

Anfang September 1987: Letzte Abstimmung der deutsch-deutschen Unterhändler. Doch inzwischen wurde in den deutschen Ländern schon manches getan, um das Zusammenfinden der Deutschen weiter voranzubringen.

Mit dem Handel zwischen beiden deutschen Staaten war es seit den 70er Jahren erheblich vorangegangen. Der Umsatz betrug 1985 16,7 Milliarden Mark. Dies entspricht einem Zuwachs auf über 370 Prozent gegenüber 1970. Die Chancen weiterer Steigerungen waren gegeben. Honecker stellte in einem Interview mit der Hamburger-Wochenzeitung »DIE ZEIT« fest: »Der Handel zwischen der DDR und der BRD … hat sich also gut entwickelt; und wir sind dafür, ihn zum gegenseitigen Nutzen auszubauen. Wir betrachten ihn als wichtigen stabilisierenden Faktor für die Gesamtbeziehungen. Solide Handels- und Wirtschaftsbeziehungen liegen im beiderseitigen Interesse. Deshalb sollten beide Seiten alles Notwendige tun, um die Bedingungen für ihre Erweiterung zu schaffen. Dazu sind wir bereit.«[98)] Kohl unterstrich die Bereitschaft seiner Regierung, weiterhin für den Ausbau der Handels- und Wirtschaftsbeziehungen mit der DDR einzutreten: »Wir sind bereit, die Zusammenarbeit in Wissenschaft und Technik zu entwickeln ... Durch verstärkte Zusammenarbeit im Umwelt- und Energiebereich kann auch der innerdeutsche Handel neue Impulse erhalten. Der Handel bleibt wichtiges, stabilisierendes Element der Beziehungen. Hier wie auch auf anderen Gebieten liegen in Zukunft Chancen für beide Seiten, die wir nutzen wollen.«[99)] Deutlicher konnten Übereinstimmungen nicht ausfallen. Doch die Ereignisse liefen erst einmal anders. 1986 ging der Handel erstmals zurück, um 9 Prozent auf 15,2 Milliarden Mark Gesamtumsatz. Exporte wie Importe waren durch internationale Preisentwicklungen betroffen. Vor dem eigentlichen Bonn-Besuch im 1. Halbjahr 1987 kam es zu weiteren Einbrüchen, die erneut weltwirtschaftlichen Trends zugeschrieben wurden.

Es gab jedoch ein zwingerenden Grund zu analysieren. Zwischen beiden deutschen Staaten gab es bis dato nur einen einfachen Warenaustausch. Inzwischen bewegten sich die internationalen Trends in Richtung Kooperation. Wie sollte sie aber gemanagt werden?

Eine der für mich kompliziertesten Fragen des Übergangs in kooperative und konföderative Strukturen mit dem bundesdeutschen Teilstaat bestand darin, wie es über einen längeren Zeitraum zu einer Harmonisierung nicht nur des unterschiedlichen Eigentums und der generellen marktwirtschaftlichen Mechanismen kommen könnte, sondern wie man die Formen eines wirtschaftlichen Zusammengehens der Deutschen gestalten müßte.

Günter Mittag ging davon aus, daß die wirtschaftliche Kooperation in ihren mannigfaltigen Formen und auf den relevanten Gebieten der Volkswirtschaft der Mehrheit des Politbüros als unmöglich erschien, schon die Formulierung des

Begriffes hätte seine »Feinde im Politbüro« auf den Plan gerufen. »Zu argwöhnisch wurde jede diesbezügliche Aktivität meinerseits beobachtet.«[100)] Doch wurden von Experten wissenschaftlicher Institute bereits in den siebziger Jahren die wesentlichen Formen der wirtschaftlichen Kooperation in den Beziehungen zwischen Ost und West niedergeschrieben und sukzessive vervollständigt. So stand schon längere Zeit vor dem Honecker-Besuch eine umfängliche Skala von Formen zur Diskussion, zur praktischen Erprobung und permanenten Anwendung bereit.

Das waren unter anderem: Industrielle Kooperation auch auf Unternehmensebene, um arbeitsteilig zu produzieren und/oder die Erzeugnisse zu vermarkten. Kooperation auf Dritten Märkten, zum Beispiel in Entwicklungsländern: Unternehmen aus den beiden deutschen Staaten errichten Baumwollfabriken in Afrika, bauten Stahlwerke in Nahost etc. Gestattungsproduktion, vielleicht Produktion auf Lizenzbasis: Markenartikel wie Salamander, adidas, Underberg, Blaupunkt lieferten know-how, Anlagen und Material, die Betriebe der DDR produzierten die Konsumgüter für die Intershops, Exquisit und Delikatläden oder zur Bezahlung der Vorleistungen des westdeutschen Partners. Komplettierungen von Produkten, meist auf der Basis von Kompensationsvorhaben, um gemeinsam zu Finalerzeugnissen zu gelangen. Ferner war an wissenschaftlich-technische Zusammenarbeit, gemeinsame Forschung und Entwicklung, know-how und Lizenzenzu denken.

Ausgespart unter den Formen war vorerst der Übergang zu Joint Ventures und deren Anwendung unter DDR-Bedingungen, also die Schaffung von Unternehmen gemeinsamen Eigentums, das unter den damaligen systemspezifischen Voraussetzungen nur als »gemischtes Eigentum« verstanden werden konnte, das sich unter den sozialen und juristischen Realitäten der jeweiligen Partner-Seite bilden und entwickeln konnte.

Dabei konnten Joint Ventures, die die DDR im westlichen Ausland einschließlich der Bundesrepublik praktizierte, relativ leicht agieren, da diese mehrheitlich dem Schalck-Imperium zugeordnet waren und von vornherein nach marktwirtschaftlichen Zielstellungen und unter besonderen Voraussetzungen arbeiteten.

Auf dem Territorium der DDR war die Ausgangslage wesentlich anders. Die Hardliner im Politbüro bremsten oder verhinderten ihre Schaffung, da westliches Teileigentum, durch die kapitalistische Ausbeutung geprägt, systemfremd sei. Noch grotesker war die für diese Verweigerungshaltung dargelegte Begründung: Die Verfassung der DDR würde dies unmöglich machen. Als ob die von der SED dominierte Volkskammer nicht mit einer Verfassungsänderung die Gründung von Joint Ventures hätte schaffen können. Zudem war das gesetzliche Regelwerk ohnehin noch vorhanden. Es existierte aus kapitalistischen Vorzeiten nach wie vor das GmbH-Gesetz, das Gesetz über Aktiengesellschaften, hinzugekommen war das Gesetz über internationale Wirtschaftsverträge. Es waren ausschließlich politische Gründe, die dies verhinderten, denn die DDR sollte nicht stärker mit marktwirtschaftlichen Bedingungen und Erfordernissen konfrontiert werden. Es ist davon auszugehen, daß es einen immer deutlicheren Dissenz zwischen den DDR-Wirtschaftsführern, die Joint Ventures – wo zweckmäßig, machbar und ökonomisch sinnvoll – bejahten und den Betonköpfen im Politbüro, die auf historisch überholten Strukturen einer Zwangswirtschaft beharrten, gab. Nun wird ja aus wirtschaftlicher Kooperation, selbst in ihren intensivsten Formen, noch lange keine Konföderation von Staaten, schon gar nicht, wenn sie verschiedenen sozialen Systemen zuzuordnen waren. Denn dann müßten ja vor allem Ungarn oder gar die Nachfolgestaaten der UdSSR und auch andere Ostblockländer gemeinsam mit der Bundesrepublik auf diesem Weg sein.

Die entscheidenden Impulse für das Zusammengehen der Deutschen kamen vielmehr aus der Fortexistenz einer Nation, selbst wenn sie über Jahrzehnte in zwei sozial unterschiedliche Staaten geteilt war. Doch es gab eine jahrhundertelange gemeinsame Geschichte in deutschen Machtstrukturen, die zwar in dieser einheitlichen staatlichen Form auch nur wenige Jahrzehnte nach 1871 existieren konnte und nach 1945 in zwei geteilte Territorien durch die Siegermächte erneut zersplittert wurde. Diese künstliche Spaltung wurde von großen Teilen der Bevölkerung auch im Osten Deutschlands letztlich nicht akzeptiert, selbst wenn bei den Bürgern über die spezifische soziale

Ausprägung eines einheitlichen Deutschlands unterschiedliche Vorstellungen vorherrschten.

Eine wichtige verbindende Rolle für die Kooperation spielten neben den gemeinsamen Traditionen die gemeinsame Sprache, ein übereinstimmendes, zumindest ähnliches Handeln der Menschen, um Probleme anzupacken und Lösungswege zu finden, ein seit Jahrzehnten gemeinsam praktiziertes Know how und eine Anzahl von besonderen auf die Förderung der Arbeitsteilung orientierten Mechanismen in der Wirtschaftspolitik. Zu dem kam der politische Wille bei den politisch und wirtschaftlich tonangebenden Eliten, in diese Richtung zu wirken. Zweifelsohne war das entsprechende Handeln bei den im Osten Regierenden infolge der Sicherung ihrer eigenen Machtinteressen relativ begrenzt, doch gerade aus dem postulierten Anspruch einer »Schicksalsgemeinschaft« mit der gleichzeitigen Politik der Abgrenzung vom anderen deutschen Staat ergaben sich ja die Widersprüche in Honeckers Deutschlandpolitik, die auf dieser Grundlage nicht zu lösen waren.

Oktober 1986: Im Haus Rissen bei Hamburg sollte erneut ein Treffen mit Thomas Gundelach stattfinden. Er wollte dort sein, um nach dem Treffen von Zürich nun mit mir deutsch-deutsche Kooperationsvorschläge zu erörtern, oder sie mir zur vertraulichen Weitergabe zu übermitteln. Schließlich stand der Honecker-Besuch noch immer ins Haus, und Bonn kam mit neuen Ideen auf diesem Gebiet nicht so recht in Tritt.

Dabei sollte die Staatsvisite und der deutsch-deutsche Gipfel wenigstens auf wirtschaftlichem Gebiet den großen Durchbruch bringen. Das Wort von der deutschen Wirtschaftsgemeinschaft machte in diesen Monaten die Runde, ebenso wie der Gedanke einer deutschen Konföderation. An einer gesamtdeutschen Prominenteninitiative für gute deutsche Nachbarschaft wurde ebenfalls gezimmert.

Ich kam mit dem D-Zug aus Berlin in die Hansestadt und hatte den Eindruck, daß die Beamten des Bundesgrenzschutzes noch freundlicher als sonst grüßten. »Ach, Sie sind der Professor aus Berlin, herzlich willkommen.« Ich führte diesen betont freundlichen Empfang auf ein neues Arrangement mit Thomas

Gundelach zurück. Mit ihm hatte ich nämlich inzwischen vereinbart, jede meiner Einreisen in die Bundesrepublik vorher anzuzeigen, damit er mich avisieren könnte. Es gab für mich inzwischen einen gravierenden Anlaß, Sicherheit von der bundesdeutschen Seite für meine Person zu verlangen. Gegenüber einem ranghohen Kollegen von mir war bei einem beruflichen Besuch der Hannover-Messe von den Diensten ein Anwerbungsversuch gestartet worden. Dieser Kollege war eine Schlüsselfigur für die Entwicklung des deutsch-deutschen Handels, insbesondere für die Ausarbeitung wichtiger Aspekte des »Zürcher Modells«.[101)] Einmal abgesehen von den persönlichen Konsequenzen, die sich aus einer solchen Aktion der Dienste ergeben könnte, wäre hier eine Gefahr für die Fortsetzung eines ganz sensiblen gesamtdeutschen Projektes erwachsen.

Das Bundeskanzleramt erhielt mein für die deutsch-deutsche wirtschaftliche Zusammenarbeit erarbeitetes Konzept, das aus Sicht der DDR den Interessen beider Seiten gerecht wurde und das seinerzeit Machbare als Grundlage hatte. Es war die bis dahin am weitesten gehende Orientierung für die wirtschaftliche Verflechtung der beiden deutschen Staaten. Die Vorstellungen liefen auf folgendes hinaus: Im Einvernehmen mit den Überlegungen beider deutscher Regierungen die Wirtschaft der DDR zu stabilisieren und der Bevölkerung der DDR mehr Chancen zu geben, einen höheren Lebensstandard zu erreichen; der westdeutschen Wirtschaft mehr Möglichkeiten für Handel und Kooperation einzuräumen, also einen sicheren Absatzmarkt langfristig zu erhalten und diesen auszubauen, gegen die Konkurrenzbemühungen anderer westeuropäischer Mitbewerber; damit für alle im Ostblock das Ansehen der DDR anzuheben und den Handlungsspielraum Berlins weiter auszuweiten; größere Freiräume und ein materielles Fundament für beide Länder zu sichern, damit auch eine weitergehende politische Zusammenarbeit möglich wird.

Die Konzeption für die wirtschaftliche Zusammenarbeit bekam aus DDR-Sicht einen wesentlichen neuen Ansatz. Er kam mir auch erstmals deutlicher in den Sinn, nachdem ich mich gründlich mit der Frage zu befassen hatte. Den Anstoß dafür gaben eigentlich nicht die Deutschen, sondern die Amerikaner.

Das US-Institut for East-West Security-Studies in New York wollte von je einem Experten aus den beiden deutschen Staaten eine wissenschaftliche Analyse der gegenwärtigen Wirtschaftsbeziehungen, ihrer Probleme und Tendenzen, ebenso ihrer künftigen Trends erhalten. Ich versuchte mit der in der DDR verbreiteten lebensfremden These Schluß zu machen, der deutsch-deutsche Handel sei im Grunde genommen »nichts Besonderes«. Dies war die von der DDR-Führung wider besseres Wissen verordnete Sicht. Wichtig schien es mir, die Besonderheiten – nicht allein von der technischen oder fiskalischen Seite her –, sondern die Sache von den eigentlichen wirtschaftlichen und gesamtgesellschaftlichen Grundlagen her anzugehen, wie das Weiterexistieren der in Deutschland historisch gewachsenen Arbeitsteilung, wenn auch in zwei Staaten unter neuen systembestimmten Bedingungen. Übrigens hatte sich Erich Honecker inzwischen in einem Nebensatz auch zu Besonderheiten bekannt. Die Konzeption hatte den weiterführenden Gedanken, über Schwachstellen der DDR hinwegzukommen, eine denkbar größte Stabilität für die DDR zu erreichen und einem wirtschaftlichen Verbund beider Staaten entgegenzusteuern. Diese deutsche wirtschaftliche Gemeinsamkeit sollte wiederum in gesamteuropäische Strukturen eingeordnet sein. Zwar wurde die 1985 begonnene Studie erst 1988 veröffentlicht, doch bis dahin bereits intern durch unser Institut und das Außenhandelsministerium an »interessierte Kreise« verteilt, ferner wurden ihre Hauptgedanken in Vorträgen, Interviews, Artikeln mit jeweiligen Aktualisierungen, Varianten und thematische Erweiterungen unter die Leute gebracht, so schließlich auch in Bonns obere Etagen, wo sie im Zusammenhang mit eigenen Überlegungen akzeptiert wurde. Lediglich die Sprache wies die bekannten Unterschiede zwischen bundesdeutsch und DDR-deutsch auf, und einige wirtschaftspolitische Akzente wurden logischerweise anders gesetzt.

Mit der Zeit hat sich die seit langem ausgeprägte Harmonie unter den deutschen Experten sowohl in der Sache als auch in der Formulierung auf die politische Führung in Bonn und Berlin übertragen und sie beflügelt. Die Gedanken und Formulierungen wechselten von der einen auf die andere Seite, und

Im Gespräch: Beil, Bräutigam, Nitz (hinter Beil verdeckt)

jeweils einige Zeit später waren deren Ursprünge immer schwieriger, oft gar nicht mehr auszuloten. Es entstanden in dieser Zeit die Ideen der gemeinsamen Projekte und Papiere, gemeinsamer Konferenzleitung, Co-Produktionen verschiedenster wissenschaftlicher Natur. Den offiziellen staatlichen Höhepunkt, einschließlich gemeinsamer Regierungsdokumente, erlebten die Zuschauer beim Honecker-Besuch, insbesondere beim Treffen der Wirtschaftsführer im DIHT und im Abschlußkommunique Kohl-Honecker. Hier paßte der Spruch »ein Herz und eine Seele«. Tatsächlich setzte im Zusammenhang mit dem Honecker-Besuch eine noch intensivere Zusammenarbeit beider deutscher Staaten ein. Es floß neues Geld, die wissenschaftlich-technische Hilfe entwickelte sich, Forschungsgemeinschaften wurden etabliert. Industrielle Kooperation auf Unternehmerebene blieb kein Fremdwort mehr. Die DDR erhielt einen enormen Hilfs-Schub für die Stärkung, andererseits stand fest, daß ihre Wirtschaft grundsätzlich nicht mehr auf längere Sicht zu stabilisieren war.

Im Herbst 1986 besuchte ich schon wieder das Haus Rissen. Der offizielle Anlaß war eine Einladung zur Darstellung der Wirtschaftsbeziehungen zwischen beiden deutschen Staaten und die Wirtschaftslage der DDR »an sich.« Der Herbst des Jahres 1986 war die Zeit, da allerorts, besonders in der Bundesrepublik, vom Wirtschaftswunder DDR gesprochen wurde. Tatsächlich hatte die DDR mit einem international stark beachteten Krisenmanagement und mit Hilfe aus München und Bonn ihre Reputation verbessert sowie die Schulden in westlicher Währung erheblich reduziert, aber wohl damit letztmalig Fortschritte erzielt. Zwar war letzteres nicht mein eigentlicher Forschungsgegenstand, doch stellte mir die Institutsleitung dafür Material aus den Unterlagen der Staatlichen Plankommission der DDR zur Verfügung, das von Prof. Max Schmidt bereits verarbeitet worden war. Mein eigentlicher Beitrag zum Thema war eine Analyse über Handel und Kooperation zwischen Bonn und Berlin, zu der ich auch eigene Überlegungen für die künftigen Jahre anstellen wollte, die vielleicht über das Ziel wissenschaftlicher Studien hinausgingen. Wichtiger als der offizielle Anlaß waren jedoch wieder die informellen Gespräche mit der anderen Seite, diesmal mit dem Koordinator für Projekte mit der DDR im Ministerium für innerdeutsche Fragen, Ackermann, den ich aus seiner Arbeit in der Ständigen Vertretung kannte. Eigentlich gab es damals keine Beziehungen dieses Bonner Ministeriums mit dem anderen deutschen Staat und dies war bis zum Honecker-Besuch 1987 ein ungeschriebenes Gesetz, das auch von der Bundesregierung toleriert wurde, wie Schäuble wiederholt bemerkt.

Offiziell hielt man sich daran; von Fall zu Fall wurde dies aber nicht sonderlich ernst genommen – schließlich konnte ich doch einen langjährigen Partner wie Ackermann nicht einfach im Regen stehen lassen, nur weil er seinen Dienstherren wechseln mußte.

Schon einige Jahre früher bei einer Diskussion, die wir mit Vertretern der Gesellschaft für Auswärtige Politik in Bad

Godesberg hatten, an der auch Repräsentanten des Gesamtdeutschen Instituts teilnahmen, folgten z.B. Vertreter des IPW einer offiziellen schriftlichen Einladung des genannten Ministeriums nach Bonn. Mit einem Wirtschaftsexperten des Gesamtdeutschen Instituts gab es für mich übrigens damals interessante Aussprachen über den von der DDR verhängten Zwangsumtausch bei der Einreise von Bundesbürgern in den anderen deutschen Staat.

Also so gesehen, war es kein »einmaliger Ausrutscher«, mit Ackermann zu sprechen. Was war nun diesmal unser Gesprächsgegenstand? Es ging um deutsch-deutsche Großprojekte. Sie spielten in der zweiten Hälfte der 80er Jahre hinsichtlich ihres Wertvolumens in den Beziehungen eine immer größere Rolle. Es betraf meist Bereiche der Infrastruktur, die die beiden Teile des Landes vernetzen sollten. 1986/87 ging es darum, ob derartige Vorhaben technisch und finanziell überhaupt machbar waren. Selbstredend mußte für die Realisierung der Vorhaben in einer Größenordnung von Milliarden oder mehreren hunderten Millionen DM der politische Wille auf beiden Seiten dazu vorhanden sein.

Der politische Rahmen war dazu gegeben. Beide Seiten hielten sich daran. Es gab jetzt keinen Zweifel an der Legitimität, der Gleichberechtigung beider Regierungen, der Respektierung ihrer Souveränität. Der kalte Krieg hatte im Ost-West-Konflikt viel an Wirkung eingebüßt, und der Annäherungsprozeß zwischen beiden deutschen Staaten hatte enorme Schritte nach vorn gemacht. Es gab bereits eine Vielzahl von Abkommen und Regelungen, die das Zusammenleben der Deutschen erheblich verbessert hatten. Auch eine Anzahl von Projekten zwischen beiden deutschen Staaten, die seit Jahren auf eine Lösung harrten, waren bereits in Angriff genommen worden oder schon realisiert. Dies betraf beispielsweise die Autobahn Berlin-Hannover, die Autobahn von Berlin nach Hamburg und verschiedene Eisenbahnlinien.

Doch vieles war noch völlig offen. Entsprechend dem internationalen Ritual – zumindest wenn die eine Seite dabei aus dem »Osten« kam – mußten in den Verhandlungen der politischen Spitzen und in den Schlußkommuniques auf Teufel komm raus Ergebnisse her. Es ging nicht so sehr um die Sache, die ja meist vorher entschieden war, sondern in erster Linie um ein »Dokument« zum Vorzeigen. Sicher ist dies in vieler Hinsicht international übliche Praxis, aber zwischen Ost und West war alles ein Stück »grundsätzlicher«. Erst recht zwischen Bonn und Berlin. Da nun Erich Honeckers Reisetermin immer näher rückte, war die vorauseilende Übereinstimmung von Experten bei der Beurteilung von Großprojekten deutlicher als alles andere gefragt. Sie sollten der DDR über Schalck wieder Devisen einfahren. Um keine Mißverständnisse zuzulassen: die gesamtdeutschen Projekte, die ich kenne, hatten einen ganz realen wirtschaftlichen und technischen Hintergrund. Ohne ihre Realisierung war an eine moderne Infrastruktur überhaupt nicht zu denken. Ich hatte zu diesem Zweck mehrere Gespräche in den DDR-Ministerien für Außenhandel, für Verkehr und für Wissenschaft und Technik geführt. Das Fazit: Gerade die Verbindungswege, vor allem aus dem Bundesgebiet nach Berlin, befanden sich traditionell infolge der wirtschaftlichen Schwäche des Landes und einer ohnehin »anderen Wirtschaftspolitik«, die buglastig auf die pure Produktion ausgerichtet war, in einem traurigen Zustand. Allerdings taten die schweren Lasttransporte aus der BRD nach Westberlin ihr übriges, um den Zustand von Straßen und Autobahnen noch weiter zu verschlechtern.

Über die wesentlichen Projekte, um die es ging, hatten wir uns aus unserer Sicht bei mehreren Spaziergängen im Park des Hauses Rissen rasch verständigt. In die Beratungsthemen Honecker-Kohl wurden folgende Objekte aufgenommen:

– Ausbau und vor allem Elektrifizierung von Eisenbahnstrecken im Transitverkehr. Die Eisenbahnprojekte sollten Priorität erhalten;

– Grunderneuerung bzw. Ausbau von Autobahnabschnitten im Transitverkehr;

– Offenhaltung der Übergangsstelle Berlin-West – Staaken;

– Einbeziehung von Berlin-West in den internationalen Energieverbund;

– Lieferung von Elektroenergie zwischen beiden deutschen Staaten unter Einbeziehung von Berlin-West;

– Reduzierung der Salzbelastung der Werra.

Tatsächlich waren hier die größten Fortschritte zu erreichen. Einige Projekte waren vor allem wegen technischer Probleme (die Lösungen waren nicht weit genug ausgearbeitet) oder nicht ausreichender Finanzierung nicht als so vordringlich eingestuft. Dazu gehörten:

– die Autobahn Hof – Plauen;
– ein Schiffshebewerk in der Nähe von Magdeburg;
– der Ausbau der Eisenbahnlinie Berlin – Hannover für den Intercity-Verkehr als Zwischenstück einer europäischen Ost-Westverbindung Moskau – Paris.

Einige diskutierte Projekte blieben einstweilen Traumziele, wie mehrere Schnellbahnenlinien Deutschland-West nach Berlin, eine Autobahn an der Ostseeküste Danzig – Stettin – Rostock – Lübeck mit Anschluß an das osteuropäische Autobahnsystem, der Ausbau des Autobahnringes um Berlin usw. Diese und andere Projekte werden nun erst im Rahmen des Programms »Aufschwung Ost« in Angriff genommen. Manche werden wohl Vorhaben für die Zeit nach 2000 werden.

Politische Beobachter verweisen immer wieder darauf, daß der Besuch Erich Honeckers in Bonn der absolute Höhepunkt seines Lebens als Politiker gewesen sei. Auf ihn hat er schon in den 70er Jahren und noch deutlicher in den 80er Jahren hingearbeitet.

Die schwarz-rot-goldene Flagge mit Hammer, Zirkel und Ährenkranz am Mast, der rote Teppich, die Ehrenkompanie, die Ehreneskorte, das Defilee der Bonner Prominenz waren gerade für ihn weit, weit mehr als nur Protokoll und Statussymbole.

Natürlich standen im Vordergrund der beiderseiten Überlegungen die Aspekte der Friedenssicherung, der Abrüstung, des Gewaltverzichts und im besonderen das Motto und die Erkenntnis, daß von deutschem Boden in Zukunft nicht Krieg, sondern nur noch Frieden ausgehen dürfe – »Frieden schaffen mit weniger Waffen.« Ferner ging es um wichtige Schritte zur Zusammenarbeit in der Wirtschaft, der Umwelt und vielen anderen wichtigen Gebieten. Alles das ist im bereits von

Schalck vor dem Besuch abgestimmten Abschlußkommuniqué nachzulesen.

Ebenso klar war schon vorher, daß es auch beim Besuch in Bonn auf die ungelösten Probleme im deutsch-deutschen Innenverhältnis keine Antwort geben wird. Demzufolge ist es nur logisch, daß Kohl in seinen Ausführungen auf die Einheit der Nation, die Überwindung der deutschen Teilung durch einen Prozeß der Verständigung, das Zusammenfinden aller Deutschen in gemeinsamer Freiheit, den Verzicht auf die Anwendung und Androhung von Gewalt an der Grenze beider Staaten und schließlich auf die Menschenrechte und humanitäre Fragen eingehen wollte. Es ist dann auch ebenso logisch, daß Honecker auf die volle völkerrechtliche Anerkennung der DDR und der Staatsbürgerschaft ihrer Bürger, auf die Fixierung noch offener Grenzfragen der Elbgrenze und die Beseitigung der Erfassungsstelle in Salzgitter pochte.

Man wollte sich erklärterweise jedoch auf das Machbare konzentrieren, und gerade deshalb konnten beide Seiten mit den Ergebnissen des ersten und zugleich letzten Gipfels beider deutscher Staaten vor der Wendezufrieden sein.

Von besonderem Interesse sind die bis heute weitgehend unbekannten Gespräche im kleinen Kreis, die in Bonn und München geführt wurden. Sie waren nur für die Verwendung regierungstreuer Bonner Publizisten zugänglich. In Bonn waren neben Kohl und Honecker aus der DDR dessen Staatssekretär Frank Joachim Herrmann und der für die Bundesrepublik zuständige Abteilungsleiter im DDR-Außenministerium, Karl Seidel, der auch Protokoll führte, aus Bonn Schäuble und Duisberg aus dem Bundeskanzleramt anwesend.

Zwar hat auch hierbei gerade Honecker lange Passagen zu Themen vorgetragen, die man bereits aus der Zeitung kannte, wie Aspekte der Friedenssicherung und Appelle an Bonn zur Zusammenarbeit. Jedoch die konkreteren Fragen wurden durch Kohl und Schäuble aufgeworfen, wie die Kontaktverbote von DDR-Bürgern zu Bundesbürgern, Verbesserungen im Reiseverkehr für Westberliner, Partnerschaften zwischen ost- und westberliner Stadtbezirken, Offenhalten des Grenzüberganges Staaken und Erleichterungen im Mindestumtausch beim Besuch der DDR. Es ging um Stipendien für Studenten, die im Westen studieren sollten, Verbesserungen im Flugverkehr, um die Reinhaltung der Elbe und die Regelung der Grenzprobleme für diesen Fluß, Familienzusammenführung und Amnestie für Leute, die die DDR verlassen hatten, Abhebung von Sperrkonten, Schaltung von mehr Telefonleitungen, AIDS-Forschung und schließlich um den besonders umstrittenen Schießbefehl.

Kurz gesagt, die Herren aus Bonn behandelten die konkreten Probleme, die vor allem die Menschen interessierten und keineswegs nur die eigenen Untertanen in der Bundesrepublik. Unbestritten machten sie sich zum Sprecher der tagtäglichen Interessen auch der DDR-Bürger. Damit soll nicht die Erörterung der friedenssichernden Aspekte des Besuches etwa ignoriert werden. Dabei hatten Kohl und Schäuble noch nicht einmal die eigentlichen systemkritischen Schwächen der DDR und ihrer Politik ins Visier gerückt, wie das mangelnde Demokratieverständnis der SED-Führung, das Verhältnis der Macht zu Andersdenkenden, insbesondere zur aufkommenden Bürgerbewegung und das anschwellende Ausreisebegehren der Bürger.

Kohl versuchte bei dem Gespräch im kleinen Kreis in einem interessanten Punkt Honecker eine Art von Brücke zu bauen, indem er erklärte »den jetzigen Weg im Reiseverkehr weiter zu gehen«, also zumindest keine überzogenen Forderungen zu stellen und die DDR von dieser Seite her durch Massenflucht ihrer Bürger infrage zu stellen. Kohl setzte noch eins drauf mit seiner Auffassung, »daß kaum DDR-Bürger in der BRD bleiben würden. Die Zahl von 0,02 Prozent bestätige dies.« Man sei »an Kontinuität in dieser Frage interessiert«.[102)] Hier war spätestens der Augenblick noch einmal gekommen, um einen Ansatz zur Diskussion zu finden, der die DDR nach vorn gebracht hätte. Doch die Möglichkeit wurde nicht genutzt, so daß für die DDR die Phase zum Status quo-ante eingeläutet wurde. Die Verhandlungen in Bonn verliefen sachlich, aber »die Aussprachen zeigten, daß das Moskauer Gerede über die Beendigung der Zweistaatlichkeit doch ein bestimmtes Echo gefunden hatte, konstatiert Honecker.[103)] Wer seinerzeit Illusionen auf Bewegung, auf ein Mehr an realer Demokratie, auf weitergehende Freizügigkeit hatte, verlor diese spätestens ein, zwei Jahre später. Honeckers ständige Berufung auf »innere Angelegenheiten«, die der »Souveränität der DDR« untergeordnet seien, konnte sicher mit keiner Akzeptanz, weder im Innern des Landes noch bei den Verbündeten in Moskau, Budapest, Prag oder Warschau rechnen, wie auch der spätere Verlauf der Geschichte bewiesen hat.

Die Hofchronisten von Schäuble sparen nicht mit heftigster Manöverkritik am Verhalten der Bonner Politprominenten, sofern sie nicht gerade Kohl oder Schäuble heißen. Richard von Weizsäcker wird zum politischen »Leisetreter«; er »fiel der Bonner Verhandlungsposition sogar in den Rücken«.[104)]

Dem Bundespräsidenten werden »devote Anmerkungen« angekreidet.[105)] Jenninger »lieferte ein Meisterstück politischer Kungelei«.[106)] Den im Schäuble-Buch veröffentlichten Jenninger-Passagen folgend sagte dieser: »Man könne die Welt, wie sie sei, nicht verändern. Aber für die Menschen könne man viel tun ... Er habe die Gelegenheit gehabt, mit jungen Menschen aus der DDR zu sprechen. Sie hätten ihm erklärt, ihre Heimat sei die DDR, aber sie möchten auch einmal die Welt sehen. Er gehe davon aus, daß der Besuch dazu beitragen würde, unseren Teil zur Geschichte zu leisten.«[107)] So weit, so gut. Doch was wurde von den Berichterstattern der Öffentlichkeit mit »...« unterschlagen? Hier ist es: »Es sei eine wichtige Voraussetzung, um vielleicht eines Tages auch Schritte zu einer Neuformulierung des Grundlagenvertrages zu tun.« Was wollte Jenninger damit sagen, und warum wurde diese Passage unterschlagen, wenn man sich das Kapitel 1 dieser Schrift vor Augen hält? Und wenn man weiter weiß, daß im Schäuble-Buch ansonsten Dutzende von Seiten aus dem Protokoll ohne Kürzung passieren durften ...

Mischnick hatte nur »Schmeicheleien« übrig, der Ministerpräsident von Baden-Württemberg, Lothar Späth, ist »ein Leichtgewicht« und »Leisetreter«, der »die Chancen verpaßte«. Gar nicht zu reden von den SPD-Oberen wie Brandt, Vogel, Lafontaine, denen »fragwürdige Kumpanei«[108)] mit der DDR vorgeworfen wird.

So gesehen scheint die politische Klasse in Bonn zu diesem Zeitpunkt selbst in Grundfragen alles andere als übereinstimmend positioniert gewesen zu sein. Nur der Kanzler und sein Intimus präsentierten das Häuflein der Aufrechten, die die Fahne hochhielten.

Mittag kann man wohl zustimmen, daß nach dem Honecker-Besuch die Enttäuschung kam. »Es gab nur noch geringe Chancen, die Dinge vorwärtszubringen.« Er nennt dafür als erstes ein »übertriebenes Sicherheitsdenken«, dann ein großes »Beharrungsvermögen«, »Stolpersteine«, ein »Wust kleinlicher Bedenken«, »Schlaglöcher«, die den »erfolgreich begonnenen Weg« zur deutschen Konföderation scheitern lassen.

Mittag formulierte die Position Honeckers folgendermaßen: »Erich Honecker selbst hatte wohl zu diesem Zeitpunkt die Tragweite der anstehenden Fragen nicht verstanden, er ergriff, wahrscheinlich bedingt durch sein Leiden, selbst nicht mehr die Initiative. Man konnte mit ihm reden, aber er änderte nichts an den Dingen, auf die es angekommen wäre. Schon seit längerer Zeit war es schwer, irgend etwas zu diskutieren, was nicht seinem eingefahrenen Denkschema entsprach.« Er wollte »heikle« Themen lieber vertagen. »Die DDR könne sich keine Experimente leisten, hieß es.« Und damit schilderte er sowohl Honeckers Haltung zu den zwingend erforderlichen inneren Veränderungen zur Demokratie als auch die überfälligen Wirtschaftsreformen in Richtung Marktwirtschaft mit Öffnung zur Weltwirtschaft.

Die Wirkungen, die von einer modernen Industriegesellschaft mit einer sozialen Abfederung, erheblichem materiellen Wohlstand der Bürger und einem politisch demokratischen Pluralismus ausgingen, waren von einer auffallenden Anziehungskraft. Das ließ viele DDR-Bürger selbst die offenkundigen Schattenseiten der Marktwirtschaft für die Realisierungschancen ihrer eigenen Wert- bzw. Lebensvorstellungen übersehen, oder als nicht so relevant wie heute erscheinen. Die damals »das Drüben« prägenden inneren sozialen Widersprüche und äußeren Einflußfaktoren konnten mangels eigener täglicher Erfahrung von der Mehrheit der Bürger nicht wahrgenommen werden.

Das Resumée: Die Chancen für einen geordneten Annäherungsprozeß der Deutschen waren nach 1987/88 vertan! Interessant ist es auch, daß das Interesse Bonns, mit den

Mächtigen der DDR ins Gespräch zu kommen, zunehmend geringer wurde. Aus den innigen Kontakten vor 1987 wurden nur noch Zusammenkünfte aus speziellem Anlaß oder gar sporadische Treffen: Schäuble mit Schalck, erst recht seitens des Schäuble-Nachfolgers im Ministeramt, Rudolph Seiters. In dieses Bild paßten auch die immer mehr nachlassenden Aktivitäten der politischen Erben des 1988 plötzlich verstorbenen bayerischen Ministerpräsidenten mit den politischen Spitzen aus Ostberlin. Dennoch wurde die innerdeutsche Zusammenarbeit auf Sachgebieten weiter gepflegt.

Wieder kam es zu Treffen mit Otto Wolff von Amerongen und Karl Hermann Fink – im Wiener Rat für Ost-West-Kooperation, im »Politischen Klub« in Bad Reichenhall, auf Diskussionsrunden der Gesellschaft für Osteuropa-Kunde. Die Mienen meiner Gesprächspartner waren offensichtlich nicht mehr so fröhlich wie in früheren Zeiten, wenn vom europäischen Osten, dem europäischen Haus und dem Ost-West-Handel gesprochen wurde. Wie sahen wir gegen Ende des Jahrzehnts die wirtschaftliche Lage und die Chancen?

Die wirtschaftliche Situation im Ostblock spitzte sich 1988/89 immer mehr zu. Zahlreiche Handicaps in der RGW-Wirtschaft eskalierten zum Drama, verknüpften sich zu einem Knoten, der sich von niemandem mehr lösen ließ. Die wirtschaftlichen und finanziellen Belastungen durch Rüstung, wissenschaftlich-technische Anforderungen und Umweltprobleme überstiegen die zudem erlahmende Wirtschaftskraft der RGW-Staaten. Die Auslandsschulden in frei konvertierbarer Währung, also die finanziellen Verpflichtungen gegenüber den westlichen Industrieländern stiegen, nach einem Abbau des Defizits in der ersten Hälfte der 70er Jahre infolge eines straffen Krisenmanagements, danach erneut und für einige Länder horrend an. Die Zweifel an der Fähigkeit des Sozialismus, einen wachsenden Lebensstandard zu garantieren, wuchsen unter den Bürgern. Gebannt schaute die interessierte Weltöffentlichkeit auf den verzweifelten Kampf Gorbatschows, Perestroika und Glasnost dauerhaft zu etablieren und zugleich Reformen in der sowjetischen Wirtschaft durchzusetzen. Doch der wirtschaftliche Niedergang war nicht aufzuhalten. Im Gegenteil: So wurde in der RGW-Zusammenarbeit ein zunehmendes Chaos produziert: Die gegenseitigen wirtschaftlichen Verpflichtungen zwischen den Mitgliedsländern konnten von den meisten Partnern nicht mehr erfüllt werden. Der innere Handel ging zurück; sein Anteil am Welthandel reduzierte sich weiter. Planvorgaben wurden – kaum verabschiedet – zur Makulatur. Für den deutsch-sowjetischen Warenverkehr wurde bereits ein tägliches Kontrollsystem praktiziert, was einem Notstandsmanagement entsprach. Längst hatte sich im Ostblock eine Schattenwirtschaft herausgebildet, in der Dringendes und die sogenannte Defizitware auf Dollarbasis gehandelt wurde.

Die Bundesregierung und einige in der deutschen Wirtschaft waren darauf aus, wie besonders Otto Wolff immer wieder unterstrich, Gorbatschows politische Anstrengungen in Richtung Reformen im Innern und Äußeren zu honorieren und für seinen Kurs eine zumindest partielle Stabilisierung durch Kredite, Lieferungen von Industriegütern oder die Entwicklung vielfältiger Kooperationsformen anzubieten. Europas gemeinsames Haus, von vielen inbrünstig besungen, würde aber sicher noch geraume Zeit auf sich warten lassen, da sich die anderen Teilnehmer im westlichen Bündnis stark zurückhielten.

In den Führungsetagen der RGW-Staaten nahm die Skepsis über die Erfolgschancen der Reformpolitik zu, wie Fachkollegen aus den osteuropäischen Ländern ständig berichteten. Sowohl in Budapest und Warschau, aber selbst in Sofia und Prag, die zu den am meisten »linientreuen« Parteigängern der UdSSR zählten, schwand das Vertrauen in die Potenzen und Erneuerungskraft der östlichen Integrationsgemeinschaft.

Fink war gerade wieder einmal voller gemischter Gefühle aus Moskau zurück: Einerseits durchaus mit Euphorie über die eine oder die andere Reformentwicklung, andererseits auch voller Besorgnis, da die Erfolgschancen für Gorbatschows neue Wirtschaftsorientierungen nur als gering einzuschätzen waren. Unabhängig davon hatte er eine Anzahl origineller Ideen im Gepäck, dazu Wünsche auch an die Adresse der DDR. Er rückte zunächst mit einem Vorschlag, den er dem damaligen Ministerpräsidenten Rishkow zuordnete, heraus.

Die Russen hatten in einem sicher naiven planwirtschaftlichen Wunderglauben ihren jeweiligen westlichen Partnerländern einen Teil ihres übergroßen Landbesitzes zur Bearbeitung zugedacht. Dem einen Partnerland wurden Teile von Sibirien angeboten, den Japanern der sowjetische Ferne Osten. Deutschland hatte dabei neben anderen Territorien vor allem die Halbinsel Kola »abbekommen«, die es für und mit Moskau erkunden und erschließen sollte, um dann zu investieren und daraus gemeinsamen Nutzen zu ziehen.

Tatsächlich fing Bonn den Ball erst einmal auf und ermutigte die eigene Wirtschaft. Deutsche Großunternehmen und Institute begannen mit der geologischen Erkundung und Standortbegutachtung.

Die Idee war, ein dreiseitiges Kooperationsprojekt UdSSR-BRD-DDR zu praktizieren. Insbesondere der Schwermaschinen- und Anlagenbau der DDR mit relativ leistungsfähigen Großkombinaten wie SKET, TAKRAF, SML, TRO – wäre, so die Vorstellung, gemeinsam mit den (west)deutschen »Riesen« in die wirtschaftliche Schlacht gen Karelien und Eismeer zu schicken. Vom Produktionsprofil her waren dort ja gerade Bagger, Abbaugeräte, Kräne, Bänder, Transport- und Verladeanlagen, Elektroanlagen gefragt. Vielleicht eine Hoffnung für die schwieriger werdenden Wirtschaftsstandorte in Sachsen und Sachsen-Anhalt? Bonn wollte auch hier – wie des öfteren – zudem der Zahlmeister für alle Deutschen sein. Über eine Finanzhilfe von 3 bis 5 Milliarden Mark wurde nachgedacht.

Man sah bereits in Tundra, Taiga und Steppen des Ostens die ungleichen »deutschen Brüder« gemeinsam mit den Russen in deren Erde nach Metall und Kohle schürfen – ein Stabilisierungsschub für die DDR, Entwicklungshilfe für das Riesenreich von Gorbatschow und Profit für die eigene Tasche der bundesdeutschen Konzerne.

Ein zweiter Vorschlag in Richtung einer dreiseitigen Kooperation Moskau – Bonn – Berlin nahm in diesen Monaten auch konzeptionelle Gestalt an. Otto Wolff schlug nach Beratungen mit der Kreml-Führung vor, die Berufsausbildung in der UdSSR mit gesamtdeutscher Hilfe in Gang zu bringen und zu modernisieren. Er erzählte mir, wie er sich seine Konzeption im einzelnen vorstelle, die bereits den Segen von Gorbatschow und Ryshkow erhalten hätte:

– Deutschland-West sollte seine modernen Ausbildungserkenntnisse vor allem in inhaltlich-technischen und didaktischen Fragen einbringen;

– Deutschland-Ost könnte sein den Russen besser vertrautes Know-how über die für Moskau vorgeplante Berufsausbildung hinzufügen und die Mentalitäten und Sensibilitäten des östlichen Partners »einarbeiten«;

– Die UdSSR würde Lehrmaterial, Berufsbilder, Ausbildungsrichtlinien, aber ebenso Ausbilder zum eigenen und zum Nutzen aller von beiden deutschen Seiten zur Verfügung gestellt bekommen.[109)]

Auf die große Bedeutung der Berufsausbildung gerade für Facharbeiter machten bundesdeutsche Manager die politische Spitze in Moskau wiederholt aufmerksam. Otto Wolff wandte sich dabei gegen Vorstellungen, daß nur Manager in marktwirtschaftlichen Fragen zu qualifizieren seien, »es müsse die normale Berufsausbildung hinzukommen«. Er schreibt: »Darauf erklärte ich ihm *(dem Vizepremier Antonow – Anm. d. Autors)*, welchen Segen die deutsche Berufausbildung für die Wirtschaft hat, und ergänzte, ohne sie und die entsprechend hoch qualifizierten Facharbeiter wäre das ›Made in Germany‹ undenkbar.« Auch Gorbatschow machte Wolff auf diesen Erfolgsfaktor aufmerksam: »Unser Ausbildungssystem, das wir im übrigen mit der DDR teilen, gilt als vorbildlich in der Welt. Für die deutschen Unternehmer sind die Investitionen in eine hochqualifizierte Ausbildung ihrer Mitarbeiter eine Selbstverständlichkeit, für den arbeitenden Menschen selbst und für eine qualitativ hochstehende Produktion. Die Anerkennung, die unsere Produkte weltweit finden, beweist, daß sich diese Investitionen rechnen.«

Natürlich waren sich alle Diskutanten dieses Themas darüber im klaren, erst mit kleinen Schritten zu beginnen. Dennoch wären bald finanzielle Beträge in einer dreistelligen Millionen-Höhe erforderlich, die Bonn vor allem für den anderen deutschen Staat aufbringen wollte, um der DDR-Führung ein Mitmachen zu erleichtern. So sollte die deutsche Zusam-

menarbeit Segen nicht nur für sich selbst, sondern jetzt auch für Rußland bringen. Die Möglichkeit einer deutschen Seilschaft für den europäischen Osten erschien zumindest konzeptionell nicht mehr ausgeschlossen.

Otto Wolff hat mir sein Konzept mehrfach bei Begegnungen 1987, 1988 und 1989 erläutert, mit der ausdrücklichen Bitte, es an Beil zur Verwendung für Mittag und Honecker weiterzuleiten. Ich schrieb Otto Wolffs Vorstellungen für die oberen politischen Etagen in Berlin auf, zuerst mit Eifer, dann aus »Pflichterfüllung«, zuletzt nur noch mit Geduld.

Erst einmal gab es auf die mit Gorbatschow »abgestimmte« bundesdeutsche Offerte gar kein Echo, dann ein zögerndes Reagieren, schließlich ein mattes »Jein« und »mal sehen«.

Was wirklich noch an Vorschlägen die Nummer 1 erreichte – und Erich Honecker wollte offensichtlich bei allen Dingen, von denen er zwar nichts verstand, sie aber für wichtig hielt, selbst die Entscheidung fällen – ist mir natürlich nicht bekannt. Von Kollegen, die dem ZK näherstanden, wurde mir immer Horrenderes berichtet. Ein Beispiel: Analysen und Vorschläge, die Fachleute verschiedener wissenschaftlicher Institutionen über den Internationalen Währungsfonds, sein Für und Wider, ausgearbeitet hatten, liefen darauf hinaus, daß die DDR eine Mitgliedschaft anstreben solle. Diese Empfehlung hätte eine

Internationale Konferenz über die Kooperation auf dritten Märkten (links 1. Reihe: Karl Hermann Fink; rechts im Präsidium: Jürgen Nitz)

weitere wirtschaftliche Öffnung der DDR bedeutet, und dies hätte zu marktwirtschaftlichen Konsequenzen geführt, ohne daß deshalb die Existenz der DDR auf dem Spiel gestanden hätte. Der Außenminister der DDR, Oskar Fischer, und der Außenhandelsminister, Dr. Gerhard Beil, haben darauf aufbauend eine Entscheidungsvorlage für die politische Spitze erarbeitet, die über Mittag an Honecker lanciert wurde. Jener hat sie offenkundig gelesen, ohne daraus eine im internationalen Trend liegende Entscheidung für die DDR zu treffen. Er schrieb kurz und bündig annähernd wörtlich an den Rand des Schriftstücks: »In den IWF braucht die DDR nicht hinein. E.H.«

Im Herbst 1986 waren wir im Rahmen des Politischen Klubs im Gespräch, erneut in Bad Reichenhall, dem bayerischen Domiziel der Familie von Kries. Es gab auch hier weitestgehend und immer mehr Übereinstimmung in den inhaltlichen Positionen der Partner.

Karl Hermann Fink und ich hatten jedoch bei einer Wanderung durch Bayerns Berge noch ein interessantes Thema zu absolvieren. Es ging vor allem um einen Punkt, der zwischen Bonn und Berlin noch aufzuhellen war. Erich Honecker drängte persönlich auf eine Institutionalisierung der künftigen deutsch-deutschen Beziehungen im Bereich Handel, Kooperation, Großprojekte, langfristige Anpassung der wirtschaftlichen Strukturen in Richtung auf eine Wirtschaftsgemeinschaft der beiden deutschen Staaten.

Hier bündelten sich die Positionen und Probleme zwischen Politik und Wirtschaft. Zudem wurden eingefahrene Strukturen und Kompetenzen in der Hierarchie berührt. Es ging im Kern darum, ob eine weitere Institutionalisierung vielleicht nach den internationalen Ost-West-Modellen möglich und notwendig sei, und falls, in welcher Weise das Projekt entwickelt werden sollte. Es gab – wie oft schon erst einmal – tatsächlich verschiedene Meinungen zur Sache. Fink und ich versuchten darum zu allererst, uns Klarheit über die verschiedenen Positionen zu verschaffen. Die Ministerialbürokratie in Bonn und in Berlin hatte offiziell zwar ihre Meinung dazu nie zu artikulieren gewagt, um nicht den Segen ihrer jeweiligen Obrigkeit in Frage zu stellen. Die eher ablehnende, abwartende Haltung war jedoch unverkennbar. Die offiziellen Institutionen in Berlin und Bonn übten Denken und Dienst nach Vorschrift. Die Treuhandstelle für den innerdeutschen Handel, TSI, durch das Bundeswirtschaftsministerium gesteuert, und das DDR-Außenhandelsministerium hatten nämlich bislang eine Art von

Monopol zu Verhandlungen im wirtschaftlichen Bereich. Zweimal im Monat wurden, mehr oder weniger abgeschottet gegen die Einblicke in den Dirigismus der Wirtschaftsbeziehungen beider deutscher Staaten für Wirtschaft und Öffentlichkeit alle Probleme geregelt, oft nur geglättet oder abgedeckt. Das hatte dreißig Jahre funktioniert und sollte möglichst so weitergehen.

Ein- oder zweimal im Jahr gab es, meist auf Einladung zur Leipziger Messe oder durch Frau Breuel zur Hannover Messe Spitzenbegegnungen: Günter Mittag und Gerhard Beil auf der einen, der jeweilige Bundeswirtschaftsminister und dessen Staatssekretär Dieter von Würzen auf der anderen Seite. Die Wirtschaftsführer und Manager auf beiden Seiten waren nur punktuell – meist, wenn es ums rein Kommerzielle ging – beteiligt. Experten, die über den Tellerrand des innerdeutschen Warenverkehrs hinausblickten, waren wenig erwünscht. Ganz anders die Ost-West-Beziehungen zwischen anderen Staaten unterschiedlicher Systeme.

Im Unterschied zur Praxis zwischen den deutschen Regierungen standen die mehrmals im Jahre stattfindenden Tagungen von großen Kommissionen oder Länderausschüssen mit Vertretern der Bundesrepublik Deutschland mit ihren entsprechenden Partnern auf der Seite der östlichen Länder, die meist mit Auftritten von Präsidenten, Ministerpräsidenten oder Wirtschaftskapitänen verbunden waren. Dies wären ja Repräsentanten im Außenhandel, wurde von den Gegnern einer Veränderung argumentiert; sie wären nicht Partner eines innerdeutschen Warenverkehrs, der sich dazu noch unter besonderen Bedingungen vollzog.

Ich hielt das schon immer für einen Vorwand. In Wirklichkeit blieben Fachwelt und Öffentlichkeit von allen Problemen, mit denen die deutsch-deutschen Wirtschaftsbeziehungen konfrontiert und belastet waren, ausgegrenzt. Dieser Bereich wurde in absolut gegenseitiger Übereinstimmung zur »geschlossenen Gesellschaft« erklärt. Dies konnte natürlich insbesondere Günter Mittag nur recht sein, der dadurch niemanden in seine Karten zu schauen lassen brauchte. Ich habe mich immer gewundert, daß Bonn – eine offene

Gesellschaft repräsentierend – diese »Verschwörung gegen die Öffentlichkeit« mitmachte und unterstützte. Das alles ist zwar nicht das Hauptfeld einer deutsch-deutschen Zusammenarbeit, sondern nur ein Nebenaspekt, aber geradezu typisch für die Art jahrzehntelangen annähernd konspirativen Umgangs.

In Bonn oder anderswo in den alten Bundesländern braucht sich heute niemand darüber zu erregen, daß durch diese wirtschaftspolitische Geheimdiplomatie auch die Geschäfte des Alexander Schalck unter der Decke blieben. Der Deckel dieser Büchse der Pandora blieb bis nach der politischen Wende für den interessierten Bürger und Experten geschlossen. Bonns Politik muß man den Vorwurf machen, daß sie das Wirken der KoKo-Firmen vor jeder Kontrolle abschottete. Es ist meines Erachtens logisch und legitim, daß Schalck alles unternahm, um sein Schalten und Walten geheimzuhalten. Doch Bonn wurde dabei zu seinem eifrigsten Erfüllungsgehilfen.

Erich Honecker hing seinerzeit – wenn auch, wie schon bemerkt, aus ganz anderen Gründen – seiner Vorstellung von einer Wirtschaftskommission DDR-BRD an. Er wollte ein Stück staatliche Institutionalisierung zwischen Bonn und Berlin mehr. Ich bat Fink, die Ansicht von Otto Wolff zum Thema einzuholen. Schon beim nächsten Treffen in Wien sagte Wolff zu mir, daß er zwar keinen tieferen Grund sehe, eine solche Kommission zu etablieren, aber wenn es außer Herrn Honecker auch der Herr Bundeskanzler so wolle, würden er und die deutsche Wirtschaft dem nicht entgegenstehen. Es gab natürlich eine Anzahl von wichtigen Detailfragen zu klären. Wer sollte in die Kommission hinein, wer ihre Chefs sein? Was sollte dort geregelt werden? Wo und wie oft sollte sie tagen?

Viele Fragen blieben bis nach dem Honecker-Besuch 1987 ungeklärt. Zu einem Streitobjekt wurden plötzlich die Tagungsorte des Wirtschaftsrates. So gut wie sicher galt, daß man mit den ersten Zusammenkünften in Berlin und Bonn oder dann mit Treffen in Hannover und Leipzig beginnen könnte. Wie sei es um Berlin-West bestellt, fragte plötzlich der Senat im Schöneberger Rathaus, und die Experten des Deutschen Instituts für Wirtschaftsforschung in Berlin-Dahlem stimmten in diese Melodie ein.

Urplötzlich bekam Moskau und die Ablehnungsfront in den Ministerialbürokratien in Bonn und Berlin damit Schützenhilfe aus Senatskreisen in Berlin-West. Mein langjähriger Kollege im Deutschen Institut für Wirtschaftsforschung in Berlin-Dahlem, Dr. Horst Lambrecht, zudem Gutachter und Berater verschiedenster Institutionen, rief mich an, um mir mitzuteilen, daß man nicht allein nur Fragen stellen möchte, sondern ernste Bedenken anzumelden hätte. Also Einspruch! Man wäre gegen den Wirtschaftsrat »an sich« und »im speziellen«, da zweifelhaft sei, ob dieser in Berlin-West tagen dürfe.

Wir trafen uns kurzfristig im Palast-Hotel, gegenüber dem Berliner Dom, wo damals viele deutsche Begegnungen stattfanden. Er erklärte mir die schon bekannten Ablehnungsgründe aus Institutskreisen, aber ebenso aus den Reihen des Senats. Ich versuchte ihn mit dem Hinweis zu beschwichtigen, daß man Berlin-West unbedingt als Tagungsort einbeziehen werde. Ich versuchte, die Gesamtlage um Berlin herum als günstiger denn je darzustellen und verwies auf die sich anbahnenden Ausarbeitungen zur Sache zwischen Experten auf beiden Seiten, in die man ja wohl auch den Wirtschaftsrat einbinden dürfte.

Mein Chef, Max Schmidt, rief mich eines Tages im späten Frühjahr 1988 zu sich. Er meinte, »eine ganz große Sache« stünde ins Haus; dazu ein extrem brisantes Thema und eine »allerhöchste Entscheidungsebene.« Uns läge eine Einladung der bayerischen Staatskanzlei für einen Expertenbesuch im Freistaat vor.

Schmidt murmelte die Namen Strauß, Stoiber, Tandler, und diese waren nun an die Kanzlei von Erich Honecker herangetreten. Dessen Staatssekretär Frank Joachim Herrmann wurde beauftragt, mit dem Direktor des IPW eine »Sache von weitgehender Bedeutung anzuschieben« und dabei zu klären, wie der Einladung am besten entsprochen werden kann. Schmidt und ich sollten ins bayerische Kulmbach fahren, um mit den Behörden vor Ort, der dortigen Industrie- und Handelskammer und der Unternehmerschaft der Region Oberfranken, eine möglichst enge Zusammenarbeit mit den »grenznahen Bereichen« der DDR zu besprechen. Es gehe um eine vielseitige, bislang noch nicht in dieser Tragweite anvisierte Kooperation zwischen Oberfranken und Thüringen, gegebenenfalls auch mit dem Vogtland. Was stand im einzelnen zur Diskussion?

In kleinerer Gesprächsrunde sollten die Hintergründe und die Probleme dieses anzuvisierenden Miteinander geprüft werden – der Trend ging in Richtung Wirtschaftssonderzone, was langsam zwischen Ost und West »chic« wurde. Höchst selten war zusammenfassend zum Thema aus DDR-Sicht geredet oder geschrieben worden. Doch inzwischen gab es eine von mir kurz zuvor verfaßte, noch DDR-interne Studie, die bereits Analysen des US-Instituts for East-West-Security-Studies in New York, dem Bundeskanzleramt in Bonn sowie der Vorbereitung des Honeckerbesuchs gedient hatte. Jetzt wurde dieses Gerüst weiter modernisiert und mit einigen bayerisch-thüringischen Aspekten der Zusammenarbeit gespickt.

Es ging, von den politischen Konsequenzen her gesehen, tatsächlich um eine der wirtschaftspolitisch heiklen Missionen, zu der man eingeladen hatte.

Eine intensive, konföderativ orientierte Kooperation Oberfranken – Thüringen/Vogtland war das Ziel. Viele Gedanken schossen mir durch den Kopf. Einerseits hatte ich die zerfallenden kleineren Städte und Dörfer in Thüringen vor Augen. In der Mehrheit waren sie vielerorts noch nach Jahrzehnten von den Narben des zweiten Weltkrieges gekennzeichnet. Mitunter waren sie allerdings durch Farbtupfer geprägt und in eine romantische Idylle eingebettet. Sie waren durchaus vorzeigbar.

Aus der Sicht der DDR bot andererseits der Freistaat Bayern, durchaus ein Bild der heilen Welt. Sie präsentierte ein Konzept, mit dem menschlichen und wirtschaftlichen Zusammenwachsen der beiden Deutschlands wenigstens in diesen Territorien weiter voranzukommen, dabei wirtschaftlichen und urbanen Glanz in die thüringischen Städte einziehen zu lassen und den kleinen Grenzverkehr zu beleben.

Das Projekt, auf das unser Unternehmen hinauslief, war die Vorbereitung einer Art von »Wirtschaftssonderzone« Oberfranken, Südthüringen, Teile des Vogtlandes und vielleicht auch noch von Territorien der CSSR, ohne jedoch politische Grenzen etwa aufheben zu wollen. Exakt ging es in dieser Phase für die DDR darum, daß die Kerne von -zig Dörfern und Städten mit bayerischer Hilfe aufgemöbelt werden sollten, kleinere Industrieansiedlungen erfolgen konnten, Hotels und Restaurants, Marktplätze und Rathäuser rekonstruiert, neue Grenzübergänge geschaffen, Straßen und Brücken instandgesetzt würden. Von finanzieller Bayern-Hilfe in Höhe von etlichen hundert Millionen Mark war die Rede, ebenso von einem Freihafen für die DDR im Land, von Unternehmenskooperation und gemeinsamen Betrieben, schließlich von der Errichtung eines DDR-Handelsbüros in Kulmbach und einer Geschäftsstelle der Handelskammer Kulmbach im Ostberliner Handelszentrum. Aufträge erhofften sich dortige mittelständische Unternehmer, die nach 1992 nicht im EG-Randgebiet um ihre kommerzielle Existenz ringen wollten; Konsignationsläger – so hieß es – könnten helfen, DDR-Waren in Oberfranken und ganz Bayern abzusetzen. Von Stabilisierungshilfe zum Anfassen, also für die Schwestern und Brüder im Osten, und nicht für die Staatszentralen allein war an diesen Kulmbacher Tagen viel die Rede.

Dabei waren, unter diesem rein wirtschaftlichen Aspekt betrachtet, die Chancen für eine solche Wirtschaftssonderzone noch nicht einmal besonders gering anzusetzen, sondern eher hoffnungsvoll zu bewerten.

So gesehen waren wir, als wir zwei Tage später wieder auseinandergingen, rundherum nicht unzufrieden. Natürlich hatten wir absolut kein staatliches Mandat, um den Behörden in Bayern Zusagen zu machen, versprachen aber konstruktive Prüfung durch die Entscheidungsträger, in der Hoffnung – wenn man bayerische Staatskanzlei und DDR-Staatsrat gemeinsam in seinem Rücken weiß -, daß man mit Geduld und konstruktivem Vorgehen eine gute Ernte in die Scheuer fahren könnte.

Für kurze Zeit später wurde ein nächstes Treffen zwischen der Prominenz in Oberfranken und mir verabredet, um dann vielleicht schon »Nägel mit Köpfen« zu machen. Natürlich würden 1988 und danach die Probleme gleich sackweise bleiben. Denn: schließlich hatte ich recht konkrete Vorstellungen darüber, wie konträr etliche offizielle Regierungspositionen auf beiden Seiten zu bewerten seien. Jeder kannte die Überlegungen Erich Honeckers, seine Befürchtungen gegen eine Unterwanderung oder Aufweichung der DDR. Zugleich wurde die Reformunfähigkeit der regierenden SED-Führung immer offenkundiger. Ich hatte in dieser Zeit, wie auch die übergroße Mehrheit der DDR-Bevölkerung, schon recht konkrete Eindrücke von dem immer grauer werdenden Alltag, der von den Bürgern als zwingend verbesserungswürdig empfunden wurde. Wäre bei dem Modell »Wirtschaftszone Bayern – Thüringen« der DDR-Führung die Chance zum Wandel bewußt gewesen, hätte sie handeln müssen. Dies wäre weit mehr als ein Anfang und zugleich ein Stück national und international eingeforderter Reformpolitik mit Initialzündung für eine engere Kooperation der beiden deutschen Staaten gewesen. Zu dem wußten die politischen Führer der DDR, daß Moskau den zweiten deutschen Staat als eigene politische Manövriermasse mißbrauchte.

Den größten Widerstand kalkulierte ich deutlich im politischen oder wirtschaftspolitischen Führungsraum ein; je höher die Etage, desto bornierter die Bewertung der Chancen. Und so kam dann auch das berüchtigte dicke Ende, wenn auch »auf Raten«:

Im Ministerium für Außenhandel – unterhalb der Ministeretage – war man zwar erst einmal beträchtlich angetan vom Gesamtkonzept und zahlreichen Einzelheiten. Doch selbst hier war das Interesse zum Handeln erschlafft. Was wurde dort an »wichtigsten« Einwänden vorgebracht? Die DDR-Wirtschaft hätte nicht die Kraft, um sich außerhalb der strangulierenden Planvorstellungen noch irgendwie mit einer vermehrten zusätzlichen Produktion zu engagieren. Den Bayern – so meinte man – würde es nicht schwerfallen, mittels Hunderter von mittelständischen Unternehmen zu dem staatlich gesponsert in Thüringen und Sachsen einfallsreich, farbenfroh und modern etwas Attraktives auf die Beine zu stellen. Der DDR würde das wirtschaftlich abgesicherte Fundament für eine »Initiative von unten« mangels verplanter und zudem zu kleiner Masse fehlen, um mitzuhalten. Man würde sich, so die Sorge, einfach »ökonomisch übernehmen.« Dies könne schließlich nicht gutgehen!

Das »Büro Mittag« signalisierte über das Konzept helles Entsetzen, verbunden mit der Angst, daß die total verbürokratisierte Planwirtschaft – zumindest in einem kleinen Segment – der Zentrale aus der Hand gleiten könnte. Gefährliches marktwirtschaftliches Denken könne dann um sich greifen. Nach dem faustischen Motto des Zauberlehrlings würde man die Geister, die man rief, nicht mehr los werden. Mir ist seinerzeit nicht bekannt geworden, daß Günter Mittag in irgendeiner Weise auf Schritte aus war, in der DDR-Wirtschaft marktwirtschaftliche Mechanismen zur Wirkung kommen zu lassen und die DDR für die Marktwirtschaft zu öffnen. Geist, Buchstaben und Realität seiner Wirtschaftspolitik ließen anderes als starre Planschemata weder erwarten noch vermuten. Wenn schon nicht mit falscher Hast oder unüberlegt als Totaloperation hätte sich die DDR, sinnvoll vorbereitet, dem Westen zusammen mit ihren Bündnispartnern sukzessive öffnen können, um die Volkswirtschaft endlich in weltwirtschaftliche Trends einzubringen. Es ging in diesen Monaten in der DDR um die Frage, ob man dem objektiven Zwang der Weltentwicklung folgt und sich dort »einpaßt«, was in Ungarn und Polen bereits abging, in Moskau und Sofia intensiv vorbereitet wurde. Niemand konnte sich dem auf Dauer entziehen, und den DDR-Bürgern hätte dies wohlgetan. Ich habe keinen Schritt gehört, der den echten wirtschaftlichen Internationalisierungstendenzen wenigstens im Ansatz entsprochen hätte.

Alexander Schalck – so wurde mir hinterbracht – ignorierte kurzerhand jede Chance, zu mehr und meist kleineren Grenzübergängen zu gelangen, Dorfgasthöfe in neu entstehenden Gemeindekernen oder Landstraßen zu restaurieren. Die Errichtung von Nobelherbergen für devisenschwangere West-Besucher, waren mehr nach seinem Sinn als ein Hoteldach über dem Kopf des kleinen Mannes.

Das Echo der politischen Führungsspitze in Berlin wurde mir so interpretiert: Man wisse ja nicht, ob die DDR »politisch ins Schwimmen« kommen könnte und »destruktive Elemente« sich zu schlimmem Tun »ermutigt« fühlen würden. Hier stand nicht die Hoffnung nach mehr Stabilität, sondern die Furcht vor einer Destabilisierung Pate, die ohnehin ihren Lauf nahm.

Zugleich wurde auch in diesem Punkt Hermann Axen erneut nachgesagt, besonders ablehnend auf den Vorschlag der CSU reagiert zu haben, weil die Initiative ausgerechnet von Strauß ausgegangen sei. Ohne hier auf Einzelheiten eingehen zu wollen, hatte Axen beispielsweise eine in vielerlei Weise andere – sprich positivere Position zu einem zeitlich späteren Vorstoß des schleswig-holsteinischen SPD-Ministerpräsidenten Björn Engholm nach einer deutsch-deutschen Wirtschaftssonderzone in der Küstenregion.

Hinzu kam noch eine gewisse, wenn auch eher kleinkalibrige Schützenhilfe aus Bonn, die in den Chor ewig Gestriger untermalend einfiel. Das Bundeswirtschaftsministerium in Bonn signalisierte Widerstand gegen die Münchner Extratour. Eine eigene oberfränkische Repräsentanz auf Ostberliner Territorium zu gründen, käme nicht in Frage, da Kammer- oder Firmenvertretungen aus der Bundesrepublik sich nicht im Internationalen Handelszentrum (IHZ) in der Berliner Friedrichstraße ansiedeln durften, sondern nur westlich davon, also aus DDR-Sicht »jenseits der Mauer«, domizilieren dürften, um die Reputation des Westteils der Stadt nicht weiter auszuhöhlen.

Auch Herr Bräutigam, Resident Bonns in der Ostberliner Hannoverschen Straße, wurde angewiesen, in Sachen Wirtschaftssonderzone zu recherchieren. Die Herren Scharnhorst Müller und Dr. Lucas von der wirtschaftspolitischen Abteilung der Ständigen Vertretung erarbeiteten, schließlich ein Gutachten zum Status von Wirtschaftsniederlassungen aus Bayern oder anderen Bundesländern – so auch im Fall des NRW-Landesbank, die bei ihrer Schweizer Tochter im IHZ untergeschlüpft war – unverzüglich in die Wege zu leiten. Es handelte sich schon um einen Fall, der deutsch-deutsche Institutionen in Bewegung setzte, jedoch nur, um die gesamtdeutsche Eintracht abzubremsen. Also erst einmal Vorbehalte und Ablehnungen auf der ganzen Linie. Ich überlegte damals geradezu fieberhaft, wie die Führung der DDR einen ja durchaus konstruktiven und inzwischen international besonders im Ost-West-Bereich völlig üblichen Kooperationsvorschlag von Strauß so einfach abschmettern würde, ohne in München – letztlich auch in Bonn – Mißfallen zu produzieren. Der Ausweg war noch dubioser, als ich zuerst ahnte. Die Weisung an mich war nämlich grotesk simpel: Weder offiziell »Ja« noch »Nein«, und es dürften zur Sache auf keinen Fall Differenzen in der DDR-Führung sichtbar werden; »Der Vorgang ist an der langen Leine zu führen« war die mir von meinem Direktor übermittelte Weisung. Also abwarten, wie die »andere Seite« weiter reagiert.

Fortan wurde die Kontrolle der DDR-Abwehrorgane über mich verstärkt, die »Westkontakte« noch mehr reglementiert. Typisch ist folgende Situation: Sicher habe ich vor dem Sommer '88 bereits manchen an mich persönlich gerichteten Brief »aus dem Westen« nicht erhalten. Doch nun wurde mein gesamter Briefeingang aus Bayern und dem Rest der westlichen Welt erst einmal gekappt, wie mir bei Gelegenheit von Max Schmidt vertraulich mitgeteilt wurde. Briefe aus Bayern, die an mich gerichtet waren, bekam ich jetzt zudem ohne jeglichen Bescheid überhaupt nicht mehr ausgehändigt. Über eines der Schreiben aus Kulmbach, in dem mein dortiger Partner den Kontakt unter Berufung auf Strauß wiederbeleben wollte, und ermunternde Briefe seines Ministerpräsidenten an ihn mir als Kopie zur Kenntnis gab, informierte mich Prof. Schmidt im Spätherbst des Jahres zuerst nur hinter vorgehaltener Hand, ließ mich dann jedoch die »verbotene Nachricht« kurz lesen, um sie sogleich wieder – wie er sagte – »an eine andere Adresse« zurückzugeben. Viel Mut von ihm unter den damaligen Bedingungen. Denn schon damit hatte er seinen Handlungsspielraum regelwidrig überschritten, wie er sagte, um mich »nicht dumm sterben zu lassen«. Also Bayern blieb unter Führung von F. J. S. am Ball. Und in Berlin?

War im Spätherbst 1988 doch noch was von der Sonderzonen-Idee zu retten? »Auf den ersten Blick« tat sich urplötzlich eine neue Chance auf. Eine Einladung zu einem Ost-West-Kongreß nach Varna – durch bundesdeutsche, bulgarische und österreichische Initiative ausgelöst – flatterte ins Haus. Einige Dutzend absolute TOP-Manager aus Europa und den USA hatte der damalige bulgarische Präsident Todor Shiwkow in seine Schwarzmeerresidenz Varna geladen, um mit hochrangigen Regierungsvertretern aus den RGW-Ländern über viele strittige Themen zur Sache debattieren zu lassen. Ich durfte als Experte mitreisen. Die Themen: Joint Ventures, Verschuldungsfragen, Konvertibilität der Ostblockwährungen und – last not least – Wirtschaftssonderzonen.

Absoluter Höhepunkt des Meetings und beifallsumjubelter Starredner zum letztgenannten Punkt: Franz Josef Strauß. Ohne hier seinen exzellenten Vortrag im einzelnen zu bewerten, war er ein deutliches Votum für diese internationale Kooperationsform, und beinhaltete ein Angebot des Westens an den Osten des Kontinents. Alle Redner im Tagungssaal unterstrichen den Willen zur Zusammenarbeit, rückten ihre Unternehmen ins rechte Licht und versprachen dem Ostblock ein für ihn segensreiches Engagement, natürlich ohne die eigenen Profitchancen aus den Augen zu verlieren. Robert Maxwell als exponierter Vertreter der Ost-West-Diplomatie war ebenfalls an Bord. Ein Herz und eine Seele – dies etwa war der Generalnenner des fast euphorischen Treffens, bei dem die östlichen Teilnehmer weitere Reformen im inneren Wirtschaftssystem zusagten, um aus der Wirtschaftsmisere herauszukommen.

Abends auf einem der obligaten Empfänge, diesmal auf Schloß Efxinograd, der einstigen Sommerresidenz des Zaren Boris, konnte ich mit Strauß nach dem offiziellen Defilée unter vier Augen sprechen, wobei mir sein persönlicher Protokollchef, Herr von Amstetten, hilfreich zur Seite stand.

Ich kam unverzüglich »zur Sache«: Einladung bayerische Staatskanzlei und deutsch-deutsche Wirtschaftszone Oberfranken/Thüringen; schilderte dann ebenso kurz und knapp die zögerliche Haltung von DDR-Offiziellen, ferner das bislang erfolglose Bemühen von Experten, dankte für die mir übermittelten guten Wünsche aus Kulmbach und äußerte – mich deutlich an ihn gewandt – die Bitte, sich vielleicht persönlich zu engagieren.

F. J. S. zeigte sich sofort informiert, machte kein großes Federlesen, kam unverzüglich auf den Punkt und versprach Intervention »beim Freund Erich Honecker«, letzteres vielleicht ironisch abgehoben, aber dennoch so wiederum auch nicht eindeutig verifizierbar.

Wie man weiß, konnte aus dieser Hoffnung keine reale Politik mehr werden. Strauß starb wenige Tage später – nach aufregenden Jagderlebenissen in den bulgarischen Bergen, den unerwarteten Strapazen des Heimfluges und neuerlichen körperlichen Beanspruchungen in Bayern. Das Urgestein konnte nun niemandem mehr im deutsch-deutschen Raum helfen.

Große Aufmerksamkeit fand am 20. März 1989 das Auftreten Otto Wolffs in der Universität Jena. Vor mehreren hundert geladenen Gästen sprach er über das Binnenmarktprojekt der Europäischen Gemeinschaften, das 1992 in die Realität umgesetzt werden sollte. Deutlichen Beifall erhielt er vom Auditorium für seinen spektakulären Ausruf: »Bundesregierung und Wirtschaft werden vor dem DDR-Tor wie ein Libero stehen, um Angriffe der EG-Konkurrenz abzuwehren!«[110)]

Was war der Hintergrund für dieses Spektakel? Wolff besuchte wieder einmal – zusammen mit Fink – die DDR. Er kam aus Leipzig von der Messe, wo ein Symposium des Internationalen Rates zur wissenschaftlichen und wirtschaftlichen Kooperation durch die DDR ausgerichtet worden war. Er absolvierte Gespräche mit Beil zur trilateralen Kooperation mit Moskau, hatte Dresden als Kunststadt »abgearbeitet« und wollte sich nun noch einmal bei den Akteuren seiner Ehrenpromotion in der thüringischen Universitätsstadt bedanken.

Mir war die Ehrenbegleitung angetragen worden, und so durfte ich ihn nach den üblichen »freundlichen Grüßen« auf Veranlassung von Mittag nach der Wirtschaftslage in Westeuropa, die Zusammenarbeit mit Moskau, den Chancen der deutsch-deutschen Wirtschaftskooperation befragen. Dieses Mal hatten wir etliche Stunden Zeit zur Diskussion, insbesondere zu der bedrohlichen Lage, die für die DDR-Kombinate Ende 1992 aus dem EG-Binnenmarkt entstehen würde. Aber es ging auch um den Vortrag.

Wolff machte dabei auf den Ernst der Situation aufmerksam, in die die Wirtschaft nach dem Inkrafttreten des EG-Binnenmarktes beim Absatz ihrer Erzeugnisse in Westeuropa geraten würde, wenn auch daraus eine Anzahl von Chancen durchaus zu erkennen seien. Er betonte dabei, daß der zunehmende

Konkurrenzkampf im EG-Bereich die DDR-Wirtschaft zwänge, die Struktur der Produktion in Richtung wissenschaftlich-technischer Fortschritt, höhere Qualität, besseres Produktionsdesign, Service, Liefer- und Leistungsbedingungen schneller zu verändern, die DDR-Wirtschaft müsse auf die von der EG sich abzeichnende Harmonisierung von technischen Sicherheitsanforderungen, auf verstärkten Gesundheits-, Verbraucher- und Umweltschutz sowie die Harmonisierung von Normen und Standards orientieren. Wolff warf die Frage auf, wie die DDR zu vorgeschriebenen Kontrollen am Produktionsstandort stehen würde.

Es könne für die DDR wie ihre Partner im RGW geradezu »zu einer Schicksalsfrage werden, wie man mit den Ansprüchen des Weltmarktes zurecht« käme, und er sprach von einer »dramatischen Herausforderung«. Er hielt den inneren Wirtschaftsmechanismus der DDR dafür nicht für flexibel genug, da Schritte in Richtung Wirtschaftsreform ausgeblieben seien.

Nach Gesprächen mit der Regierungsspitze in Bonn, dem Bundeswirtschaftsministerium und den Verbänden sei klar, daß der Status im innerdeutschen Handel nicht verändert werden dürfe. Dies gelte vor allem für dessen Zollfreiheit, die Swingregelungen, Preisregulierungen und für steuerliche Vorteile. Bonn würde keine Statusveränderung zuungunsten der DDR akzeptieren, wenn auch der Widerstand der Verbündeten gegen das deutsch-deutsche Sonderverhältnis zugenommen hätte.

Die Zuhörer in der Alma mater in Jena waren frappiert. Es war fraglicher denn je, ob die DDR-Wirtschaft der neuen Dimension von Konkurrenz überhaupt gewachsen war, zumal es die DDR-Führung unterließ, auf die neuen Herausforderungen einer marktwirtschaftlichen Offensive zu reagieren. Die Uhren der Veränderung waren inzwischen schon so gut wie abgelaufen, die Führung in Ostberlin war annähernd handlungsunfähig, der politische Wandel bereitete sich mit Riesenschritten vor. Für die DDR-Kombinate ist – von Ausnahmen abgesehen – nach 1989 exakt das eingetreten, was vorausgesagt wurde: Sie konnten wenig Marktgewinne im Westen erzielen. Viele gingen den Weg in die roten Zahlen und die Liquidation, unter den konkreten Bedingungen in der

Otto Wolff v. Amerongen an der Universität Jena

Nachwende von Treuhand, Verdrängungswettbewerb und dem weggebrochenen Markt im Osten.

Sommer 1989. Erneut war ein Gast in Berlin angesagt, der zu den besonders intensiven Gesprächspartnern der politischen Führung der DDR, voran Günter Mittag, aber auch der Spitze unseres Instituts gehörte: Walther Leisler-Kiep, Mitglied des CDU-Präsidiums und zugleich Schatzmeister seiner Partei.

Max Schmidt fragte mich, ob ich am streng vertraulichen Meeting an einem zudem abgeschirmten Ort als wissenschaftlicher Experte für deutsch-deutsche Wirtschaftsfragen teilnehmen wolle. Vorausgegangen waren mehrmalige Treffen von Max Schmidt mit Leisler-Kiep im Jahre 1988.[111)] Der Gegenstand der Gespräche bezog sich auf innerdeutsche Kooperation in Bezug auf Telekommunikation und Infrastruktur. Die politische Brisanz des Themas ergab sich aus den bestehenden Cocom- Regelungen und den Auswirkungen auf die EG-Politik. Daher waren auf BRD-Seite lediglich noch Helmut Kohl (Bundeskanzler), Alfred Herrhausen (Deutsche Bank) und Karl Heinz Kaske (Siemens) involviert. Zu unseren

Gesprächen 1989 wurde Leisler-Kiep durch das Vorstandsmitglied der Deutschen Bundesbank Gaddum, sowie von zwei einflußreichen Parlamentariern der CDU begleitet. Stargast war zudem Narjes, bislang EG-Kommissar in Brüssel. Das Gespräch sollte durch die Leitung des IPW und den stellvertretenden Außenhandelsminister, der für den Bereich westliche Industrieländer unter Dr. Beil arbeitete, geführt werden.

Die exponierte Position der Partner war schon die Teilnahme wert. Hinzu kam die hohe Relevanz des Themas, die vereinfacht in der Frage gipfelte: Wie kann sich die DDR-Wirtschaft auf dem Gemeinsamen Markt der Europäischen Gemeinschaft halten? Hier gab es einen Gedankenaustausch zu mehr oder weniger bekannten Themen, und die Hauptaussage gipfelte in einem Appell an die Kombinate und Unternehmen, endlich zu mehr Flexibilität, Effizienz, Marktnähe, raschere Umsetzung von Erkenntnissen des wissenschaftlich-technischen Fortschritts in absatzfähige Erzeugnisse zu gelangen. So gesehen, hatte das Treffen nur einen bedingten Erkenntniswert, denn auch die Herren aus dem Westen vermochten Herrn Mittag nicht die Quadratur seines Kombinatskreises zu lösen. Doch Leiser-Kiep, so war mir hinterbracht worden, war immer mehr als eine Überraschung wert.

Ich sah noch einen weiteren Grund, am Gespräch teilzunehmen. Ich ging inzwischen davon aus, daß sich die »Schiene« Wolff-Fink vielleicht doch abgenutzt hätte, da Mittag deren Vorschläge überhaupt nicht mehr zur Kenntnis nehmen wollte. Die Nähe Leisler-Kieps zum Bundeskanzler und Vorsitzenden der Regierungspartei könnte vielleicht neue Impulse für die deutsch-deutsche Zusammenarbeit bringen.

Also nahm ich die Einladung zur Gesprächsteilnahme an. Ich holte Leisler-Kiep vom Flugplatz Tegel ab, und schon auf der Fahrt in seine Pankower Residenz zog er seine auch nicht so neuen Projekte aus seinem Aktenkoffer. Es ging um die deutsch-deutsche Unternehmenskooperation in der chemischen Industrie, im Automobilbau, im Maschinenbau, in der Medizintechnik. Alle Vorhaben, es ging um Vorschläge in Milliardenhöhe, waren auf eine Stabilisierung der DDR-Wirtschaft orientiert, natürlich auch zum Vorteil der westlichen

Seite. Dennoch, aus DDR-Sicht ging es erneut um die Alternative, daß Gebrechen des Systems entweder nur zu kurieren – was momentanen Nutzen gebracht hätte – oder Ansatzpunkte für marktwirtschaftliches Handeln zu finden und das Regime noch einmal längerfristig zu stabilisieren.

Doch Mittag hatte dafür bislang kein Ohr gehabt. Dieser hatte Leisler-Kiep wahrscheinlich nur noch aus Höflichkeit oder aus politischer Berechnung bei seinen letzten Besuchen zugehört und ansonsten »sein erklärtes Desinteresse« spüren lassen. Dennoch setzte Leisler-Kiep auf die DDR-Führung bis in die DDR-Endzeit und darüber hinaus noch immer große Stücke.

Wir konferierten im Berliner Stadtteil Pankow-Niederschönhausen, dem einst total abgesperrten Villenviertel. Eine rekonstruierte dreigeschossige Villa, relativ modern eingerichtet, war unser gemeinsames Domizil.

Dort zog der Bonner Gast das Kaninchen aus dem Hut. Er unterbreitete einen Vorschlag, den ich damals als annähernd sensationell empfand: Nachdem sich der Vertrag über die Gestaltung der politischen Beziehungen zwischen Bonn, Moskau und den anderen Staaten der Warschauer Pakt-Organisation bewährt hätte, sei nun daran zu denken, so W. Leisler-Kiep, Verträge über die wirtschaftliche Unangreifbarkeit zwischen den Staaten in Ost und West zu schließen, die beiden deutschen Staaten eingeschlossen. Beide Seiten sollten sich völkerrechtlich verbindlich verpflichten, mit ökonomischen Mitteln eine Einflußnahme auf wirtschaftspolitische Positionen zu begrenzen, die jeweils andere Seite politisch und ökonomisch nicht zu destabilisieren. Es war eine Verzichtserklärung im Hinblick auf Wirtschaftskrieg, Embargos, Wirtschaftsblockaden und Boykottaktionen. Es war eine Unterstützung von Ostblockpositionen in Richtung eines umfassenden Systems ökonomischer Sicherheit.

Es war ja die große Sorge der RGW-Länder, infolge ihrer wirtschaftlichen Rückständigkeit im internationalen wirtschaftlichen Wettbewerb zu unterliegen und das eigene Gesellschaftssystem damit infrage zu stellen und ein »kapitalistisches System« auf friedliche Weise oder mittels wirtschaftlicher Überfremdung oder Einflußnahme übergestülpt zu erhalten.

Die westliche Seite hatte dies des öfteren geradezu angedroht. So war in mehreren Studien der NATO davon die Rede, durch wirtschaftliche Überlegenheit des Westens den Ostblock zu destabilisieren. Der Wirtschaftssekretär der NATO, Yves Lauland, wollte über den Ost-West-Handel die »politische Liberalisierung dort wieder einführen, wo sie abgeschafft wurde«. »Und so werden die Länder des Ostens, wenn sie die Erzeugnisse des Westens kaufen, unbewußt mit unseren Waren manches von unserem Wertsystem mit einführen. Es könnte sich so zutragen, wie im Märchen von Ali Baba, wo ein Goldstück auf dem Boden des Kornfasses kleben geblieben war.«[112)]

Seinerzeit, in den 70er Jahren, als ich auf dieses Problem in einer Schrift aufmerksam machte, hat mir der damalige Chefredakteur unseres Hauses die Worte noch zusätzliche als Pointe ins Manuskript geschrieben: » ...Märchen bleiben jedoch Märchen – auch wenn versucht wird, sie in die heutigen internationalen Beziehungen zu verpflanzen.« Ich fand dies seinerzeits ziemlich witzig, da es zwei Deutungen zuließ einerseits, daß eben Märchen nichts anderes als Märchen sind, zum anderen, daß Entwicklungen mit realem Hintergrund sich aber in einer realen Situation auch durchsetzen können. So konnte auf Dauer das östliche System diesem politischen und psychologischen Druck nicht standhalten.

Die Versuche zur weiteren deutschen Annährung führten 1988 zu einer bis dato nicht gekannten Intensität von Expertengesprächen beider Seiten. Sie fanden im Umfeld zahlreicher offizieller Begegnungen statt. Wenige Tage vor der Messe in Leipzig im Herbst des Jahres stand wieder ein Besuch eines prominenten bundesdeutschen Politikers ins Haus. Der heutige Staatssekretär im Bonner Innenministerium und damalige Bundestagsabgeordnete der Union, Eduard Lintner, wollte sich über die Chancen zur Intensivierung des Zusammenschlusses von Politik und Wirtschaft zwischen den beiden deutschen Staaten informieren. Alles sollte dem Vernehmen nach einer

Beratung des Bundestagsausschusses für innerdeutsche Fragen dienen, dessen Tagesordnung und Beratungstermine in Berlin zu dieser Blitz-Anfrage an das Institut geführt hatten.

Es ging im wesentlichen um zwei Fragen: Lintner wollte wissen, wie es im Bereich des politischen Konsensus, von Abrüstung, und menschlichen Erleichterungen weitergehen könnte und wie es mit einem verstärkten Schulterschluß in der wirtschaftlichen Kooperation bestellt sei.

Erstaunt war ich seinerzeit zunächst über folgendes: Während die Genehmigung, bundesdeutsche Politiker im Institutsgebäude zu empfangen, in der Regel eine gewisse Zeit beanspruchte (die Institutsleitung holte sich das Plazet dazu aus dem Ministerrat, dem Außenministerium oder aus dem ZK der SED), dauerte es dieses Mal im Falle Lintner nur wenige Stunden. Lintner kam zu dem mit einer Equipe von Journalisten, die logischerweise über das Gespräch berichten wollte. Ich war mir von vorn herein im Klaren, daß ich mit den Auffassungen des Bonner Politikers sofort einen Konsens herstellen würde. Demgegenüber nagten in mir erhebliche Zweifel über die Kollegen der schreibenden Zunft: über die fachliche Eignung für diffizile Wirtschaftsprobleme, über journalistische Fairneß.

Ich durfte schließlich noch einen guten Bekannten in der Besuchergruppe begrüßen: Herrn Dr. Lucas, seinerzeit leitender Mitarbeiter in der Ständigen Vertretung der Bundesrepublik mit Domizil in der Hannoverschen Straße. Er war als Scout für diese Mission engagiert.

Im Gespräch zu Wirtschaftsfragen ging es mit Lintner gleich zur Sache. Ich sollte zu den Evergreens in der deutsch-deutschen Kooperation die Positionen der DDR-Regierung bzw. die der »Führung«, sprich Honeckers und Mittags, zu beschreiben versuchen und zudem – soweit ich dazu in der Lage und bereit war – auch meine eigenen Deutungen geben. Die Probleme, um die es ging:

Deutsch-deutsche Wirtschaftskooperation? – Ja, alle möglichen nur denkbaren Formen wie Industriekooperation, wissenschaftlich-technische Beziehungen, Lizenzen, Kompensationsvorhaben, dreiseitige Kooperationsbeziehungen, wenn sie nur wirtschaftlich sinnvoll wären.

Swing? – Die noch nicht lange existente Regelung für die zweite Hälfte der 90er Jahre hätte sich bewährt, der gegenseitige Warenaustausch wäre trotz einiger schwieriger weltwirtschaftlicher Usancen auch deshalb von Einbrüchen verschont geblieben; der Swing sei ein gutes Auffangbecken für schwieriger werdende Zeiten, die keiner exakt berechnen könne.

Wünsche an Bonn? – Eigentlich wie gehabt. Eine weitere Reduzierung oder Abschaffung von Handelshemmnissen, insbesondere eine Liberalisierung der bundesdeutschen Einfuhrquoten für Textilien, Erzeugnisse der holzverarbeitenden Industrie, Spielwaren, Nahrungsgüter (die zudem durch EG-Regelungen mengen- und wertmäßig begrenzt waren) und finanzielle Unterstützungen für Großprojekte.

Der Fragesteller aus Bonn signalisierte bei allen Aspekten, die auf engste wirtschaftliche Beziehungen hinausliefen – wie übrigens auch alle anderen kompetenten Politiker vor ihm – absolute Harmonie zwischen Bonn und Berlin im Grundsatz und im Detail, mit gewissen Einschränkungen bei Handelshemmnissen. Der Bonner Emissär versprach, sich für Überprüfung und Minderung bei den Ex- und Importbeschränkungen einzusetzen.

Es gab wenig später tatsächlich einige Erleichterungen, die Bonn verfügte, wenn auch das Entgegenkommen nur partieller Natur war.

Dennoch hatte er im gemeinsamen Wirtschaftsinteresse als einer der wenigen bundesdeutschen Partner Essentielles zur Sache gesagt.

So klang es bei Lintner: »Die verstärkten Bemühungen der DDR, markt- und preisgerechte Produkte für den bundesdeutschen Markt anzubieten, müßten ergänzt werden durch den Abbau von Handelshemmnissen, sowie durch neue Möglichkeiten der wirtschaftlichen Zusammenarbeit beider deutscher Staaten ... Die Cocom-Bestimmung ist zu aktualisieren mit dem Ziel einer Beseitigung der Produktliste und einer kürzeren Bearbeitungszeit der Anträge.«[113)]

Auf drei nachgefragte Aspekte ist besonders einzugehen. Sie beinhalten die eigentliche Brisanz: sowohl in unserem Gespräch als auch zugleich in den Realitäten der Beziehungen beider

Staaten zum ausgehenden Jahrzehnt. Was ist mit deutsch-deutschen Joint Ventures, ist die ablehnende Position Günter Mittags unverändert geblieben? So etwa die Frage Lintners, auf die zu antworten war: Ja, bislang keine Bewegung. Ich zuckte bedauernd mit den Schultern, aber auf Dauer müsse man sehen, wie sich die Dinge noch entwickeln könnten, da einflußreiche Manager der DDR-Wirtschaft immer fordernder nach Veränderungen verlangten. Dann eine nächste Nachfrage, diesmal zur dreiseitigen Kooperation auch mit dem Osten: Was wäre drin im Skat, könnte man salopp formulieren, fragte Lintner.

Die bundesdeutschen Angebote im Hinterkopf, die dringenden Bitten Moskaus nach gesamtdeutscher Unterstützung vor Augen, die bornierte Ablehnung jeglichen dreiseitigen Arrangements Bonn – Berlin – Moskau seitens der DDR-Führung *(Günter Mittag – Anm. d. Autors)* noch in den Ohren, andererseits das Interesse von DDR-Kombinaten, mit ihren westdeutschen Partnern auf Drittmärkten aktiv zu werden im Sinn, sprach ich mich prononciert nicht nur für ein übliches deutsches Zusammengehen überall dort in der Welt, zum Beispiel in den Entwicklungsländern, also wo Nutzen für die Sache entstehen konnte, aus, sondern nun auch für ein dreiseitiges Zusammengehen mit der bundesdeutschen Wirtschaft auf dem Territorium der UdSSR oder anderer RGW-Staaten.

Mir war in diesem Moment völlig klar, daß ich mich damit gegen ein absolutes Tabu der DDR-Führung gewandt hatte. Im RGW-Raum sollte es danach keine deutsch-deutsche Zusammenarbeit geben, bei der die DDR-Unternehmen zwangsläufig den Juniorpartner zu spielen hatten. Dennoch war ich von der Notwendigkeit dieser Kooperationsform, so sie auf wirtschaftlichen Nutzen orientiert war, überzeugt. Ich verwies auf bereits existierende Großprojekte, die verschwiegen wurden und auf Bonner Angebote, zum Beispiel auf Problemprojekte die Halbinsel Kola betreffend, aber auch auf andere ergebnisorientierte Vorhaben, die geprüft wurden. Lintner reagierte überrascht, da er wohl Derartiges offenbar noch nicht aus DDR-Sicht gehört hatte.

Schließlich kam ein weiteres heißes Thema im Ost-West-Konflikt zur Sprache: Cocom. Hier ging es um das Verbot des

Transfers von High-Tech an den Ostblock. Ich brachte meine kritische Grundüberzeugung ins Gefecht, die der generellen Position aller vom Embargo bedrängten Länder entsprach, und berief mich dabei auf Spitzenpolitiker und Top-Manager vor allem in Westeuropa, mit denen ein weitgehender Anti-Cocom-Konsens existierte. Dazu gehörten Umberto Agnelli von FIAT, Otto Wolff von Amerongen vom Ost-Ausschuß der Deutschen Wirtschaft, Lord Jellicoe von British Overseas Trade Council, der Philipps-Konzernchef und auch Resolutionen von Spitzengremien der internationalen Wirtschaft.

Ich brachte eine bis dato noch nicht sehr bekannte Variation zum Thema ein, die wir im IPW unter Federführung unseres langjährigen und international sehr erfahrenen Vizedirektors, Prof. Dr. Lutz Maier, kreierten. Es ging darum, Sicherheitserwägungen der USA und der NATO zu berücksichtigen und zugleich die Technologie-Exporte des Westens an den Osten zum Vorteil aller Seiten auszuweiten.

Die USA gingen davon aus, daß sich die sowjetische Rüstung über eine Anzahl von Kanälen, über Staaten wie Österreich, Schweden, Schweiz, Finnland, Südafrika und Israel mit westlicher Spitzentechnologie nach wie vor unbeschränkt versorgen ließ. Westliche Rüstungsunternehmen, Händler und Tarnfirmen belieferten gegen gutes Geld Moskau mit gesperrten, militärisch verwendbaren Ausrüstungen und know how. Eine der strategischen Zielsetzungen der USA, die UdSSR möglichst schnell im Rüstungswettlauf zu schwächen, konnte auf diese Weise nicht so rasch und effizient erreicht werden. Das Embargo zeigte Löcher en Gros.

Zum anderen brachte es der technische Fortschritt mit sich, daß immer mehr militärisch verwendbare Produkte auch für den zivilen Gebrauch mit Spitzentechnologien bestückt wurden, um höchsten Anforderungen des Marktes und Verbraucherwünschen entsprechen zu können. Dies betraf vor allem die Produkte und die Verfahrenstechnik im elektronischen Bereich für zivile Zwecke wie eine Anzahl von medizinischen Geräten sowie Schaltkreisen oder Ton- und Videotechnik. Diese »Dual-use-Technik« wurde nun sukzessive unter Cocom-Kuratel gestellt und fiel für den Ostexport nach und nach aus.

Die USA befürchteten weiter – und dies punktuell wohl auch nicht zu unrecht –, daß Lieferungen zum zivilen Gebrauch, etwa nach Ungarn, in die Tschechoslowakei oder in die DDR, geliefert wurden und diese dennoch auf Umwegen der UdSSR-Rüstungswirtschaft zur Verfügung standen. Man darf davon ausgehen, daß die »roten Brüder« Moskaus nicht selten gezielt für den großen Häuptling im Kreml das Verbotene im technologieschwangeren Westen heimlich akquirierten.

Große, spektakuläre Technologie-Deals kamen seinerzeit offiziell nicht mehr zustande. Zum Symbolfall des Skandals wurde Mitte der 80er Jahre eine für Ungarn vorbereitete neue elektronische Anlage, die im Budapester Telegrafenamt installiert werden sollte, aber von Standard Electronik Lorenz (SEL) wegen Cocom-Verweigerung nicht geliefert werden durfte. Jeder, der in der zweiten Hälfte der 80er Jahre in der ungarischen Hauptstadt einen Telefonanschluß suchte, wußte über die Dringlichkeit dieses Anliegens für die Donau-Metropole. Unser Vorschlag lief nun auf folgendes hinaus:

Sollten die USA besorgt sein, daß High-Tech-Erzeugnisse etwa aus einer von SEL rekonstruierten Telefonzentrale hinter den Ural in die russische Raketenausrüstung verschleppt werden, könnte man dies bei internationalen Kontrollen seitens neutraler Experten, in Budapest leicht feststellen. Einem solchen Vorschlag nach Technologiekontrollen »vor Ort« lag der gerade von den Supermächten beschlossene und inzwischen praktizierte Kontrollmechanismus für Anlagen der Atomrüstung oder für Raketensilos zugrunde. Warum sollte, was im militärischen Bereich funktionierte, nicht auch dem zivilen Zweck dienen dürfen?

Ich versuchte im Gespräch mit Lintner dazu noch ein bißchen Lokalkolorit hineinzubringen, zumal ich davon gehört hatte, daß elektronische Steuerungsanlagen für Großwäschereien in der DDR tatsächlich eingekauft werden sollten, die ebenfalls auf der Cocom-Liste standen. Ich meinte, daß es ja dann für die internationalen Cocom-Kontrolleure ein Leichtes sein müsse, diese bei Rewatex in Berlin-Spindlersfeld zu verifizieren, oder sie im Falle von Abwesenheit bei der Roten Armee und deren Raketen hinter dem Ural zu vermuten.

Lintner hatte diese Probleme – die zwar keine Lösung, aber Erleichterungen bringen konnten –, selbstredend voll begriffen. Auch Dr. Lucas hatte das Ziel erkannt:

– deutsch-deutsche Kooperation, soweit wie nur irgend möglich, auf jeden Fall mit realistischem Blick fürs Machbare;

– Joint Ventures auf Mittags strengste Weisung noch nicht – vielleicht später;

– dreiseitige Kooperation möglicherweise auch mit der UdSSR ansteuern, auch wenn es Günter Mittag noch nicht up to date fand und

– Cocom-Technologiekontrollen »vor Ort«, wie beschrieben.

Man versicherte sich allseits volle Zufriedenheit, bedankte sich für das Gespräch und versprach, sich in Kürze wieder zu sehen. Doch die Journalisten, die als Hofberichterstatter des MdB mit am Tisch saßen?

Ich fragte sie noch einmal, ob Ihnen die brisante Thematik klar geworden wäre und bat um korrekte Wiedergabe. Nur zwei Tage danach, also kurz vor der Leipziger Herbstmesse, erschien »Die Welt« mit einer betont großen Aufmachung auf ihrer Wirtschaftsseite mit dem Tenor: »DDR schlägt Joint Ventures mit Bonn in der UdSSR vor.«[114)]

Abgesehen davon, daß der Korrespondent mich mit der offiziellen DDR gleichgesetzt hatte, waren meine Ausführungen zudem absatzweise extrem verballhornt und mußten zudem von der kompletten DDR-Führungselite als Provokation empfunden werden. Was war da alles in der »Welt« zu finden?

– Die DDR sei für Joint Ventures;

– die DDR wäre zudem für Joint Ventures mit Bonn zusammen auf dem Territorium der UdSSR;

– die USA sollten doch mit internationalen Inspektoren nachsehen, wo die DDR ihre schmutzige Wäsche wäscht – eine total verballhornte Darstellung des ungewöhnlich schwierigen Transfer-Aspekts.

Lintner meinte – als ich mich über das Presseecho in der »Welt« beklagte – ich solle dies nicht so streng zu sehen, ihm passiere dies auch ab und an und am Tag danach wäre sicher

Gespräch mit Ernst Stock, Generalsekretär des Wiener Rates

schon alles wieder vergessen. So kurzlebig sei gottlob nun einmal die Zeit.

Dr. Lucas, mit dem ich ebenfalls kurz nach der IPW-Runde zusammentraf, sah infolge seiner ständigen DDR-Nähe die Sache schon anders: Er fand die »Welt«-Berichterstattung unseriös, sprach eine Quasi-Entschuldigung aus und tröstete mich, daß er ja einen wahrheitsgetreuen Bericht für seinen Chef, Herrn Bräutigam, verfaßt hätte und auch das Bundeskanzleramt entsprechend informiert sei. Die Ständige Vertretung würde hinsichtlich des Wahrheitsgehalts meiner wirklichen Erklärungen hinter mir stehen und sich, wenn nötig, für mich verwenden. Notfalls würde man auch gegenüber der DDR-Führung klärend wirken.

Im IPW liefen zunächst einmal am Tag der Veröffentlichung die Drähte heiß: Kritik vom »Büro Mittag«: Wie konnte das passieren? Wer hat Nitz dazu die Erlaubnis gegeben? Intervention des DDR-Außenministeriums: Man wolle den genauen Sachverhalt wissen, um gegebenenfalls Schritte einzuleiten. Mittag und seine Adepten sollen sogar den DDR-

Minister Gerhard Beil gefragt haben, mit wem er sich umgeben würde.

Weit anders dachte man in einigen DDR-Experten-Etagen, wo man mir im wesentlichen zu meinem Mut gratulierte. Kollegen fragten mich sogar, ob diese Kreation jetzt die neue Linie der Führung wäre. Doch einige Subalterne reagierten auch ganz anders. In der Führungsspitze der SED-Parteihochschule wurde mein »Interview« in den Bereich des Revisionismus verdammt.

Noch Übleres wurde mir von einem ansonsten völlig unbeteiligten Zeitgenossen hinterbracht, der, als stellvertretender Direktor eines Instituts, Günter Mittag unterstand. Auf einem gemeinsamen Flug nach Moskau machte er mir gegenüber erst einmal einige doppeldeutige Auslassungen zum »Welt-Interview«, um dann fortzusetzen: »Stell Dir vor, nach dem Artikel waren zwei Mann aus einer nicht genannt sein wollenden ›Firma‹ da und fragten: ›Wer ist eigentlich Nitz?‹.« Die Abwehr würde ermitteln.

In den späten 80er Jahren machte der Annäherungsprozeß der Deutschen enorme Fortschritte: Reiseverkehr, Kulturaustausch, enger werdende wirtschaftliche Kooperation wurden durch die Arbeit der beiden deutschen Regierungen weiter vorangebracht. Dennoch: Das innenpolitische Klima wurde angespannter.

Auch durch die fehlenden wirtschaftlichen, sozialen und demokratischen Reformen betrieb die realitätsferne DDR-Führung um Honecker ihre politische Selbstauflösung.

Nach der letzten Expansion der Volkswirtschaft in der ersten Hälfte der 80er Jahre ging die DDR nun in Richtung Bankrott. Die ansteigende Auslandsverschuldung war ein Symptom für die immer ineffizienter werdende Planwirtschaft, die an sich nicht mehr expansiv und ausreichend innovativ war. Sie kam mit den Forderungen, die der wissenschaftlich-technische Fortschritt stellte, die Umwelt verlangte und der internationale Wettbewerb wollte, nicht mehr zurecht.

Die DDR war auch nach östlichen Werten und Gesamtinteressen zu beurteilen, sie war an der Spitze der RGW. Dieser

Staat mußte, wenn seine weitere politische Labilität für die Kräftebalance zwischen Ost und West nicht zum unkalkulierbaren Risiko werden sollte, von innen und außen weiter stabilisiert werden. Destabilisierungsversuche von außen mußten im Interesse geordneter Verhältnisse an den Grenzen der Blöcke zurückgewiesen werden. Segmente der Bonner Regierungspolitik folgten – wie wir noch sehen werden – diesen Überlegungen.

Eigentlich ging es darum, einen Rahmen aufzubauen, zu aktivieren und zu akzeptieren, in dem sich diese Prozesse kontinuierlich, überschau- und berechenbar vollziehen konnten.

Natürlich war ich Ende 1988, im Sommer und Frühherbst 1989 für die Ausgestaltung der von der Mehrheit der Interessierten sehnlichst gewünschten Szene sehr zu haben. Es ging um den schillernden Begriff des »gemeinsamen europäischen Hauses«, der seiner Ausfüllung bedurfte.

Wie entwickelten sich die Vorstellungen des »gemeinsamen europäischen Hauses?« Natürlich gab es solche Ansichten seit geschichtlich langer Zeit. Hin und wieder wurden sie auch artikuliert. Von Papst Pius XII wird berichtet, schon im 14. Jahrhundert hätte er Europa als »unser eigenes Haus« erwähnt. Im 17. Jahrhundert ging es um den Entwurf einer »europäischen Konföderation« des englischen Quäkers William Penn, in die er auch die Moskoviter einschließen wollte – ein Europa vom Atlantik bis zum Ural. Am Anfang des 20. Jahrhunderts wurde über die »Vereinigten Staaten von Europa« gestritten. 1981 griff Breshnew in seiner Rede in Bad Godesberg den Begriff »das gesamteuropäische Haus« auf, ohne seinen Inhalt zu erklären.

Nach 1985 hatte dann Gorbatschow die faszinierende Vorstellung, der sie mit neuem Denken, einer weitgehenden Interdependenz von Kontinent und »Ganzheitlichkeit der Welt« verknüpfte. Er stellte die allgemein menschlichen Interessen, den Wohlstand und die Freiheiten der Bürger über die Interessen von einzelnen sozialen Klassen, Systemen, Nationen und Staaten.

Dabei war seine Politik einmal auf den Abbau des Ost-West-Konflikts und zugleich auf grundlegende gesellschaftliche Veränderungen im eigenen Machtbereich orientiert.

Diese Veränderungen, auch die Gewinnung von mehr militärischer und politischer Sicherheit, waren um die Begriffe Perestroijka und Glasnost gruppiert. Begriffe, die auch für Wirtschaftsreformen, Freiheiten für die Bürger, die Wahrung der Menschenrechte, Demokratisierung, also für innere Reformen standen.

Dieser Prozeß mußte über kurz oder lang zum politischen Pluralismus führen und so zur Erosion des erstarrten Ostblocks. Doch die Veränderungen im politischen System Osteuropas waren notwendig, wenn es denn für ein politisch pluralistisches und marktwirtschaftliches Europa kompatibel werden sollte.

Unter diesen Bedingungen löste sich die »deutsche Frage« in Richtung eines marktwirtschaftlichen und politisch pluralistischen Gesamtdeutschlands. Oder waren zwei Deutschlands, beide marktwirtschaftlich und pluralistisch gestrickt, nebeneinander existierend, auf längere Zeit vorstellbar? Doch nur so lange, wie die sowjetische Machtpolitik und der Atomschirm dies wollten. Wenn aber die Moskauer Zentrale sich anders besann und den zweiten deutschen Staat nur noch als seine außenpolitische Manövriermasse ansah?

Die Frage in dieser Zeit der Gorbatschow-Politik war, wie sich der Weg gestalten ließ, um beide deutsche Staaten gleichberechtigt und ohne allzu große Reibungsverluste aufeinander zuzuführen. Das mußte geschehen, ohne die Partner im Westen durch deutsche Großmannssucht zu erschrecken und die Konservativen in Moskau an die Macht zu bringen.

Eine tragende Konstruktion für das Haus Europa lag in umfassenden Aktivitäten in politisch-militärischen, wissenschaftlichen, wirtschaftlichen und humanitären Bereichen, die Gorbatschow stützen sollten. Neben den verschiedenen Facetten der Sicherheitsfragen wurden gerade die wirtschaftlichen Grundlagen des »Gemeinsamen europäischen Hauses« 1988/89 heftig diskutiert und es schälten sich immer mehr und neue Gesichtspunkte heraus. Ich hatte die Gelegenheit im »Haus Rissen«, auf einem Kongreß der Lübecker Draeger-Stiftung in Malente, einem Treffen von Experten kleinerer europäischer Länder in Berlin auf EG-Seminaren in Athen und Hamburg zu sprechen.

Aufgabe war die etappenweise Schaffung eines kontinental und international verflochtenen Wirtschaftskomplexes der Länder Europas und ihrer multilateralen Integrationsgruppierungen, die durch die Veränderung der nationalen osteuropäischen Volkswirtschaften in Richtung Marktwirtschaft und die Forcierung der internationalen Zusammenarbeit gestaltet werden sollten.

Ich setzte mich für die Herausbildung eines gesamteuropäischen Marktes ein, und zwar im Sinne einer gesamteuropäischen Freihandelszone, wobei die RGW-Länder einen starken Nachholbedarf aufwiesen.

Zum zweiten ging es unter den Bedingungen eines sich herausbildenden Konzepts von ökonomischer und allgemeiner Sicherheit um mehr substantielle Vernetzung von Unternehmen und Institutionen in wirtschaftliche Entwicklungsprozesse. Als Bereiche wurden Konversion, Umweltvorhaben, der internationale Ausbau des Schienennetzes, europäische Wasserwegeverbindungen und ein europäisches Energieverbundsystem genannt.

Zum dritten wären gesamteuropäische Institutionen zu schaffen, die diese kontinentalen Strukturen auch institutionell und systemübergreifend zu steuern hätten.

Viertens sollten die wichtigsten Bereiche der Zusammenarbeit neu definiert werden. Dazu gehörten Umweltschutz, Technologien, Mikroelektronik, Verwertung der Rohstoffreserven und agroökonomische Entwicklungen.

Wir brauchten dazu den freien Austausch von ökonomischen und statistischen Informationen und die Vereinheitlichung von Normen und Standards. Das verlangte ferner den freien Technologietransfer, die Kooperation der Unternehmen in der Produktion, im Dienstleistungsbereich und den Austausch von Lizenzen und Dienstleistungen und in den Bereichen der Vermarktung.

Weiter ging es um ein Management in europäischen Dimensionen. Denn wie ich damals im »Haus Rissen« sagte: »Ökonomische Sachzwänge (z.B. zur Leitung und Lenkung von Gesamteuropäischen Strukturen, Energieverbund, Verkehr usw.) verlangen eine ökonomische und flexible Steuerung durch ein multilateral arbeitendes Management, – es entstehen wirtschaftliche Zwänge aus ökonomischen Interessen nach Kenntnissen um Märkte, Konditionen und Chancen der anderen Seite sowie der wirtschaftlichen Machart des anderen, ein enormer Bedarf an Wissen und Training.

Der Vorschlag lautet *(Umberto Agnelli – Anm. d. Autors)*: eine gesamteuropäische, also Ost-West Management-Akademie, vielleicht in Kooperration mit anderen Ländern (Filialen).

Letztlich war an vielfältige Finanzierungen zu denken, denn der Geldbedarf war horrend. Die Summen der Außenverschuldung der RGW-Länder bewegte sich von 100 Milliarden Dollar 1985 auf 150 Milliarden Dollar 1989. Es ging um gänzlich neue Finanzierungsbedingungen, um die Schaffung einer europäischen Entwicklungsbank nach dem Vorbild der deutschen Kreditanstalt für den Wiederaufbau. Dabei sollten alle potenten und interessierten Finanzinstitutionen mit anpacken, denn die Außenverschuldung der DDR betrug zum Beispiel 50 Millionen Dollar. Doch die für die Grundsanierung der DDR notwendige Summe setzte ich in einem Vortrag Ende 1989 mit »vielen hundert Milliarden, vielleicht einer Billion« an. Dies wurde bei Erhaltung der ostdeutschen Industrie- und Landwirtschaftsstruktur, also ohne Zerstörung durch die Treuhandanstalt, mit zunehmend eigener Wertschöpfung und Fortexistenz der Märkte im Osten, kalkuliert.

In dieser Phase hielt ich an der Existenz einer auf Reformen zusteuernden DDR fest, damit auch an den Paktsystemen in Europa. Im »Haus Rissen« sagte ich dazu:

– »Staaten unterschiedlicher Ordnung sind eine Realität in Europa, über deren innere Gestalt nur sie alleine befinden können;

– ihr Anderssein ist also wechselseitig a priori zu respektieren;

– unter den gegebenen Umständen kann man Veränderungen des anderen (und zudem noch etwa nach seinem eigenen Bilde) nicht zur Voraussetzung für die Zusammenarbeit beider Seiten machen oder gar Asymetrien in den ökonomischen Potentialen zur Verwundbarkeit der anderen Seite nutzen, wenn man nicht etwa den anderen destabilisieren will,

Rückschläge im Entspannungsprozeß auf lange Sicht in Frage stellen und umkehrbar machen könnte und Reformpolitik des Warschauer Vertrages in konfrontatives Blockdenken und -handeln zurückführen würde, – mit allen nichtgewollten Konsequenzen ... So gesehen ist nicht zuletzt die Bereitschaft zu produktiven Kompromissen ein unentbehrliches Element für die Architektur eines Gemeinsamen europäischen Hauses;

– darauf fußend wäre die Zusammenarbeit als eine objektive Notwendigkeit für Wachstum und Intensivierung der Beziehungen zu begreifen, die der politische Wille zum beiderseitigen Vorteil gestalten und nutzen muß.«

Ich denke, es wird niemanden wundern, daß ich mir diese Positionen zueigen machte und sie mit Vehemenz vortrug, sah ich doch schon die Annäherung der Deutschen und die Reformen in der DDR erneut in die Ferne rücken.

Vor allem seit 1988 bis in die Zeit der Wende hinein führte ich eine Anzahl von Gesprächen mit Experten und Politikern aus Berlin-West, die die Forcierung der wirtschaftlichen Zusammenarbeit mit der DDR zum Ziel hatten. Sie waren nicht selten im Umfeld von Verhandlungen, die Erich Honecker mit den Regierenden Bürgermeistern von Berlin-West, Eberhard Diepgen oder Walter Momper führte. Es kam darauf an, die

– Voraussetzungen für eine vertiefte Wirtschaftskooperation der Hauptstadt der DDR mit der westlichen Stadthälfte zu prüfen und
– Vorschläge dafür wissenschaftlich zu erarbeiten.

Hintergrund für dieses Anliegen beider Seiten war der noch immer schwach entwickelte Handel und die gering ausgeprägte Kooperation. Gemessen an der wirtschaftlichen Bedeutung West-Berlins war der Anteil der Stadt am innerdeutschen Handel erheblich unterbelichtet, am Außenhandel von Berlin-West betrug der Warenverkehr mit der DDR nur wenige Prozent.

Die DDR-Führung behandelte Berlin-West auch wirtschaftlich lange Zeit wie ein besonderes Territorium oder als »dritten deutschen Staat«, der »nicht Teil der BRD sein dürfe und von ihr nicht regiert werden darf«. Man fürchtete immer

Konflikte; mal mit den Sowjets im Schatten einer diskontinuierlichen Deutschlandpolitik. Denn zu bestimmten Zeiten sollte eine Lockerung der Beziehungen zum wirtschaftlichen Austrocknen der westlichen Stadthälfte beitragen, mal scheute die DDR längerfristige wirtschaftliche Kooperationen, um in Krisenzeiten von der westlichen Stadthälfte nicht abhängig zu sein. Der Wert von Berlin-West als Wirtschaftsfaktor und Produktionsstandort wurde zudem zeitweilig in der DDR-Spitze nicht sonderlich leistungsstark bewertet. Im Zuge des politischen Entspannungsprozesses verzichten die politischen Führungskreise in Ost- und West-Berlin dann doch darauf, ihre gegenseitigen Beziehungen länger zu blockieren. Man wollte gegen Ende des Jahrzehnts aus intensiveren Wirtschaftsbeziehungen beiderseitig ökonomischen Nutzen ziehen. Dies entsprach übrigens auch der Gedankenwelt der Aliierten beider Seiten, die die Lage in und um Berlin immer weiter entkrampfen und normalisieren wollten.

Eines Tages, 1987 erschien im IPW eine Delegation der Sozialistischen Einheitspartei Westberlin unter der Führung eines Wirtschaftssekretärs und einigen Wirtschaftsexperten. Es ging um die Positionen von Berlin-West zur EG und zum wirtschaftlichen Umfeld DDR. Ziel des Gesprächs war es, für die westberliner Wirtschaft nach Wegen zu suchen, wie wirtschaftliche Beziehungen nach außen besser entwickelt werden könnten. Die SEW vertrat in den Positionen zur Wirtschaftszusammenarbeit mit der DDR annähernd gleiche Haltungen wie die etablierten Partein und des Senats von Berlin. Es wurde aus Papieren zitiert, die eigentlich gar nicht mit dem Tenor von bekannten SEW-Unterlagen übereinstimmten. Dies war übrigens bis dahin das erste Gespräch, das ich während meiner zwanzig Jahre währenden IPW-Zeit mit einem Funktionär einer »deutschen Bruderpartei« zu führen hatte.

Nur wenig später gab es eine zweite Begegnung, die in ihrer Bedeutung weitaus höher anzusetzen war. Es bewarb sich ein mir bis dato nur dem Namen nach bekannter Professor an der Freien Universität in Berlin-Dahlem, nämlich Peter Kisker, um einen Termin zum Thema. Dieses erste Arbeitstreffen fand zunächst in seinen Institutsräumen in Berlin-Lichterfelde, später auch im Ostteil statt. Wir wurden uns übrigens auch sehr schnell einig, was zu tun sei und wie es zu machen wäre. Es gab beim »Basteln« an der wirtschaftlichen Flanke der deutschen Beziehung in den letzten Jahren vor der Wende kaum noch einen Dissens. Der offizielle Hintergrund unserer Arbeit sollten Grundlagenvertrag und Abkommen über den innerdeutschen Handel sein, in dem alle diffizilen Statusprobleme vorsorglich ausgeklammert waren. Das Projekt erhielt den Arbeitstitel: »Wirtschaftsbeziehungen DDR-BRD unter Einschluß der Rolle von Berlin-West unter dem Einfluß der Politik der Vollendung des EG-Binnenmarktes.« Die Grundlinien der Arbeit, die gemeinsam formuliert wurden, bewegten sich in folgende Richtung:

– Der politische Wille zur Entwicklung der wirtschaftlichen Zusammenarbeit in gesicherten politischen Rahmenbedingungen wurde vorausgesetzt.

– Es sollte ein starker Handel und eine vielfältige Kooperation zum gegenseitigen Vorteil angestrebt werden, wobei es um alle nur denkbaren Formen und Modell ging.

– Negative Wirkungen aus der Politik der Vollendung des EG-Binnenmarktes waren zu minimieren.

– Es sollten alle nur denkbaren Bereiche einer Kooperation ins Visier genommen werden: Handel, Industrie, Landwirtschaft, Technologietransfer, Kooperation auf dritten Märkten, Umweltschutz, Verkehr, Touristik und Institutionalisierungen.

– An besonders signifikanten Beispielen sollte der konkrete Nutzen im Einzelfall dargestellt werden.

– Es war eine weitere Überlegung, das Projekt in einen gesamteuropäischen Kooperationsrahmen einzubinden, da ja nur darin der deutsche Konföderationsgedanke gedeihen konnte.

– Unter sich bessernden politischen Rahmenbedingungen sollte ein Wirtschaftsverbund anvisiert werden.

Für eine Finanzierung des gemeinsamen Forschungsprojektes kam die Volkswagen-Stiftung in Frage, die damit zum ersten Male ins deutsch-deutsche Sponsoring gehen wollte. Denn weder FU noch IPW hatten zur Realisierung der Ideen einen ausreichenden finanziellen Hintergrund.

Die Vorbereitungsarbeiten zum Projekt waren schon 1988 weit vorangeschritten. Kisker hat bereits intensivere Gespräche mit der VW-Stiftung geführt. Er nannte Dr. Hagen Hof als leitenden Referenten für diese Fragen sowie Frau Dr. Junkers und einen Dr. Schmidt. Ein Gespräch mit dem Generalsekretär der Stiftung, Möller, stand ins Haus.

Kisker konnte inzwischen vor allem mit führenden Politikern des Senats und der Koalitionsparteien die Möglichkeiten einer Wissenschaftskooperation mit dem IPW überlegen, die dies initiierten und unterstützten. Zu den Politikern gehörten: Walter Momper, Harri Ristock, Europa-Senatorin Pfarr, Wirtschaftssenator Peter Mitzscherling, Umweltsenatorin Schreyer und leitende Beamte in der Senatsverwaltung für Wirtschaft sowie Mitarbeiter der Hans-Boeckler-Stifung des DGB. In der Studie sollten nach Meinung der FU-Partner folgende Fragen genauer untersucht werden und einen wesentlichen Teil des Inhalts bilden:

1. Ökonomische Interessenlagen der beiden Seiten.
2. Formen und Methoden der ökonomischen Zusammenarbeit.
3. Neue Bereiche der Zusammenarbeit wie
   - Technologien (Maschinenbau, Elektronik)
   - Energieverbund
   - Umweltschutzprojekte, insbesondere Technologien
   - andere Großprojekte gemeinsamen Interesses
   - Rolle der kleinen und mittleren Betriebe.
4. Vertrauensbildende ökonomische Maßnahmen wie
   - Forderung nach Abschaffung von Cocom
   - Aufhebung westlicher Handelsbarrieren.
5. Minimierung der negativen Wirkungen des EG-Binnenmarktes und Behandlung der Chancen unter Wahrung der spezifischen deutsch-deutschen Positionen.

Dies alles müßte als Antrag an die VW-Stiftung formuliert werden. Die Arbeiten sollten (mit Zwischenresultaten) 1992/93 abgeschlossen sein, an die politischen Entscheidungsebenen gehen.

Ich war darauf aus, daß Gerhard Beil für die inhaltlichen Fragen, um die es ging, die politische Verantwortung übernehmen möge. Doch im Unterschied zu den verflossenen Zeiten, da ich ihn entscheidungsfreudig kennen- und schätzengelernt hatte, war er im Sommer 1989 annähernd zögernd und übersensibilisiert. So waren wir zwar über die inhaltliche Seite der Sache zumindest nicht unterschiedlicher Meinung, meinte jedoch zum Abstimmungsverfahren annähernd wörtlich: »Wer soll denn hier überhaupt noch eine Verantwortung übernehmen? Weißt Du, wer überhaupt diese Zusammenarbeit will oder nicht?« Er wirkte resigniert und um die Klärung von Sachfragen und Zukunftserwartungen geradezu bekümmert.

Dies wirkte sich natürlich auf unsere Positionen vordergründig hemmend aus, mahnte mich zur Vorsicht, aber deprimierte mich dennoch nicht, da ich die Projekte »Berlin-West« und »Europa« im bestätigten Forschungsplan meines Arbeitsbereiches wußte.

So gingen wir weiter an die Arbeit. Zudem waren die Projekte zwar politikberatend, sie unterlagen jedoch, wie ausdrücklich zwischen Kisker und mir besprochen, keinem Auftrag des Senats oder von DDR-Regierungsinstanzen. Durch »seine Schreibtischtäter« wurde Wirtschaftssenator Mitzscherling vom Vorhaben informiert. Außerdem gab es zwischen Mitzscherling und Kisker Direktkontakte. Kisker informierte zudem seine »alte Bekannte« Ilse Brusius im DGB-Vorstand, Düsseldorf, die für die VW-Stiftung kompetent ist. Zudem führte ich zur Messe in Leipzig noch ein persönliches Gespräch mit Wirtschaftssenator Mitzscherling, der »Bedenken in sich trug«, allerdings nicht zur Sache, sondern gegenüber Prof. Kisker.[115)] Er schien ihm offenkundig zu weit »links« und nicht genug auf die moderatere Senatslinie eingeschworen. Ich versprache ihm, dafür Sorge zu tragen, daß es nicht zu »Ausrutschern« kommen werde und wir auf Senatskurs bleiben würden.

Ende 1989 erübrigte sich jedoch die weitere Arbeit. Inzwischen wird der Streit um einen gemeinsamen Wirtschaftsraum, in dem gerade Berlin eine hervorragende Rolle spielen könnte, mit total veränderten politischen Vorzeichen weitergeführt.

Deutsche Zusammenarbeit in der Wendezeit

Im Oktober 1989 reisten meine Stellvertreterin und ich aus Malente ab. Die Endzeitstimmung des DDR-Systems hatte uns noch deutlicher als in den Wochen zuvor erfaßt. Jüngster Anstoß war die überraschende und vorzeitige Abreise von zwei der prominentesten Mitglieder unserer Delegation, die zu den absoluten Topmanagern im Außenhandelsbereich der DDR zu zählen waren. Alle DDR-Leute gingen in Malente ohnehin davon aus, daß in allerkürzester Zeit Honecker und einige andere Spitzenfunktionäre »kippen« würden. Jetzt war es offenbar soweit. Man hatte die auf Flexibilität der Wirtschaft drängenden Manager urplötzlich in die Zentrale nach Berlin gerufen, wo im Politbüro und im Zentralkomitee der SED gerade wichtige Entscheidungen über die alte und die neue politische Spitze gefallen waren und Einzelheiten des Revirements ausgehandelt wurden.

Wie man mir hinter vorgehaltener Hand zu verstehen gab, ging es um die 10. Tagung des Zentralkomitees und um den Sturz der Führungstroika. Auch die neue Mannschaft wurde schon gehandelt. Da auch Mittag seinen Job verlieren sollte, mußten zwei seiner Kritiker zur Zentrale. Neue Namen wurden zwar noch nicht offen genannt, aber man wußte, um wen es gehen könnte. In der Zeit zuvor hatten wir intern die meisten Varianten bereits durchgespielt und zwingend erforderliche Kurskorrekturen in Richtung Reformpolitik und Marktöffnung überlegt.

Einen Tag vor dem Sturz Honeckers fuhren wir noch nicht nach Berlin zurück, sondern machten uns erst einmal auf den Weg, um weitere Einladungen in Bonn und Köln abzuarbeiten. Bundesverband der Deutschen Industrie, Bundeswirtschaftsministerium, Ostausschuß der Deutschen Wirtschaft und Deutscher Industrie- und Handelstag hießen die Adressen unserer Gastgeber. Im Firmenhaus war dabei eine Stippvisite bei Wolff und Arendt Oetker, im Haus des BDI bei meinem Dauerpartner Fink und dem Ministerialrat Homann angesagt. Wir wollten eine Bilanz über die Wirtschaftsbeziehungen zwischen den beiden deutschen Staten ziehen und zugleich überlegen, wie wir es nach dem in Gang gesetzten Machtwechsel in Berlin mit den beiden deutschen Staaten auf dem Handels- und Kooperationsgebiet zu halten hätten.

Doch so weit waren wir noch nicht. Wir warteten erst einmal stündlich auf offizielle Nachricht aus Berlin, die den Sturz des inneren Führungskreises auch der Öffentlichkeit kundmachen sollte. Dies hätte den neuen Hintergrund für unsere Diskussionen abgegeben und die Gesprächsinhalte vorangebracht. Unsere Gastgeber aus der Draeger-Stiftung hatten uns eine Hotelunterkunft in Lübeck reserviert. Eine Bitte wurde dabei gleich erfüllt: unbedingt ein Fernsehgerät wenigstens auf einem unserer Zimmer.

Spät am Abend kam dann die Sendung aus Berlin-Adlershof: die Ablösung Honeckers und der beiden Spitzenfunktionäre, die sich vor allem unter den DDR-Insidern in Wirtschaftsetagen, Redaktionen und Studios mehr als unbeliebt gemacht hatten: Günter Mittag, der für die immer miserabler funktionierende Wirtschaft verantwortlich zeichnete und Joachim Hermann als Zuchtmeister der DDR-Massenmedien.

Der Sturz weiterer hoher Würdenträger deutete sich an. Mit dem Abgang von Mittag und Hermann wurde die gesellschaftliche Grundstruktur der DDR in Frage gestellt. Die stalinistische Kommandowirtschaft und die undemokratisch gleichgeschalteten Medienlandschaften wurden damit aufgehoben. Jetzt konnte es auf diesen Gebieten prinzipiell nur anders gehen, in Richtung Marktwirtschaft und Demokratie, einschließlich Pressefreiheit.

Die Inthronisierung des langjährigen Honecker-Kronprinzen Egon Krenz war keine Überraschung, aber zugleich wurde klar, daß die Tage seiner Macht bereits gezählt waren. Zwar war der Schlachtruf der Bürgerbewegung in Berlin aus den nachfolgenden Tagen »Egon Krenz, wir sind die Konkurrenz« noch nicht geboren, doch hielten wir vor dem Bildschirm in unserer Lübecker Herberge auch Ausschau nach Hans Modrow oder einem anderen Hoffnungsträger. Dann der Fernsehauftritt von Krenz, der neuen »Nr. 1«: Was die Bürger der DDR wirklich interessierte, blieb unbeantwortet. Der neue Repräsentant strahlte auch persönlich nicht die Zuversicht und die erforderliche Größe aus, um den Zug in Richtung einer besseren DDR steuern zu können. Es schlich sich bei uns erneut die Sorge ein, ob diese DDR überhaupt reformierbar sei. Wir waren uns darum im ersten Urteil über die Rolle von Egon Krenz schnell einig. Das konnte nur ein Intermezzo in eine neue Zeit sein!

Mit Blick auf unsere Gespräche, die wir in den folgendenTagen zu führen hatten, schrieben wir schnell auf, wo aus unserer Sicht vordringlicher Klärungsbedarf bestand. Das waren unter anderen: Der weitere Annäherungsprozeß der beidern deutschen Staaten; das von Erich Honecker vernachlässigte Thema des gemeinsamen europäischen Hauses; die Reformvorstellungen in Wirtschaft und Demokratie – wenn auch in hohem Maße konzeptionell unterbelichtet. Hier schien uns der Nachholebedarf am höchsten zu sein; die Kooperationsbereitschaft der DDR gegenüber der Bundesrepublik, die ja unser spezielles Thema war und der tatsächlich einige Sätze gewidmet waren.

Am nächsten Tag fuhren wir weiter in die Metropolen am Rhein. Die Wirtschaftsführer und Manager, die ich traf, waren über die Vorgänge in der DDR erstaunt. Mit dem Abgang Erich Honeckers aus Krankheitsgründen hatte man gerechnet. Aber der Hinauswurf von Günter Mittag rief Überraschung hervor. Mir fiel diesbezüglich ein, daß so mancher Spitzenmanager im Westen Mittag geradezu als einen der Ihren betrachtete und auch als möglichen Honecker-Nachfolger favorisiert hatte. Jetzt war die Haltung abwartend.

Die nächste Adresse lag am Gustav-Heinemann-Ufer in Köln. Im Haus des BDI scherzte Ministerialrat Homann, daß wir beide die Erfinder und ersten Formulierer der innerdeutschen Kooperation seien. Doch schnell kamen wir zur Sache.

Mein Konzept war, alle nur denkbaren Formen der Kooperation anwenden und zugleich den weiteren Abbau der Handelsbeschränkungen anzustreben. Schließlich wolle die DDR vor allem deren Handel mit der Bundesrepublik weiter intensivieren. Nun auch Joint Ventures, soweit ökonomisch sinnvoll, Direktinvestitionen, und dabei wären zugleich generelle und punktuelle ernsthafte Schritte in die Marktwirtschaft zu gehen. Es ging um eine wirtschaftliche Verklammerung der beiden deutschen Staaten.

Er übergab mir einen Redeentwurf des Ministers Hausmann. Der Tenor lief auf eine weitere Vertiefung deutsch-deutscher Wirtschaftskooperationen hinaus. Es waren alle Fragen formuliert, deren Lösung ohnehin anstand. In der konkreten Sachaussage war allerdings der erste Machtwechsel in der DDR nur bedingt, fast am Rande wahrgenommen. Homann beklagte auch diesbezüglich, daß man ihm diese Passagen der Krenz-Rede aus Berlin noch nicht übermittelt hätte. Die Position Hausmanns wurde schließlich noch präzisiert und vom Minister auch so vorgetragen.

Weiterhin wurde uns eine Reduzierung der Handelshemmnisse, gegen die wir gemeinsam mit bundesdeutschen Unternehmen seit Jahren zu Felde gezogen waren, angekündigt. Schließlich kamen wir zu zwei ganz wesentlichen Punkten deutsch-deutschen Miteinanders: Wie geht es mit der EG weiter, und wie werden die KoKo-Firmen bewertet?

In einem Fernsehinterview am 22. März 1994 *(Spiegel-TV-Report – Anm. d. Autors)* verweist Schalck darauf, daß sein Firmen-Imperium in den einschlägigen Instituten der Bundesrepublik seit vielen Jahren bestens bekannt sei. Der Bundesnachrichtendienst, dem Bundeskanzleramt direkt unterstellt, »war informiert« und die KoKo-Szene wäre »in Pullach seit langem ein offenes Geheimnis.«[116)]

Er zitiert dabei Berichte von Diensteinheiten des MfS, denen zufolge die Aufklärer des Markus Wolf und des Generalleutnants Kratsch von den Resultaten der geheimen Recherchen der bundesdeutschen Späher selbst über Einzelheiten des KoKo-Bereiches wie Briefkastenfirmen, Verhandlungsergebnisse, kommerzielle Zusammenhänge, Personal- und Organisationsstrukturen wußten und darüber berichtet hätten. Überläufer aus den Führungsetagen in den Schalck-Unternehmen komplettierten diese Erkenntnisse weiter und dies bis in die intimsten Details hinein. Warum dies hier angeführt werden soll? Weil sich die Vertreter der Bundesregierung auch noch in jüngerer Zeit zum Thema weitestgehend unwissend dargestellt haben und damit negative Folgen für die Öffentlichkeit und die Zusammenarbeit deckeln wollten.

In diesem Zusammenhang fiel mir sofort das Gespräch ein, das ich im Oktober 1989 in Köln mit dem Ministerialrat Homann vom Bundeswirtschaftsministerium hatte. Homann eröffnete mir seine umfangreichen Kenntnisse über die Schalck-Firmen in der Bundesrepublik, in der Schweiz und in Liechtenstein und nannte eine ganze Anzahl von Firmennamen aus den Bilanzen des KoKo-Bereiches.

Ich hatte mir 1989 nicht alle von Homann genannten Firmen, die er dem KoKo- bzw. SED-Bereich zuordnete in der Eile der Zeit notieren oder im Gedächtnis halten können. Nach meinen Aufzeichnungen bzw. als Gedächtsnisprotokoll lassen sich folgende rekonstruieren (und zwar jene, die auf dem Territorium der Bundesrepublik oder anderen westlichen Staaten agierten – ich lasse jene heraus, die zum »Who is Who?« des Außenhandels und mit Sitz in Berlin Ost gehören): Befisa, Lugano; INTEMA, Essen; Intrac, Lugano; Fenematex, Amsterdam; RKL-International Neunkirchen; Imag, Niederlande; Elmsoka, Liechtenstein;Wittenbecher & Co, Essen; noha HG, Bochum; INVACO, Hamburg; Ihle, Hamburg; Heska-Druckerei; Dimtev Maschinenfabrik, Westberlin; Remex, Westberlin; WAN-Geuble, Westberlin.

Natürlich ist die Liste der direkten oder indirekten KoKo-Firmen nach eigenen Aussagen von Schalck und den Recherchen verschiedenster Geheimdienste, Justizbehörden etc. inzwischen weitaus länger – Bonn wußte auf jeden Fall mehr als genug.

Er beschwerte sich bei mir, daß viele real existierende Unternehmen gegen gesetzliche Regelungen, die in der Bundesrepublik gelten würden, verstießen. Es würden Erkenntnisse über Steuerhinterziehungen, Verstöße gegen das Militärregierungsgesetz (MRG) 53 vorliegen, was an sich die »Devisenbewirtschaftung« regelt, aber im innerdeutschen Handel »alles verbietet, was nicht ausdrücklich erlaubt ist« (Verbot mit Erlaubnisvorbehalt), die Umgehung von Cocom-Regelungen und eine

Mißachtung des Reglements im innerdeutschen Handel über den nicht gestatteten Export von Waren aus Drittländern in die Bundesrepublik, die fälschlicherweise als DDR-Produkte ausgegeben werden.

Er erzählte mir weiter, daß sich nun die Bundesregierung diese Praktiken nicht länger ansehen wolle und über Schritte nachdenke, dieses illegitime Geschäftsgebahren zu unterbinden. Man solle in der DDR davon ausgehen, daß in Kürze auch in bundesdeutschen Publikationen auf diesen Umstand verwiesen werde. Das das Schalck-Imperium belastende Material läge bereit. Er bat mich ausdrücklich darum, meine Bekannten im Außenhandelsministerium der DDR ins Bild zu setzen.

Ich erklärte Homann seinerzeit, daß er über die Sache wohl weit mehr wüßte als ich, versprach aber, seiner Bitte nachzukommen. Wenig später war der Hintergrund auch für mich bedeutend klarer. Im Hamburger Nachrichtenmagazin »Der Spiegel« erschien ein Artikel, in dem die Vorwürfe gegen das Schalck-Imperium aufgelistet wurden *(»Der Fanatiker der Verschwiegenheit«, Ausgabe vom 22. November 1989 – Anm. d. Autors).*

Der geheimdienstliche Hintergrund der Publikation war für Insider offenkundig, da die angeführten Fakten nicht öffentlich zugänglich waren. Was mir jedoch erst später bekannt wurde: Das Material – auf das mich Homann aufmerksam gemacht hatte – war durch die Geheimdienste der Bundesrepublik lanciert worden. Regierungsdirektor Klaus Arend vom Bundesamt für Verfassungsschutz bestätigte, daß hier Erkenntnisse seiner Dienststelle den wesentlichen Inhalt der Veröffentlichung bilden *(siehe dazu Berliner Zeitung vom 16. März 1994, S. 3).*

Zwar wurden die Aktivitäten der Schalck-Firmen davon nicht gebremst (sie gingen nach der Wende in der DDR sukzessive unter oder an neue Erwerber über), aber Schalck wurde in diesem Zusammenhang ins unerwünschte Rampenlicht gezerrt und sein Karriere-Knick begann.

Und eine weitere Erkenntnis bleibt: Die deutsch-deutsche Zusammenarbeit bewährte sich nicht nur beim »Basteln« der gesamtdeutschen Kooperation und Konföderation, sondern verschwieg über jeweils lange Zeiten im gleichen Atemzug Erkenntnisse. Verstöße gegen das bundesdeutsche Gesetzeswerk wurden toleriert. Es bleibt jedoch noch eine Frage: Warum ist denn Bonn nicht schon lange vor der Wende gegen die vermuteten und bekannt gemachten Rechtsverstöße aktiv geworden?

Immer wieder fragten DDR-Wirtschaftsmanager: Warum wäre die Rolle des EG-Binnenmarktes von einer solchen Relevanz? Für die angeschlagene DDR-Wirtschaft gab es genug Veranlassung, sich auf die Dimensionen des gemeinsamen EG-Marktes einzustellen. Zwar hatte man die »Schutzfunktion« der Bundesrepublik im Hintergrund eigenen Agierens, doch die Sorge um deren Wirksamkeit wuchs 1988/89 von Monat zu Monat. Und dies nicht ohne Grund, obwohl die DDR-Führung auf ein Abkommen EG – DDR setzte. Hier muß man sich zuerst in Erinnerung rufen, daß die DDR-Erzeugnisse nicht konkurrenzfähiger, die finanziellen Ressourcen des Landes immer knapper geworden waren und der Druck auf die DDR-Wirtschaft seitens der UdSSR und der anderen RGW-Länder zunahm. Das betraf vor allem Leistungen der DDR auf den Gebieten des wisenschaftlich-technischen Fortschritts, insbesondere im High-tech-Bereich. In allen DDR-Etagen gab es große Zweifel, wo denn die zusätzlichen Impulse für eine Eroberung des EG-Marktes, schon allein für das Halten von früher besetzten Positionen gegen immer stärkere ausländische Konkurrenz, herkommen sollten. Hinzu kamen plötzlich Pressionen aus dem politischen Umfeld der EG-Behörden, ob sie nun die heimliche Unterstützung Bonns hatten oder nicht.

Der Abschluß eines Abkommens hätte wohl unter Berücksichtigung von zwei Alternativen so ausgesehen. *Zum einen:* Alle Ostblock-Länder blieben, ähnlich der DDR, bei einer verweigernden oder zögerlichen Position gegenüber inneren wirtschaftlichen Reformen in Richtung Marktwirtschaft und einer Demokratisierung des öffentlichen Lebens, das Abkommen wäre rechtzeitig gekommen. Doch der Zug in eine andere Zeit fuhr weiter. *Zum anderen:* Da die anderen RGW-Länder einen neuen demokratischen Reformweg weiter einschlugen, tat sich eine neue Situation auf: Ostberlin hätte mitziehen müssen.

Dies war Hintergrund für ein Gespräch in Bonn, wo führende Experten und Beamte ihre Meinung kund taten.

Gesprächspartner waren Homann und Fink, Sie gaben eine kritische Bewertung des Standes der Ausarbeitung eines Abkommens EG – DDR. Sie teilten nicht den Optimismus der DDR-Seite, daß es bald zu einem Abkommen komme, es sei denn, die DDR verzichte auf jede Chance, eine ökonomisch vorteilhafte Regelung zu erhalten und begnüge sich mit dem niedrigsten gemeinsamen Nenner, meinten sie. Aus meinen Aufzeichnungen vom Oktober 1989: Zwar gibt es das Urteil des EG-Gerichtshofes zum Handel DDR – BRD vom 21. 9. 1979, das den Sonderstatus im genseitigen Handel bekräftigt; sowie eine Vorabsprache EG – DDR über die Nichtberührung des Sonderstatus und die Bestätigung, daß von der DDR eine einseitige Erklärung seitens der EG-Kommission entgegengenommen wird, die dies alles bekräftigt.[117)]

Hierbei hätte die Regierung in Bonn stark auf Brüssel eingewirkt, um deutsch-deutsche Positionen zu sichern. Völlig ungeklärt sei jedoch, ob und wie die Meistbegünstigung im Handel der DDR mit EG-Ländern durchgesetzt werden könnte.

Das Hauptproblem sei aber jetzt die Reformverweigerung der DDR, wie man in Brüssel meine. Solange sich die DDR nicht als reformfreudig zeige, werde es kein Entgegenkommen der EG-Kommission geben. EG-Kommissar Andresen werde deshalb kein Mandat auf Verhandlungen mit dem Ziel eines für die DDR günstigen Vertragsabschlusses realisieren wollen. Es sei auch fraglich, ob man unter diesen Bedigungen zu einer Definition der beiderseitig interessierenden Bereiche einer Zusammenarbeit kommen werde.

Fink betonte im Zusammenhang mit dem Gesamtkomplex der Probleme, »daß man auf jeden Fall den Vorsprung, den man durch das Handelsregime DDR – BRD vor allen anderen habe, unbedingt halten und ausbauen wolle. Das liege auch eindeutig im Interesse der BRD-Wirtschaft.«

Daraus wird klar, daß sich die DDR diese Lage selbst durch ihre Reformverweigerung beschert hatte und damit einem selbst provozierten Druck ausgesetzt war, andererseits die deutsch-deutsche Sonderbeziehung insoweit hielt, daß man unter den besonderen innerdeutschen Handelsbedingungen das Handelsregime nicht zu ungunsten der DDR verändern wollte. Bonn war ja an seiner eigenen Ausnahmestellung auf dem ostdeutschen Markt mehr denn je selbst interessiert. Wäre eine restriktive Brüsseler Auffassung zum Tragen gekommen, *hätte* die westliche Flanke in der Orientierung der DDR-Wirtschaft noch deutlicher für die Bundesrepublik *geöffnet*, so wäre Brüssel, offiziell gewollt oder nicht gewollt, zum Förderer deutsch-deutscher Gemeinsamkeiten geworden und so in Richtung Konföderation der Deutschen gewirkt.

Wieder aus Bonn zurück, begann für mich und »die Meinen« eine höchst kreative Phase. Zum ersten Mal ohne Sorge vor Nachstellungen der verschiedensten Art, keine bohrenden Anrufe mehr aus dem »Büro Mittag« oder anderer ZK-Etagen, die Rechtfertigung abverlangten. Plötzlich waren wir aus dem Dämmerlicht weitgehend mißbrauchter Wissenschaft und Forschung herausgetreten.

Bonn wollte seine erprobten Drähte nach Ost-Berlin nun erst recht nicht abreißen lassen. Das Bundeskanzleramt, flankiert von SPD-Prominenten, schickte wieder Holger Bahl in die Spur, der Anfang November 1989 kurzfristig um ein vertrauliches Gespräch bat.[118)] Jetzt ging es nicht nur um den Austausch von Informationen, sondern um Gespräche über die Beziehungen DDR-Bundesrepublik im Zusammenhang mit Ausreisewelle, Besuchsregelungen und Staatsbürgerschaft.

Es sollten Lösungen gefunden werden, doch im Osten war dafür kein geeigneter Gesprächspartner mehr bekannt, so Bahl. Er bezog sich dabei auch auf den SPD-Spitzenfunktionär Karl Wienand, der über vertrauliche Beziehungen zu Oskar Lafontaine, Hans-Jochen Vogel und Hans-Dietrich Genscher verfügte. Ferner bezog sich Bahl auf den Kanzlerberater Teltschick, der mich unbedingt sprechen wolle. Bahl führte aus, daß er sich an mich gewandt hatte, weil er an die vielen Gespräche anknüpften wollte, die vor der Wende zwischen uns geführt worden waren.

Er sah in mir einen Partner, der auch aus Bonner Sicht zu den Politikern der neuen Staats- und Parteiführung der DDR zum Teil langjährige und gute Beziehungen hatte und in den Wirren der Wende nicht untergegangen war. Im einzelnen sollten folgende Probleme besprochen werden: Die Lage der DDR nach den jüngsten Entwicklungen war aus der Bonner Sicht zwar etwas besser, jedoch nach wie vor so, daß man gegenüber dem Kanzler kaum echte durchsetzbare Forderungen erheben könne. Während man bei dem 1985 im Auftrage des Bundeskanzleramtes gemachten Vorschlag, die Staatsbürgerschaft der DDR zu respektieren und dafür die Reisefreiheit für DDR-Bürger einzuhandeln noch Verhandlungsmasse hatte, seien inzwischen alle diese Trümpfe aus der Hand gegeben. In Bonn war man jetzt an einer Behandlung dieser und anderer Positionen auf informeller Ebene interessiert. Niemand aus der DDR-Spitze war als Kontaktmann gut geeignet, da sich die CDU-Spitzenpolitiker möglicherweise auf eine harte Linie gegenüber der neuen DDR-Regierung begeben wollten.

Bahl hatte inzwischen mit hohen Funktionären in Moskau gesprochen, die sich eine gutnachbarliche Beziehung zwischen der DDR und der BRD wünschten, zum anderen aber bei einer Destabilisierung der DDR und möglichen Wiedervereinigung noch immer »allerernste Gefahren« für das politische Überleben Gorbatschows sahen. Die sowjetischen Partner verwiesen dann auf eine deutlich zu erkennende neue sowjetische Führung um Ligatschow, der sowjetischen Armee und des KGB, die die Lage im östlichen Europa wieder umdrehen könnten. So war auch die Ansicht anderer Moskau-Reisender.

Bahl schlägt im Namen seiner Auftraggeber in Bonn vor, unverzüglich und unabhängig von Gesprächen zwischen Krenz und Kohl oder offiziellen Vertretern der SPD-Führung, einen neuen Kontakt aufzubauen. Dieser, an dem Holger Bahl, Karl Wienand und ich teilnehmen würden, sollte als eine Art Vorgespräch eine vertraulich arbeitende Gesprächsrunde vorbereiten, an der sich vielleicht der sowjetische Boschafter Kwisinski und Kanzlerberater Teltschick beteiligen könnten. Gerne hätte man auch aus der DDR Professor Max Schmidt einbezogen. Als Termin für das erste sondierende Vorgespräch nannte Bahl Montag, den 20. November in Düsseldorf.

An diesem Tag wären Bahl und Wienand verabredet. Wienand würde dabei die Vorstellungen von einflußreichen politischen Kräften der SPD in Bonn zu Regelungen mit der

DDR vortragen. Bahl ging davon aus, daß sein Bescheid über Prof. Schmidt an die DDR-Führung gehen würde. So weit übrigens auch mein »informeller Vermerk«, den Schmidt von mir angefordert hatte, um in der politisch schwankenden DDR-Führung ein Verhandlungs-, wenigstens ein Gesprächsmandat, zu erreichen.[119)]

Ich hängte dem Vermerk noch einen »Hinweis« auf den Inhalt der bisher mit den Konfidenten und Mitarbeitern des Bundeskanzleramtes geführten Gespräche an, in dem ich folgendes aneinanderreihte: Vorbereitung einer Joint-Venture-Bank in Zürich (Kapitalbeteiligung Schweiz, DDR -Intrac-, BRD-West LB bzw. Landesbank Mainz) – positiv gelaufen; Vorbereitung der multilateralen Joint-Venture-Bank EURASCO- positiv gelaufen; Vorgespräche über Kredite für DDR; dringliche Behandlung der Regelung über den Swing DDR-BRD 1986 – 1989/90 in Zürich 1985 – positiv gelaufen *(mit einem Beauftragten des Bundeskanzleramtes – Anm. d. Autors)*; flankierende Gespräche zur Beschränkung von Asylanteneinreisen aus der DDR oder über sie nach Berlin-West bzw. in die BRD – positiv gelaufen; Angebot des Bundeskanzleramtes bzw. des Bundestagspräsidenten zur möglichen Anerkennung der DDR-Staatsbürgerschaft durch Bonn im Wechsel gegen Reisefreiheit – Gespräche von Verantwortlichen in der DDR-Führung gebremst.

Die Ereignisse nach der politischen Wende überschlugen sich. Damit wurde der Andrang der bundesdeutschen Politiker in den Polit-Etagen der SED noch intensiver. Helmut Kohl bereitete seine Gespräche mit Hans Modrow und die Reise nach Dresden vor. Der Bedarf an Informationen, der immer groß war, wuchs ins Unermeßliche. Keiner, weder in Bonn noch in Berlin, wußte so recht, wie es weitergehen sollte. Das ist mit dürren Worten der Hintergrund für meinen nächsten Auftrag.

Walter Leisler-Kiep, Mitglied des CDU-Präsidiums und Schatzmeister seiner Partei, hatte sich im SED-Politbüro zur Diskussion und als Überbringer neuer Vorschläge angesagt. Die Führungsriege der Staatspartei war aber in diesen Wochen extrem zusammengeschmolzen, sei es durch Hinauswurf oder

Selbstamputation; einige erschienen den bundesdeutschen Partnern als zu stark belastet.

Mein Chef rief mich eines Tages mit der Bitte, ob ich mich als Sachverständiger auch mal neben einen Parteioberen aus dem SED-Zentralkomitee setzen würde, um ihm im Gespräch mit einem politischen Spitzenmann aus Bonn, Walter Leisler-Kiep wurde genannt, bei Aspekten der wirtschaftlichen Zusammenarbeit unter die Arme greifen zu können. Ich überlegte eine Weile, wen man aus der SED-Spitze überhaupt noch präsentieren konnte, bis der Name Gunter Rettner fiel, der langjährige Leiter der West-Abteilung im ZK.[120)]

Das mußte dem CDU-Führungsmann natürlich als markanter Abstieg erscheinen, da sein bisheriger Hauptpartner Günter Mittag war. Aber Leisler-Kiep meinte wiederholt, daß es ihm um ausgewiesene Expertenmeinungen ginge, die der Kanzler und Minister Seiters hören wollten. Zudem vertrat Gunter Rettner die Politik der SED-Führung für mein Verständnis ungewöhnlich flexibel, selbstkritisch und reformorientiert. Vor allem in der Grundtendenz waren seine Ausführungen auf eine enge Zusammenarbeit mit Bonn ausgerichtet. Die Erinnerungen an die alten Tage der deutschen Gespräche stiegen wieder auf, die Treffen mit Günter Mittag wurden von Leisler-Kiep noch einmal beschworen, als wir im Bibliotheksraum des Palast-Hotels zusammentrafen. Dabei kamen wir natürlich auch auf die Art und Weise seiner Gespräche mit Mittag zurück und auf die weitgehend positiven Meinungen, die er – Leisler-Kiep, wie viele andere – von Leuten aus der DDR-Spitze gehabt haben müssen, wenn man seinen früheren Erklärungen Glauben schenken dürfe. Ich sagte dazu manches recht kritisch und zugespitzt, da ich bislang wenig Einschränkungen im Urteil über die DDR-Mächtigen gerade seitens der Top-Leute aus der bundesdeutschen Wirtschaftsszene gehört hätte, ihn selbst eingeschlossen.

Seine Antwort auf meinen Vorwurf erscheint mir typisch für die Position gerade von Wirtschaftskreisen aus den Ländern Westeuropas, an der Spitze jene aus dem anderen deutschen Staat, die bei Honecker und Mittag ein- und ausgegangen sind und dabei geradezu um die Gunst der DDR-Machthaber buhlten: Man wollte vordergründig Geschäfte mit der DDR machen, und in der Marktwirtschaft redet man dem potentiellen Kunden nun einmal nach dem Munde – sagte Kiep.

Zum anderen sei die DDR ein allseits anerkannter Staat mit der größten inneren Stabilität im Ostblock gewesen, mit dem höchsten technischen Niveau und dem auffallendsten Wohlstand der Bürger. Wenn schon Reformen in Richtung Marktwirtschaft greifen könnten, dann zuallererst hier, hätte man gehofft. Ihre wirtschaftlichen Lenker hätten vielerorts in den Führungsetagen westlicher Konzerne höchste Anerkennung gefunden, so hieß es dann weiter. Sie waren immer anregende und damit interessante Gesprächs- und Geschäftspartner gewesen.

Wer wollte in dieser schweren Zeit schon einen europäischen Ordnungsfaktor wie die DDR in Schwierigkeiten bringen, wo es ja um den Gorbatschow-Kurs und dessen überleben, sprich Erfolg für Europa, ginge. So einfach war das also für den CDU-Präsiden.

Am interessantesten erschienen mir aber die vorgetragenen Fragen, Positionen und Haltungen von Leisler-Kiep zur Sache selbst. Sie schienen mir die Unsicherheiten in der Bonner Politik so deutlich wie selten aufzuhellen. In der Kernfrage »Vereinigung« war die Position am seltsamsten von allen: während bislang das Thema auch in Bonn in der Tabuzone angesiedelt war, rückte es nun in den Rang des Unaussprechlichen. Einig Vaterland? Die DDR staatlich in Frage stellen – um Himmels willen! »Nein« aus dem Kanzleramt und dem CDU-Präsidium. Man denke vielmehr an die Stabilisierung des zweiten deutschen Staates.

Im Unterschied zu den früheren Kapiteln gebe ich hier, nach meinen eigenen stenografischen Aufzeichnungen, die damaligen Ausführungen des Bonner Unterhändlers vom 18. November 1989 im Auszug wieder:

Leisler-Kiep zeigte sich außerordentlich beeindruckt von den Veränderungen, die in der DDR vor sich gehen, von den Aktivitäten des Volkes, aber ebenso vom radikalen Reformwillen der politischen Führung, den personellen Konsequenzen im Politbüro. Im Unterschied zur Entwicklung in der UdSSR gäbe es in der DDR eine Revolution von oben und unten. Er zeigte sich sehr befriedigt, daß die außerordentlich mutige Entscheidung, die Grenzen der DDR gegenüber dem Westen zu öffnen, von den allermeisten DDR-Bürgern positiv honoriert wird, insbesondere deshalb, weil sie im Zusammenhang mit Besuchen die DDR nicht für immer verlassen, sondern an ihre Wohnorte und Arbeitsplätze zurückkommen. Übersiedler kämen bereits zunehmend in die DDR zurück. Minister Seiters werde bei seinem DDR-Besuch für das Treffen Kohls mit der DDR-Führung einen Termin nach dem Sonderparteitag, jedoch noch vor Weihnachten in Aussicht stellen. Jedoch hätte Seiters den Auftrag, zu prüfen, wie die SED die Situation und ihre eigene Rolle einschätzt.

Unter diesem Gesichtspunkt formulierte er folgende Fragen, die Inhalt der Seiters-Mission sein sollen und die der Kanzler beantwortet haben möchte. Ich habe auch sie wörtlich mitstenografiert:

– Beherrscht die SED die Veränderungsprozesse oder hinkt sie der Entwicklung nach?

– Wie sieht die SED die von ihr proklamierte Führungsrolle?

– Hat die SED eine Legitimation »nach innen«, die sicherstellt, daß die Wende weiter vollzogen wird?

– Welches Selbstbewußtsein hat die politische Führung der DDR, die Probleme zu meistern?

– Kann man sicher sein, daß es tatsächlich zu freien, gleichen und geheimen Wahlen kommt?

– Wie kann Vertrauen für die künftige Entwicklung gesichert werden?[121)]

Ein besonderer Schwerpunkt waren die anstehenden Wahlen in der DDR. Diskutiert wurde ein Termin für Volkskammerwahlen Ende 1990 oder 1991. Die Wiedervereinigung der beiden deutschen Staaten hält Leisler-Kiep für absolut unrealistisch. Diese würde weder von der Mehrheit der Bundesbürger und schon gar nicht in der DDR gewünscht. Er sprach sich auch in diesem Zusammenhang generell gegen eine Forcierung von Überlegungen aus, die der Stärkung von national-staatlichen Konzeptionen dienen und befürwortete grundsätzlich europäische Orientierungen. Er unterstützte dabei den Gedanken, daß für die Sicherung des Friedens, die Entspannung und die Zusammenarbeit beider Bündnissysteme (NATO und Warschauer Vertrag) unbedingt benötigt würden. Beide Seiten brauchen stabile Verhältnisse. Es wurden ferner eine Anzahl spezifischer Fragen einer Zusammenarbeit beraten. Dazu gehören: Eine Kommission oder Expertengruppe beider Staaten für Fragen des Reiseverkehrs und des Tourismus zu bilden.

Es könnte im konkreten eine parteienübergreifende Arbeitsgruppe beider Staaten zu sicherheitspolitischen Aspekten unserer Beziehungen gebildet werden *(auf den Vorschlag auf der 10. Tagung des ZK der SED wurde Bezug genommen).*

Praktisch geprüft und umgesetzt werden können auch Vorschläge zum kommerziellen Austausch von Fachzeitschriften und zur Einspeisung von Fernsehprogrammen in das Kabelnetz der Bundesrepublik.

Was die Ausführungen von Leisler-Kiep zu den gegenseitigen Wirtschaftsbeziehungen anbelangt, so gab es hier zwischen uns überhaupt nicht den geringsten Dissenz. Deshalb also auch hier die Wiedergabe meiner stenografischen Mitschrift, die mit den von mir vorgetragenen Vorstellungen, die Walter Leisler-Kiep als »DDR-Konzeption« – zumindest für den innerdeutschen Wirtschaftsverkehr – verstand, übereinstimmte:

Grundsätzlich ist davon auszugehen, daß Seiters keine konkreten Angebote für eine Intensivierung der wirtschaftlichen Zusammenarbeit zwischen beiden deutschen Staten unterbreiten wird. Er hätte jedoch die Frage zu prüfen, ob die DDR grundsätzlich für eine Ausweitung der ökonomischen Zusammenarbeit Interesse zeige.

Leisler-Kiep zeigte sich mehr interessiert an der Konzeption der DDR für die Entwicklung von Kooperationsbeziehungen mit Unternehmen der Bundesrepublik. Im Verlauf des Gesprächs spielten folgende Gesichtspunkte eine Rolle: Die Bestimmung der Felder der ökonomischen Zusammenarbeit; die Auswahl von Formen und Methoden der Zusammenarbeit einschließlich von industrieller Zusammenarbeit, Joint- Ventures und Wirtschaftssonderzonen; Arbeit einer Wirtschaftskommission beider deutscher Staaten, in der Politiker, Wirtschaftsfachleute und Experten Grundfragen einer wirtschaftlichen Zusammenarbeit beraten; Finanzierungsfragen für die wirtschaftliche Zusammenarbeit.

Gegenstand der Gespräche waren auch die finanzielle Situation der DDR und finanzielle Probleme im Gefolge des Reiseverkehrs von DDR-Bügern in die Bundesrepublik und nach Berlin-West. Es wurde der Vorschlag diskutiert, daß es nach dem Kanzler-Besuch in der DDR Anfang nächsten Jahres zu einem streng vertraulichen Gespräch zwischen dem Präsidenten der Bundesbank und einem Spitzenvertreter der DDR kommen solle, sicher auch mit den Führungsleuten aus den DDR-Banken *(Staatsbank, Außenhandelsbank, vielleicht Plankommission)*. Bei einem zufriedenstellenden Verlauf der Seitersgespräche würde Kohl »den politischen Rahmen« für die Unternehmen und Institutionen der Bundesrepublik absichern und ihnen die Sorge für ein politisches Risiko abnehmen. Wiederholt machte Leisler-Kiep den Vorschlag, deutsch-deutsche Projekte – dort, wo es möglich ist – in gesamteuropäische Dimensionen zu überführen oder ihnen einen kontinentalen Rahmen zu geben. So würden sich auch die deutsch-deutschen Sonderbeziehungen unter ein europäisches Dach einordnen lassen, ohne daß es zu Irritationen bei Bündnispartnern käme. Kiep äußerte noch den Wunsch, bei seinem nächsten Besuch in Erfurt (Dezember 1989) mit dem neuen Sekretär der SED-Bezirksleitung, Genossen Kroker, sprechen zu können, den er aus seiner früheren Arbeit als Werkdirektor kennt und schätzt. Er trug seine Vorstellungen zu einer Anzahl von Projekten einer wirtschaftlichen Zusammenarbeit beider deutscher Staaten vor.

Die Wende in der DDR ging weiter, man konnte nur bedingt in die Zukunft schauen, eher war Ratlosigkeit angesagt. Ministerpräsident Hans Modrow hatte sich mit Staatssekretär Alexander Schalck-Golodkowski einen neuen/alten Unterhändler für Gespräche mit Bonn zugelegt. Ein Unterschied zur Vorwendezeit bestand offensichtlich darin, daß der Ko-Ko-Chef nun aus dem Schatten heraus und selbst ins Rampenlicht getreten war. Damit zog er unübersehbar ein neues, aber sehr differenziertes Interesse der Öffentlichkeit auf sich. Die einen bestaunten ihn als eine Art marktwirtschaftliches Wundertier, von dem sie echte Veränderungen in der DDR-Wirtschaft erwarteten. Er avancierte bei dieser wachsenden Zahl von Sympathisanten aufgrund seiner Cleverness und seinem professionellen marktwirtschaftlichen Hintergrund rasch zum Hoffnungsträger. Mit seinen eindrucksvollen Auftritten im Fernsehen forderte er sein Publikum geradezu heraus.

Andere bauten ihn, ebenso über Nacht, zum neuen Buhmann der Nation auf. In dieser Zeit erhielt er bereits seine vorprägenden Frühverurteilungen: Devisenbeschaffer, Waffenhändler, Rauschgiftschieber, Honecker-Intimus, BND-Agent und Stasi-General. Wie immer die Dinge nun auch im einzelnen weiter gelaufen sind – vieles ist inzwischen bekannt – Alexander Schlack mußte offenbar als »Schneewittchen hinter den sieben Bergen« an den Tegernsee wechseln. Ich denke, dies war negativ für den weiteren Verlauf des Geschehens. Denn er, der von Modrow auch für die Verhandlungen mit Bonn attachiert war, konnte auf immense, im jahrelangen Reden und Verhandeln erworbene Detailkenntnisse zurückgreifen. Er war ganz sicher immer der Mann »vor Ort.« Hinzu kam weiter, daß er – obwohl man es heute zuweilen anders lesen kann – zuerst auf eine »bessere DDR« – zumindest auf einen geordneten Übergang in die Einheit gesetzt hat.

Modrow stocherte nach Schalcks Abgang in der gesamtdeutschen Malaise etwa so herum wie der Mann mit der Stange im Nebel. Aus seiner Führungscrew waren dem Bundeskanzleramt kaum Kenner der Sachlage als Gesprächs- oder Verhandlungspartner anzubieten. Außenhandelsminister Gerhard Beil, der den besten Durchblick hatte, soll sich einem solchen Auftrag verweigert haben; der Chef der Deutschen Außenhandelsbank, Dr. Werner Polze war mit dem Ordnen der DDR-Staatsverschuldung beschäftigt. Ansonsten waren nur noch untergeordnete Chargen aus dem Außenhandelsministerium, die zudem nur über Ressortwissen verfügten, verblieben. Gewünscht waren als Gesprächspartner in Bonn Leute, die über ein ausreichend konzeptionelles Denken verfügten und Fähigkeiten zum Handeln mit Überblick hatten. Man ging auf die Suche, wurde aber nicht fündig.

Der Verlust kompetenter Gesprächspartner oder Unterhändler traf jedoch nicht nur Modrow. Auch Bonn hatte mit Schalck seinen heißen Draht nach Berlin verloren und tappte in den wichtigsten Tagen und Wochen deutscher Annäherung im Dunkeln.

In diesen schwierigen Dezembertagen 1989 riet Bahl mir, mich nun für Anliegen des Bundeskanzleramtes zur Verfügung zu stellen, auch wenn daraus eine Art von Opfergang werden könnte. Wienand, mit dem ich mich gerade in dieser Zeit mal im Hotel Kempinski und mal im Hotel Intercontinental traf, wirkte ebenfalls auf mich ein, in die Bresche zu springen. Er erinnerte sich der Missionen frührerer Jahre, die er begleitet hatte. Hinzu kamen Manager und Verbandsvertreter, die mich ermutigten.

Ich hatte natürlich auf Anhieb Bedenken und fühlte mich von der Sache her überfordert. Letztlich obsiegte jedoch die Einsicht, sich den neuen Anforderungen zu stellen. Es gab ja auch bereits nutzbare Erkenntnisse. Unter der Modrow-Regierung hatten Kollegen und ich die konzeptionellen Überlegungen zu den Wirtschaftsbeziehungen zwischen Deutschland-Ost und Deutschland-West wieder forciert. Es wurde eine weitergehende Konzeption ausgearbeitet, die – aus der Sicht 1990 – folgende konföderative Grundvoraussetzungen zum Inhalt hatte: Soziale Marktwirtschaft ohne Wenn und Aber in der DDR; schrittweise Privatisierung wichtiger Bereiche der Wirtschaft bei Wettbewerb verschiedener Bereiche des Eigentums; soziale Abfederung der Reformpolitik durch Krisenmanagement und ökologische Verträglichkeit; Abschaffung des staatlichen Außenhandelsmonopols; Schritte auf dem Weg zum deutschen Wirtschaftsverbund; Kooperation der DDR in allen nur denkbaren Formen, vor allem auch mit westlichen Partnern; Vorbereitungen für die deutsche Wirtschaftseinheit in einem konföderierten Europa.

Wesentliche Gedanken dazu hatten wir übrigens bereits im Oktober 1989 aus unseren Schubläden geholt, im gleichen Monat für die Öffentlichkeit formuliert und in der Berliner Zeitung im November 1989 publiziert. Außerdem arbeiteten wir an einem weitergehenden Wirtschaftsmodell: zusammen mit Experten versuchten wir dem damaligen Joint-Venture-Gesetzentwurf für die deutsche Kooperation in einer Regierungskommission unter der stellvertretenden Ministerpräsidentin Prof. Christa Luft und Lothar de Maizière mehr marktwirtschaftliches Profil zu geben – wenn zu diesem Zeitpunkt eher vergeblich. Wir forderten auch die wirtschaftliche Absicherung einer deutschen Vertragsgemeinschaft.

In dieser Zeit wurde zu einer meiner wichtigsten Stützen in der Modrow-Regierung mein alter Mitstreiter Wolfram Krause. Einst mit mir gemeinsam an wirtschaftlichen Reformprojekten arbeitend, dann verfolgt von Günter Mittag, gemaßregelt und gedemütigt, nun wieder in die Regierungsetage der im Umbruch befindlichen DDR katapultiert. Wolfram Krause und ich hatten im November 1989 bereits bei 3-SAT einen Einblick in neue Denkstrukturen in der DDR gegeben und zwar in den Studios auf dem Mainzer Lärchenberg, gemeinsam mit Holger Bahl, dem Führungsmann der Deutschen Metallgesellschaft, dem Leiter der volkswirtschaftlichen Abteilung der Deutschen Bank und dem damaligen DDR-Dissidenten Prof. Harri Mayer, ehemals aus der Akademie der Wissenschaften.

Jetzt war Krause für mich, zumindest für eine gewisse Zeit, ein guter praxisorientierter Ratgeber, bis zu seinem Wechsel in die oberste Etage der Treuhandanstalt, wo er im Sommer 1992 bedauerlicherweise erneut gestürzt wurde. Auch er riet mir damals, in Bonn zu handeln, wenn schon nicht mehr für die DDR, dann schon für Deutschland, wie er mir wiederholt sagte.

Zu diesem Zeitpunkt kam die Einladung aus dem Bonner Bundeskanzleramt; Horst Telschick wollte mich persönlich sprechen. Meine alten Verbindungen in Bonn hatten inzwischen das Feld abgesteckt. Man ging davon aus, daß politische und wirtschaftliche Experten aus beiden deutschen Staaten in einer kleinen Kommission Bonn – Berlin wirken sollten, Vorschläge für das Zusammenwachsen auszuarbeiten seien, die auf eine deutsche Einheit, vielleicht über eine deutsche Konföderation, hinausliefen. Um nicht die großen Verbündeten beider Seiten zu irritieren, sollten der UdSSR-Botschafter Kwisinski und seitens der USA ein ranghoher Diplomat hinzugezogen werden; Botschafter John Kornblum, bei der NATO stationiert, wurde als möglicher Name gehandelt. Der führende Mann auf der Bonner Seite wäre dabei Horst Teltschick selbst gewesen, der wiederum noch einen Wirtschaftsexperten an seine Seite geholt hätte. Hier wurde an Dr. Franz Rösch aus dem Bundeswirtschaftsministerium gedacht, einem Kenner der Szene. So weit also die institutionelle Seite eines möglichen weiteren Herangehens, das ja schon kurz mit Bahl im November besprochen wurde.

So eigenartig sich dies einige Jahre später auch lesen mag, ich brauchte selbst noch für die Reise nach Bonn einen »Aufhänger.« Bahl beschaffte ihn mir mittels eines Gesprächs mit einem Redakteur der FAZ in Frankfurt. Dies war umso leichter zu bewerkstelligen, als ich gerade kurz zuvor schon bei seiner Konkurrenz im »Handelsblatt« und in einigen Fachzeitschriften meine Gedanken darüber, wie es in der deutschen Sache wirtschaftlich weitergehen sollte, geäußert hatte.

Nach dem Interview in Frankfurt traf ich mich mit Karl Wienand zu einem Informationsaustausch in Bonn. Er brachte mich anschließend auf kürzestem Wege ins Bundeskanzleramt. [122)]

Wienand hatten noch einige Dinge mit Teltschick in dessen Arbeitszimmer zu besprechen. Dann kamen wir unter vier Augen zur Sache. Im Kern ging es um drei Dinge: Wie zimmern wir eine kleine, produktiv arbeitende Arbeitsgruppe? Wie könnten einige inhaltliche Fragen vorab konzipiert werden? Wie sollte der Weg in die deutsche Einheit weiter ausformuliert werden?

Meine Position war klar. Den immer bescheidener werdenden Handlungsspielraum von Modrow hatte ich vor Augen, allerdings auch die weiterführenden strategischen Gedanken von Wolfram Krause im Hinterkopf.

Ich fand in Teltschick nicht nur einen klugen, strategisch denkenden, fairen Gesprächspartner, sondern zugleich einen Mann mit Realitätssinn für das im Dezember 1989 Machbare. Offenkundig in den diffizilen Fragen des Weges in die deutsche Wirtschaftseinheit nicht so bewandert, konzentrierte er sich in seinen Bemerkungen vorwiegend auf den politischen Rahmen deutsch-deutscher Gemeinsameiten, die man etwa so zusammenfassen könnte: Bundeskanzler Kohl ließ über Teltschick

Modrow bestellen, daß dieser ihm ganz offen und ungeschminkt seine Meinung sagen solle; was er vorhat, wie er die Dinge beurteilt, darlegen sollte, wo die DDR ihre Interessen sehe, vor allem im deutsch-deutschen Rahmen und was man konkret tun könne, um die von ihm aufgegriffene Modrow-Konzeption von der Vertragsgemeinschaft auszufüllen.

Also auch hier andauernde Zweistaatlichkeit. Der Regierung in Bonn ginge es darum, die Situation in der DDR und die Regierung Modrow nicht zu destabilisieren. Der Kanzler wolle kein »künstliches Feuer« anfachen. Er sähe jetzt vorrangig Chancen durch Zusammenarbeit mit der DDR, das Wirtschafts-, Finanz- und Wohlstandsgefälle zwischen beiden deutschen Staaten zu mindern. Teltschick meinte ferner, daß nach Verabschiedung der gesetzlichen Regelungen, z.B. Investitionsschutz- und -förderungsabkommen eine Welle von Angeboten einsetzen werde, die die DDR beliebig im eigenen Interesse nutzen könne, z. B. mittels Wirtschaftskooperation, Joint Ventures und Kapitalbeteiligungen. Es sei auch mit zahlreichen privaten Firmengründungen zu rechnen, die Bonn unterstützen werde.

Die jüngeren Entwicklungen in der DDR und die Haltung der Bonner Regierung dazu hätten das Beziehungsklima zwischen der Bundesrepublik und Polen sowie Ungarn zwar erheblich negativ tangiert, doch dieses sei ein Problem, mit dem Bonn im Interesse aller Deutschen leben müsse. Man würde einige diplomatische Aktivitäten vorbereiten, um die Irritationen zu mindern. Das gelte auch und besonders für die UdSSR. Teltschick zeigte sich von Reaktionen des Auslandes – insbesondere der Alliierten auf den 10-Punkte-Plan der Bonner Regierung – betroffen. Kohl wird angesichts des Widerstandes und der Vorbehalte bei anderen Staaten in Europa gegen seinen 10-Punkte-Plan künftig die europäische Dimension der deutschen Frage noch deutlicher betonen, den Gedanken an jeden deutsch-deutschen Alleingang verdrängen und niemand gegen einen anderen ausspielen wollen. Dabei hätte man sich bei den Formulierungen zum 10-Punkte-Plan eigentlich weitestgehend auf die Feststellungen im Brief zur deutschen Einheit gestützt, der auch in der »Prawda« abgedruckt worden sei. Er fände auch aus dieser Sicht die so deutlich formulierten Vorbehalte Moskaus unverständlich. Jedoch sehe er, daß Gorbatschow ohnehin unter einem ungeheueren Druck stünde, der sich durch zu intensive Diskussionen über die deutsche Frage und durch deutliche Schritte in Richtung Wiedervereinigung enorm verschärfen könnte. Teltschick räumte ein, daß letztlich der Druck auf die Regierung und die CDU vor allem »von rechts«, aber auch »von links« – wenn auch in anderer Weise (»Neutralismus«) den Kanzler zum Handeln veranlaßt hätte. Kohl wolle die deutsche Frage »auf keinen Fall« den »Rechten« überlassen.

Teltschick erklärte die Formulierungen des Kanzlers zur Wiedervereinigung auch noch mit folgender Argumentation: Es sei zu fürchten, daß die Zahl der aus der DDR Ausreisenden sich wieder erhöhe. Dies müsse zu einer Destabilisierung der DDR führen, was auch für Gorbatschow verhängnisvoll sei.

Nur zwei Orientierungen könnten diesen Prozeß abbremsen: Einmal eine verstärkte Wirtschaftshilfe für die DDR, um das Wohlstandsgefälle zu minimieren, zum anderen, daß eine Debatte über die Wiedervereinigung die Leute aus der DDR nicht in die Bundesrepublik abwandern lasse, da sie Hoffnung auf Genesung im eigenen Lande sehen und dort verblieben.

Teltschick erörterte ferner von sich aus einige Gesichtspunkte der deutschen Frage im Rahmen europäischer Sicherheit, die man vertraulich – also ohne Zuhilfenahme offizieller Regierungsvertreter der DDR, denen er wenig kreative Phantasie zuschrieb – behandeln könne.

Teltschick hielt Max Schmidt für den geeigneten Partner. Er würde sich freuen, Schmidt und mich gleich Anfang Januar in Bonn zu treffen. Es wäre gut, dafür den Segen von Modrow zu erhalten, dies müßte aber nicht unbedingt sein.

Während des Besuchs in Dresden hätte Teltschick – da er in den nur wenigen Stunden seines Aufenthaltes immer in der Nähe von Kohl bleiben müsse – leider keine Zeit, sich mit uns zu verständigen; man könne Anfang 1990 »alles in Ruhe« besprechen. Bahl hatte im Nachgang zu meinem Gespräch mit Teltschick ohne einen direkten Bezug auf Wünsche der DDR mit dem Kanzlerberater die Frage eines ungebundenen

Finanzkredites Bonns an die DDR im ersten Quartal 1990 in Höhe von 2,5 bis 3 Milliarden DM erörtert. Dabei spielten auch Wünsche der Bonner Seite und des Regierenden Bürgermeisters von Berlin-West an Ministerpräsident Modrow, die für den 1. Januar 1990 getroffenen Vereinbarungen im Reiseverkehr auf den 23. Dezember vorzuziehen, eine Rolle.

Teltschick hätte sich in diesem Zusammenhang über die Vorstellungen der DDR nicht überrascht gezeigt; er fände eine Kreditvergabe an die DDR generell okay und würde dies mit Kanzler Kohl sicher positiv beraten. Das Thema könne man unabhängig von anderen Initiativen der DDR endgültig besprechen und Modalitäten festlegen.

Der Zeitpunkt meines späten Rückfluges nach Berlin kam näher. Das Wichtigste für ein erstes Gespräch im Vorfeld des Dresdner Treffens zwischen Ministerpräsident Modrow und Bundeskanzler Kohl war zwischen uns gesagt. Wir verabschiedeten uns recht hoffnungsvoll. Ein weiteres direktes Zusammenwirken für die Zeit nach Dresden, also für Anfang 1990, schien klar.

Natürlich habe ich die Positionen des Bundeskanzleramtes und des engen Vertrauten von Helmut Kohl für Hans Modrow sofort aufgeschrieben. Es war sicher eine authentische letzte Information vor dem Spitzentreffen in der Elbmetropole.

Schlußbemerkung

Wir wissen heute, wie die Geschichte der Deutschen in den 90er Jahren weitergegangen ist, wenn es auch darüber höchst unterschiedliche Auffassungen und Bewertungen gibt. Jedoch vermag niemand zu sagen, wie die Zeitabläufe sich im einzelnen entwickelt hätte, sofern die Regierenden ihrem geteilten Volk in den 80er Jahren andere Lösungen angeboten oder verordnet hätten, denkbarerweise die hier dargestellten, also die am Beginn und in der Mitte des Jahrzehnts zwischen Bonn und Berlin diskutierten.

Man kann davon ausgehen, daß die Schärfe der Veränderungen in der DDR sowie deren Zeitpunkt auch die politische Klasse in der Bundesrepublik überraschte.

Ausgearbeitete Konzepte für den d-day fehlten.

In dieser schnellebigen Zeit gab es daher kurzfristig eine sonderbare Übereinstimmung von Interessen verschiedenster Politiker zur Stabilisierung der DDR.

Wie ist das zu erklären?

Die Wendepolitiker der SED wollten eine reformierte DDR erhalten, ohne sich vom Sozialismus gänzlich zu verabschieden. Eine enge, insbesondere wirtschaftliche Kooperation mit der BRD war unumgänglich.

Das Neue Forum und die sich gründenden Neuparteien wollten ihre Vorstellungen einer »besseren DDR« verwirklichen. Sie wollten sich durch freie Wahlen ein Regierungsmandat erteilen lassen.

Die Bonner Politiker sahen sich einer unkalkulierbaren Situation an der Ostgrenze ausgesetzt. Schließlich trennte die Grenze noch NATO und Warschauer Pakt. Große Flüchtlingsströme aus der DDR drohten Städte und Gemeinden zu überfordern.

England und Frankreich als Hauptverbündete in Europa versuchten erst gar nicht ihre Vorbehalte gegen die deutsche Einheit zu verbergen.

Die Haltung Moskaus war widersprüchlich, aber im Interesse von Zugeständnissen öffentlich auf Erhaltung des Staus quo gerichtet. Bonn benötigte daher Zeit zu Sondierungen, um die Rahmenbedingungen zu Konföderation respektive Vereinigung mit der DDR zu schaffen. Dieses Strategische Ziel ließ insbesondere Helmut Kohl nie aus den Augen. Erst nachdem die nationalen und internationalen Voraussetzungen für die deutsche Einheit von Kohl und Genscher initiiert oder vollzogen wurden, änderte Bonn seine Deutschlandpolitik diametral. National war die Stimmung der Bürger der DDR sowie die Schaffung kompatibler politischer Srukturen in der DDR maßgeblich. International waren unter wesentlicher Unterstützung der USA die 2+4 Verhandlungen und die Separateinigung mit Moskau nötig. Jetzt stand nicht mehr die Stabilisierung der DDR auf der Agenda, sondern deren Negation. Alles was war, zählte nicht mehr. Die historische Chance galt es zu nutzen. Als Zeitpunkt dieser politischen Zäsur dürfte der Besuch Kohls in Dresden im Dezember 1989 wohl richtig terminisiert sein.

Welche Ergebnisse sind vorstellbar, wenn man damals aus Modellen wirkliche Abkommen verhandelt, abgeschlossen und praktiziert hätte? Dies wäre gewiß ein anderes Buch, um das Für und Wider zu analysieren. Darum nur einige wenige Thesen zum denkbaren Fortgang des Geschehens:

Ein Ergebnis wäre, eine wesentliche Veränderung der Lage in Europa mit schnelleren Fortschritten in Richtung stabiler Frieden, Abrüstung, Zusammenarbeit, Transformation und mannigfaltige Verbesserung der Lebensbedingungen der Menschen.

Erheblich früher hätten die Deutschen die Lösung ihrer Gesamtprobleme in Angriff genommen. Die freie Begegnung aller Deutschen wäre der Regelfall bereits um die Mitte des Jahrzehnts gewesen. Die innere Einheit ist kein Wunschbild mehr, sie wäre langsam gewachsen.

Die Deutschen wären nicht am Ende des letzten Jahrzehnts in ihre staatliche Einheit gestürzt oder gar gestürzt worden; eine mehrjährige Phase der Konföderation – dem staatlichen Einigungsakt vorangestellt – hat ein kontinuierliches, längerfristiges und reguliertes Zusammenwachsen gestattet.

Dem Kanzler ist schon zuzustimmen, daß es nur einen relativ kurzen historischen Zeitpunkt für die Einheit gegeben habe.

Aber warum ist dies nicht mit einer mehrjährigen kooperativen Vorbereitungsphase zu koppeln gewesen, die eine – das ist einzuräumen – nicht nur eine im westlichen Teil des Vaterlandes aktive Deutschlandpolitik verlangt hätte? Die Voraussetzungen dafür sind so zu beschreiben: Eine wirtschaftliche Fundierung des Einigungsprozesse. Das hätte viele Milliarden verlangt, die nach einem überlegten Konzept einzusetzen waren. Ohne Solidarhilfe des Westens hätte es in keinem Fall einen echten Aufschwung in Deutschland-Ost gegeben. Richtig, nur jetzt wird mehr als eine Billion Mark nicht ausreichen, um Ostdeutschland, bis wann auch immer, in des Kanzlers »blühenden Garten« zu verwandeln. Ein erheblicher Teil des ostdeutschen Wirtschaftspotentials ist nicht umstrukturiert, sondern erst einmal »platt«-gemacht worden. Ein mehrjähriger oder nie mehr wieder gut zu machender Verlust bei der Überwindung der Erblasten aus der Zeit der Zwangswirtschaft. Millionen Ostdeutsche könnten noch mit das deutsche Bruttosozialprodukt erhöhen, statt dem heute noch produzierenden Teil der Nation und der Öffentlichkeit auf der Tasche liegen zu müssen. Deutschlands außenwirtschaftliches Markenzeichen wäre auf Märkten präsident, die es heute kaum noch gibt.

Marktwirtschaftliche Reformen und Demokratisierungsprozesse unter einem Druck von innen und außen auch seitens Moskau. Die Ereignisse von 1989 zeigen ja gerade, daß es möglich gewesen ist, die alte Führung der DDR abzulösen, obwohl es einen beachtlichen Repressionsapparat gab, der sich sicher zur Verwunderung vieler den revolutionären oder reformorientierten Potential alles andere als entgegenstellte. Natürlich waren auch geordnete längerfristige Transformationsprozesse schwierig umzusetzen. Doch ganz sicher mit mehr sozialer Verträglichkeit für ganze Generationen. Millionen geht es durchaus »besser« als unter dem alten Regime. Mit den Taten ihrer Bürger, wie Ende der 80er und am Beginn der 90er ist erwiesen, daß der Anstoß zur Reformierung der ostdeutschen Länder und erst weitere Schritte in Richtung Demokratie und Marktwirtschaft realistisch sind. Man kann sagen, daß Honecker & Co. sich mit ihrem kurzsichtigen, bornierten, realitätsfernen, zögerlichen Agieren und weitgehenden Beharren sogar selbst um ein akzeptables Rentendasein auf deutschem Boden gebracht hatten.

Es ist überhaupt nicht hoch genug anzusetzen, welche wohltuenden Impulse ein geordneter Transformationsprozess im Osten Deutschlands auf die Umwandlungsprozesse in Osteuropa gehabt hätte.

Und dies wiederum hätte die Herausbildung eines konföderierten Gesamteuropas erleichtert, eines Kontinents gleichberechtigter Staaten, von denen Gorbatschow, Genscher, Mitterrand und viele andere immer sprachen. Heute sind wir davon weiter denn je entfernt. Ein jahrelanger Bürgerkrieg, wirtschaftliches Chaos, Armut, Verelendung und Gewalt im östlichen Teil des Kontinents prägen die europäische Szene ebenso wie das Heraufziehen einflußreicher, extremer politischer und militanter Einflüsse. Es ist schwer einzuschätzen, wann, wieviel und welche Gefahren auf uns zurollen, wenn östlichen Politikern die Prozesse noch weiter aus der Hand gleiten – die Anzeichen dafür sind unübersehbar.

Ein durchaus anderer Lauf der Geschichte hätte den rechtzeitigen politischen Willen aller Teilhaber an der deutsch-deutschen Zusammenarbeit verlangt, um aus Modellen Projekte und aus Projekten Realität zu machen. Jedoch Machtstreben und Realitätsferne bei diesem oder jenem Politiker verzögerten den ohnehin nicht aufzuhaltenden Weg zu einer irgendwie gestalteten deutschen Einheit mit den für viele schmerzlichen Folgen.

Man wird aber viele Jahre später immer öfter gefragt, ob es gut und richtig war, dieser Zusammenarbeit, die diese frühen Chancen vertan hat, seine Dienste geleistet zu haben.

Das offizielle Bonn

»Ich habe Günter Mittag vorgetragen, ›daß ich keine Chance sehe, das Zürcher Modell zu realisieren *(Jenninger in einem Vier-Augen-Gespräch mit SED-Politbüromitglied Günter Mittag Ende 1983 – Anm. d. Autors)*, daß die Bundesregierung nicht bereit ist, etwa in absehbarer Zeit finanzielle Mittel zur Verfügung zu stellen, um eine solche Sache zu finanzieren‹. Damit war diese Sache gestorben. Es ist auch nie mehr jemand auf dieses Zürcher Modell zu sprechen gekommen...

Er *(Bahl – Anm. d. Autors)* kam ins Kanzleramt und hat sich ordnungsgemäß angemeldet. Wir haben eine Tasse Kaffee getrunken und er hat dann berichtet. Aber mehr war es nicht.«

Dr. Philipp Jenninger vor dem Schalck-Untersuchungsausschuß, Bonn, Protokoll 121. Sitzung, 4. März 1993, S.158 und 174.

Dr. Wolfgang Schäuble in Spiegel-TV vom 19. April 1994:

»Ich finde es ja auch wirklich verdienstvoll, daß er *(Jenninger – Anm. d. Autors)* sich in seiner Zeit als Staatsminister im Kanzleramt, aber auch als Bundestagspräsident... für die deutsche Einheit akut eingesetzt hat. Und der Grundgedanke über eine Stärkung der wirtschaftlichen Verflechtung die Einheit näher zu bringen oder die Teilung gegebenenfalls zu mindern, war ja auch richtig...

Wir wollten ja auch ein Geflecht von möglichst vielen Gesprächskontakten, Beziehungen. Insofern habe ich da nie etwas dagegen gehabt, sondern ganz im Gegenteil; es war richtig. Was er im einzelnen alles mit wem besprochen hat, weiß ich nicht.«

Ottfried Hennig, ehem. Staatssekretär der Bundesregierung

O-Ton MDR/Fakt: »Das Kanzleramt schweigt über die Kontakte. Ottfried Hennig bestätigt diese zum ersten Mal.«

O-Ton Hennig: »Helmuth Kohl wurde Kanzler. Er übernahm eingeführte Gesprächsebenen auf der Schiene Wienand, auf der Schiene Wischnewski und versucht die Schienen, die teilweise auch im innerdeutschen Ministerium liefen, in einer seriösen Form zu gestalten, daß es menschliche Erleichterungen gab.«

O-Ton Hennig zum »Länderspiel«: »Es ging wieder um menschliche Erleichterungen. Es ging darum, die Mauer, den Stacheldraht durchlässiger zu machen.

Eine Konföderation in dem Sinne, daß sich zwei Teile eines Staates, Teile Deutschlands aufeinander zu entwickeln, ist in Ordnung.

Eine Konföderationsidee, daß auf ewige Zeit zwei Teile Deutschlands unabhängig voneinander bestehen bleiben, entspricht nicht dem Auftrag unserer Verfassung, den wir ja schließlich am Ende erfüllt haben. Deshalb muß man da Richtiges von Illusionen trennen.«

Ottfried Hennig, ehemaliger Staatssekretär im innerdeutschen Ministerium in der Sendung des ARD-Magazins »Fakt« vom August 1994

»Ich könnte Scheiße schreien.« *(Jenniger zu seiner Rolle beim Zürcher Modell und beim »Länderspiel« – Anm. d. Autors)* Der Kanzler ist nicht informiert gewesen. »Ich bin doch kein dahergelaufener Pimpf. Ich habe das operative Geschäft ganz allein betrieben.«

Dr. Philipp Jenniger gegenüber Recherchen des »Spiegel«, siehe »Der Spiegel« Nr. 40/1994, 3. Oktober 1994, S. 49/50.

Dr. Thomas Gundelach, langjähriger Leiter des Büros von Dr. Philipp Jenninger:

»Das ›Zürcher Modell‹ war im Grunde ein Erbstück der Vorgängerregierung *(unter Bundeskanzler Helmut Schmidt – Anm. d. Autors)*... Dieses Modell hat eigentlich die ganzen Jahre weitergegeistert. ...diese Geschichte ›Zürcher Modell‹, (war) nicht unbedingt restlos und für alle Zeit abgehakt...«

»Soweit ich weiß, hat Herr Jenniger auch den Bundeskanzler in der Regel mündlich informiert, vielleicht mal mit einem handgeschriebenen Blatt mit den entscheidenden Punkten ...Im November 1984 habe ich den Schluß gezogen, daß jedenfalls das Zürcher Modell immer noch eine reale Möglichkeit war...

Seitens des Kanzleramtes bestand das Interesse, die Möglichkeit, zu irgendeinem Zeitpunkt vielleicht doch dieses Modell zu verwirklichen, diese Möglichkeit nicht zu verschütten.«

Aus der Zeugenvernehmung im Schalck-Untersuchungsausschuß, Bonn, Protokoll 121. Sitzung, 4. März 1993, S.7, 8, 9, 59.

Anhang

BIZ	Bank für Internationalen Zahlungsausgleich, Basel
COCOM	Koordinierungskomitee für den Ost-West-Handel, Sitz Paris; eine der NATO zugeordnete Kontrollstelle für den Handel und die Kooperation des Westens mit Osteuropa, China und Nordkorea; insbesondere Technologietransfer
DABA	Deutsche Außenhandelsbank, die die Außenhandelsgeschäfte der DDR finanziell, auch von der internationalen Kreditseite her, sicherte und abwickelte
DIHT	Dachorganisation der deutschen Industrie- und Handelskammern, Sitz Bonn
DIW	Deutsches Institut für Wirtschaftsforschung, Berlin-Dahlem
EG	Europäische Gemeinschaft, Integrationsgemeinschaft Westeuropas
EU	Europäische Union
Intrac	Finanzinstitution des KoKo-Imperiums mit Bankenfunktion
IPW	Institut für Internationale Politik und Wirtschaft der DDR in Berlin-Ost, das sich als eine Art wissenschaftliche Beratungsinstitution sowohl für die DDR als auch für internationale Auftraggeber verstand. Zu letzteren gehörten u.a. der RGW, die UNO, die ECE, die KSZE, die Internationale Handelskammer, der Internationale Rat für Ost-West-Kooperation Wien sowie insbesondere

	Insitutionen in den USA. Es wurden ebenfalls Studien für das Bundeskanzleramt, Bonn angefertigt.
OECD	Organisation für wirtschaftliche Zusammenarbeit und Entwicklung, Sitz Paris; ein Zusammenschluß der westlichen Industrieländer in Europa und Übersee
Ostausschuß der deutschen Wirtschaft	Institution der deutschen Wirtschaft zur Wahrnehmung von Interessen der Verbände und Unternehmen, die am Handel mit Osteuropa und China besonders interessiert sind; Sitz Köln
RGW	Rat für Gegenseitige Wirtschaftshilfe, Sitz Moskau; die einstige Zentrale der östlichen Integrationsgemeinschaft
SEW	Sozialistische Einheitspartei Westberlins
TSI	Treuhandstelle für innerdeutschen Handel (später: Treuhandstelle für Handel und Industrie) Sitz Berlin-West; Vertreter der Interessen der Bundesregierung bei der Zusammenarbeit mit dem Ministerium für Außenhandel der DDR
UdSSR	Union der sozialistischen Sowjetrepubliken
Wiener Rat	International Council for New Initiatives for East-West-Cooperation; gegr. 1972; Chairmen u. a.: Dr. Umberto Agnelli, Dr. Otto Wolff v. Amerongen

1) Erich Honecker, Moabiter Notizen, edition ost, Berlin 1994
2) Spiegel TV, 19. April 1994
3) Information Holger Bahls an den Autor
4) Gesprächsprotokoll des Treffens Schmidt-Vogel vom 9. 12. 1981 nach Darstellung von Wolfgang Brinkschulte, Hans Jörgen Gerlach, Thomas Heise, »Freikaufgewinnler, Die Mitverdiener im Westen, Frankfurt/ M., Berlin 1993,« S. 167, von Vogel am 11. Dezember Honecker vorlegt und von diesem mit »E. H. 11. Dezember« abgezeichnet.
5) Ebenda
6) Ebenda, S. 168
7) Gesprächsprotokoll der Unterredung zwischen Herbert Wehner und Wolfgang Vogel, von Vogel für Honecker angefertigt, von diesem am 11. Dezember 1981 mit »E. H.« abgezeichnet.
8) Ebenda, S. 170ff., sowie Internes Protokoll der Verhandlungen aus dem Bereich Koko vom 12. März 1982,
9) Ebenda, S. 170, internes Protokoll ...
10) siehe Anlage 1
11) Gesprächsprotokoll der Unterredung zwischen Herbert Wehner und Wolfgang Vogel, von Vogel für Honecker angefertigt, von diesem am 11. Dezember 1981 mit »E. H.« abgezeichnet, S. 171, Vermerk von Schalck an Mielke vom 14. März 1982
12) Ebenda, S. 173
13) siehe Anlage 2
14) Schalck-Untersuchungsausschuß in München am 20. April 1994
15) Berliner Zeitung, 8. April 1994, S. 3
16) siehe Deutscher Bundestag, 12. Wahlperiode, 1. Untersuchungsauschuß »Kommerzielle Koordinierung«, Stenographisches Protokoll der 121. Sitzung, 4. 3. 1993 (im folgenden »Schalck-Untersuchungsausschuß« genannt), Zeugenvernehmung Dr. Thomas Gundelach, S. 10
17) siehe Anlage 3
18) »Schalck-Untersuchungsausschuß«,, Stenographisches Protokoll der 121. Sitzung, 4. 3. 1993, Zeugenvernehmung Dr. Thomas Gundelach, S. 7
19) siehe Anlage 4
20) SAPMO – Bundesarchiv, ZPA der SED 41 664, Büro Honecker
21) Ebenda
22) Ebenda
23) siehe Anlage 5, vgl. auch Anlage 5a und 5b
24) SAPMO – Bundesarchiv, ZPA der SED 41 664, Büro Honecker
25) siehe Anlage 6
26) siehe Anlage 7
27) siehe Anlagen 8 und 9
28) siehe Anlage 3
29) siehe Anlage 6
30) siehe Anlage 10
31) siehe Anlage 11
32) siehe Anlage 33
33) siehe Anhang, S. 196
34) siehe Schalck Untersuchungsausschuß in Bonn, S. 158
35) Ebenda, S. 158, 159
36) Ebenda, S. 12
37) Ebenda, S. 75
38) Ebenda, S. 176
39) Ebenda, S. 163
40) siehe Anlage 12
41) siehe Anlage 13
42) siehe Anlagen 13 und 14
43) siehe Anlage 3

44) siehe Anlage 15
45) siehe Anlage 15
46) siehe Anlage 15
47) siehe Anlage 16
48) siehe Anlage 17
49) siehe Anlage 17
50) siehe Anlage 18
51) siehe Anlage 17
52) siehe Anlage 17
53) siehe Anlage 17
54) siehe Anlage 17
55) siehe Anlage 18
56) siehe Anlage 18
57) siehe Schalck Untersuchungsausschuß in Bonn, S. 8
58) Ebenda
59) siehe Anlage 19
60) siehe Schalck Untersuchungsausschuß in Bonn, S. 29
61) Ebenda, S. 8
62) Ebenda, S. 9
63) Ebenda, S. 10
64) Abschlußbericht Schalck Untersuchungsausschuß, Deutscher Bundestag, 12. Wahlperiode, Drucksache 12/7600, Juni 1994
65) siehe Schalck Untersuchungsausschuß in Bonn, Dok. 790
66) Ebenda, S. 452
67) Ebenda S. 456
68) Ebenda S. 459
69) siehe Anlage 2
70) siehe Schalck Untersuchungsausschuß in Bonn, S. 174
71) Ebenda, S. 172
72) siehe Honecker-Gorbatschow Vier-Augen-Gespräch, Dietz Verlag 1993, S. 11
73) Gorbatschow: Perestroika, München 1987, S. 27
74) Rede von Schewardnadse in Warschau vom 19. März 1986
75) siehe Anlage 21
76) Aussage von Bahl gegenüber dem Autor
77) Neues Deutschland, 11. September 1987, S. 5
78) siehe Peter Przybylski: Tatort Politbüro – die Akte Honecker, 1991, S. 364 f.
79) siehe Schalck Untersuchungsausschuß in Bonn, S. 33 f.
80) BStU, ZA, Dokument 00108, HA XVIII/4, vom 16. Juli 1987
81) BStU, ZA, Dokument 00142, Anlage 3, Seite 2, Operativ-bedeutsame Aspekte zur Person des... und in seinen Verhaltensweisen gegenüber DDR-Bürgern
82) Eduard Schewardnadse: Die Zukunft gehört der Freiheit, 1991, S. 233
83) siehe Gorbatschow: Perestroika, a.a.O. S. 259
84) Europa-Archiv, Nr. 43/1988, S. D617
85) Texte, Reihe III, Bd. 6, S. 465
86) Ebenda S. 232
87) Bundestag Sten. Ber., Sitzung vom 5. September 1989, S. 11, 718
88) Deutschland-Archiv, 23/1990, S. 468
89) siehe Schewardnadse: Die Zukunft gehört der Freiheit, a.a.O. S. 240 ff.
90) siehe Honecker: Moabiter Notizen, edition ost, Berlin 1994
91) Ebenda, S. 15
92) Ebenda, S. 16
93) Ebenda
94) Ebenda, S. 12
95) Ebenda, S. 89
96) siehe Otto Wolff v. Amerongen: Der Weg nach Osten, 1992

97) siehe Vermerk für Hermann Axen über die 123. Sitzung des Exekutivkomitees am 4. Mai 1987, BAB / ZPA IV 2 / 2035 / 34
98) Die Zeit, Hamburg, Nr. 6/1986, 31. Januar 1986
99) Regierungserklärung vom 18. März 1987, Bulletin, Presse- und Informationsamt der Bundesregierung, Bonn 1987, 27, vom 19. März, S. 215
100) Günter Mittag: Um jeden Preis, Berlin 1993
101) siehe Anlage 18
102) Niederschrift über die Gespräche am 7./8. September 1987 in Bonn, Anlage II, II., S. 13
103) siehe Honecker: Moabiter Notizen, a. a. O., S. 47
104) W. Filmer / H. Schwan: Wolfgang Schäuble – Politik als Lebensaufgabe, Bertelsmann Verlag 1992, S. 168
105) Ebenda, S. 181
106) Ebenda, S. 182
107) Ebenda, S. 181
108) Ebenda, S. 195 f.
109) Otto Wolff v. Amerongen: Der Weg nach Osten, S. 186
110) siehe Anlage 30
111) siehe Anlage 29
112) siehe Yves Laulan: Der Osthandel und seine Politischen Konsequenzen, NATO-Breif, Bonn. 6/1970, S. 2
113) E. Lintner, M. v. Schmundel in Pressedienst CDU/CSU, Bonn, 19. April 1988, S. 3
114) Die Welt, 31. August 1988
115) siehe Anlage 24
116) siehe Anlage 25
117) siehe Anlage 23
118) siehe Anlage 26
119) siehe Anlage 26
120) siehe Anlage 27
121) siehe Anlage 27
122) siehe Anlage 28

Anlage 1

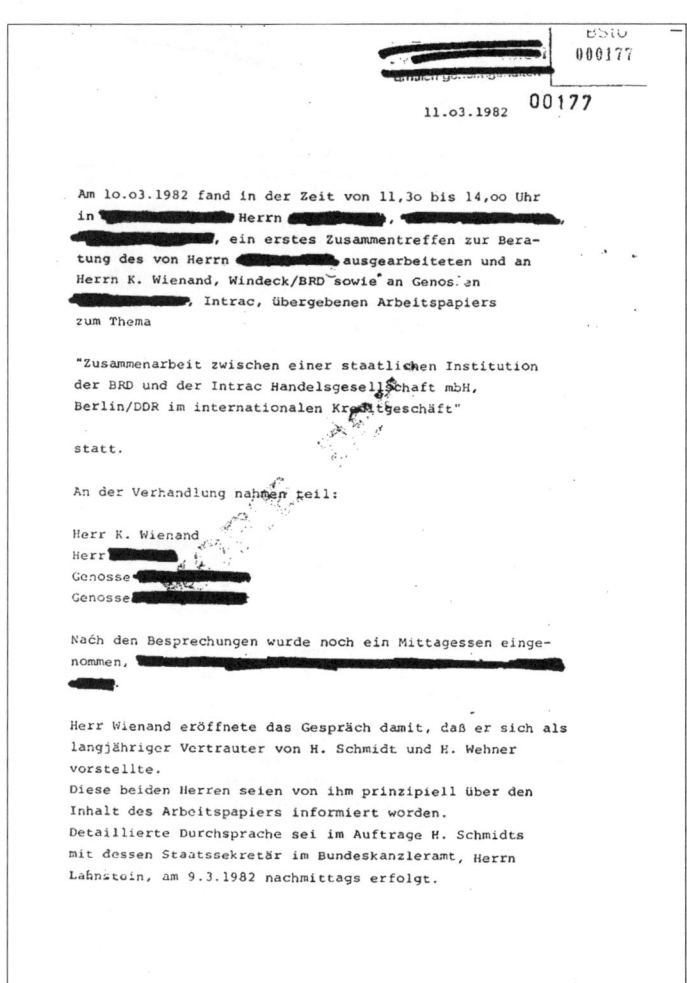

BStU
000177

[redacted]

00177

11.o3.1982

Am 1o.o3.1982 fand in der Zeit von 11,3o bis 14,oo Uhr in [redacted] Herrn [redacted], [redacted], ein erstes Zusammentreffen zur Beratung des von Herrn [redacted] ausgearbeiteten und an Herrn K. Wienand, Windeck/BRD sowie an Genossen [redacted], Intrac, übergebenen Arbeitspapiers zum Thema

"Zusammenarbeit zwischen einer staatlichen Institution der BRD und der Intrac Handelsgesellschaft mbH, Berlin/DDR im internationalen Kreditgeschäft"

statt.

An der Verhandlung nahmen teil:

Herr K. Wienand
Herr [redacted]
Genosse [redacted]
Genosse [redacted]

Nach den Besprechungen wurde noch ein Mittagessen eingenommen, [redacted].

Herr Wienand eröffnete das Gespräch damit, daß er sich als langjähriger Vertrauter von H. Schmidt und H. Wehner vorstellte.
Diese beiden Herren seien von ihm prinzipiell über den Inhalt des Arbeitspapiers informiert worden.
Detaillierte Durchsprache sei im Auftrage H. Schmidts mit dessen Staatssekretär im Bundeskanzleramt, Herrn Lahnstein, am 9.3.1982 nachmittags erfolgt.

[redacted]

2 00178

Wienand betonte, daß wir davon ausgehen können, daß alles was er hier ausführen werde, den Ansichten der vorgenannten Herren entspräche.
Um verständlich zu machen, warum Lahnstein der vom Kanzler benannte Gesprächspartner für ihn ist, und nicht der nach der Bonner Ministerialbürokratie eigentlich zuständige Staatsminister Huonker erklärte Wienand, Huonker sei Jurist und würde politische Fragen auch juristisch, und nicht wie sie es speziell verdienen, politisch behandeln.
Außerdem sei Huonker der Vorsitzende eines sogenannten "Kaffeekränzchens" im Bundeskanzleramt, das wöchentlich unter seiner Leitung zusammentritt und sich speziell mit allen Fragen der Beziehungen zwischen der BRD und der DDR befaßt.
Diesem Kreis gehören auch der Staatssekretär im Bundeswirtschaftsministerium, der Staatssekretär im Franke-Ministerium, der Staatssekretär im Finanzministerium, der Staatssekretär im Außenministerium und der Westberliner Senator für Bundesangelegenheiten, Herr Norbert Blüm/CDU an.
Würde Huonker das Papier kennen, käme es sofort ins Kaffeekränzchen.

Nach dieser Einführung erläuterte Wienand das Ergebnis seiner Gespräche mit Schmidt, Wehner und Lahnstein vom gestrigen Tage wie folgt:

1. Es wird davon ausgegangen, daß die Vorverhandlungen zu diesem gemeinsamen Finanzprojekt zwar zunächst diskret weitergeführt werden können, aber es muß schon jetzt klar sein, daß das Ergebnis für die BRD letztlich öffentlich ist.

[redacted] 000179

3 00179

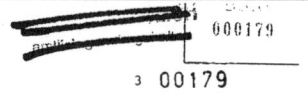

2. Seine Seite geht davon aus, daß die zwischen H. Schmidt und E. Honecker beim Spitzengespräch im Dezember persönlich vereinbarten Verhandlungslinien

- zu wirtschaftlichen Fragen
  Dr. Schalck/Bölling

- zu humanitären Fragen
  Dr. Vogel/Hirt

ausreichen, um auch das vorliegende Arbeitsprojekt zu behandeln.
Deshalb wird vorgeschlagen, daß Dr. Schalck zu einem von ihm zu bestimmenden Zeitpunkt seinen Verhandlungspartner Bölling davon in Kenntnis setzt und dort beide Seiten die evtl. Weiterbehandlung festlegen.
Wienand bemerkte, daß es günstig wäre, mitzuteilen, zu welchem Zeitpunkt Dr. Schalck die Frage ansprechen wolle, damit durch ihn der Bundeskanzler veranlaßt werden könnte, Bölling darauf richtig einzustimmen.

3. Die Westseite setzt voraus, daß bei der Behandlung dieses Projekts neben der wirtschaftlichen Seite auch ein humanitärer Aspekt in die Überlegungen einbezogen wird (hier nannte er das Stichwort Reisealter).
Synchronisation der Verhandlungen müsse gewährleistet sein.
Dr. Schalck könne ja entscheiden, ob das durch ihn selbst oder durch die Verhandlungslinie Vogel/Hirt erfolgt.
Die "Geschäftsgrundlage" für eine solche Operation sei aus BRD-Sicht durchaus gegeben und er habe von H. Schmidt und H. Wehner den Auftrag, sie weiter auf dem laufenden zu halten.

[redacted]

4 00180

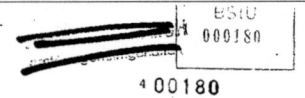

4. Zur technischen Realisierung des Finanzvorschlages muß bei der Größe des Objektes für die BRD noch eine Sprachregelung gefunden werden, die es ihr ermöglicht, auf eine Bank zuzugehen und die notwendigen Mittel auf dem Kapitalmarkt zu mobilisieren.
Die Bundesbank ist dafür nicht geeignet, da angesichts der differenzierten Zusammensetzung des 3o-köpfigen Vorstandes eine einheitliche Position nicht zu erwarten ist.
Hier ist nur vorstellbar, daß H. Schmidt den Bundesbankpräsidenten Pöhl bestellt und ihn veranlaßt, die notwendige Ausnahmegenehmigung gemäß Militärregierungsgesetz Nr. 53 zu erteilen, damit Kapital aus der BRD über ein Drittland in die DDR fließen kann.

5. Als Partner für eine Finanzierungsgesellschaft sowie als Kreditgeber scheint die mit 1oo % im Bundesbesitz befindliche Kreditanstalt für Wiederaufbau (KWA), Frankfurt/Main, geeignet zu sein.
Um diese Funktion wahrnehmen zu können, muß allerdings noch abschließend geprüft werden, ob hier eine Satzungsergänzung notwendig ist.
Das in dieser Richtung von ihm angesprochene Vorstandsmitglied, Herr [redacted], konnte sich in der Kürze der Zeit noch nicht abschließend dazu äußern.

6. Die Aufbringung einer Summe von 4 Mrd in DM bzw. anteiligen anderen Währungen ist nach seiner Ansicht und seinen Erfahrungen nicht kurzfristig und auch nicht in einem Betrag möglich.
Lahnstein habe das auch besonders unterstrichen am Beispiel seiner eigenen Bemühungen bei der Realisierung eines zwischen H. Schmidt und dem früheren französischen Präsidenten Giscard d' Estaing vereinbarten Leistungen an Frankreich in Höhe von 3,5 Mrd DM.

[redacted]

BStU
000181

00181

5

Dazu sei die Auflage von 3 Bundesanleihen erforderlich gewesen. Ein Restbetrag von mehreren loo Mio DM ist nocht nicht abgedeckt.

7. In seinem Gespräch mit Lahnstein hatte dieser noch wissen wollen, ob eine solche große Finanzierungsoperation für die DDR nicht auch mit zentralen RGW-Institutionen abzustimmen sei.
   Der Hintergrund für diese Fragestellungseien Vorwürfe von einer RGW-Institution (deren konkrete Bezeichnung nicht gegeben werden konnte) an die Bundesregierung, daß sie zuviel "Hermes-versicherte" Kredite an die VR Polen gegeben habe.

   Lahnstein wollte von ihm auch wissen, ob die Kreditaufnahmen der DDR den veröffentlichten Zahlen von 14 - 16 Mrd DM oder wie hinter der Hand gesprochen 26 Mrd DM betragen würden.

   Lahnstein würde sich auch noch nicht darüber klar sein, ob das ihm vorgetragene Finanzierungsprojekt Auswirkungen auf den Franke-Etat haben könnte.

Nach Anhörung der Ausführungen von Wienand haben wir erklärt:

1. Der Generaldirektor der Intrac und sein Finanzdirektor sind hierher gekommen, um konkrete Arbeitsschritte zur Realisierung des vorliegenden Arbeitspapiers vorzuschlagen, zu beraten und festzulegen.

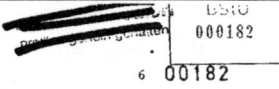

[redacted]

2. Wir haben erwartet, daß er uns mitteilt, welche dem Vorschlag vom 17.2.1982 entsprechende staatliche Institution der BRD Verhandlungspartner der Intrac sein wird und welche Vollmachten sie erhalten hat bzw. erhält.

3. Weiter wollten wir uns über den zeitlichen Ablauf verständigen, damit alle notwendigen juristischen und banktechnischen Voraussetzungen für eine zügige Durchführung dieses Projekts vorbereitet und eingeleitet werden können.

4. Wir müssen feststellen, daß von seiner Seite dazu keine konkreten Vorstellungen und Vorschläge unterbreitet werden konnten.

5. Zu allen anderen von ihm dargestellten und aufgeworfenen Fragen sind wir nicht informiert und auch nicht kompetent.
Wir halten es deshalb für das beste, die Zusammenkunft heute zu beenden und über die BRD-Betrachtungsweise des Projekts unseren Vorgesetzten zu informieren.

Wienand bat abschließend darum, daß sein Name bei den stattfindenden Gesprächsrunden nicht ins Spiel gebracht wird.
Er stünde aber außerhalb der offiziellen Linien mit seinen unverändert engen persönlichen Kontakten zu H. Schmidt und H. Wehner zur Informationsübermittlung und zur Beratung zur Verfügung.

Anlage 2

- 2 -

00168

BStU
000168

Direktion:

1 Direktor	Intrac (Aufenthaltsgenehmigung erforderlich)
1 Direktor	KfW (do.)
1 Direktor	Schweiz (sofort)

Inspektorat:

später zu besetzen

Beirat:

geschäftsführendes Mitglied	[redacted]
Mitglied Bundesrepublik Deutschland	Dr. Jenningen
Mitglied Bundesrepublik Deutschland	H.-J. Wischnewski/K. Wienand
Mitglied DDR	Dr. Schalk
Mitglied DDR	Dr. Vogel

Erforderliche Dokumente zur Gründung

1. Brief des Ministeriums für Aussenhandel der DDR an die Intrac gemäss Anlage 1
2. Brief der Intrac an den Unterzeichner gemäss Anlage 2
3. Brief der Deutschen Bundesbank an die Kreditanstalt für Wiederaufbau gemäss Anlage 3
4. Brief der Kreditanstalt für Wiederaufbau an den Unterzeichner gemäss Anlage 4

Sollte die Durchführung der Gründung bis zur rechtswirksamen Eintragung ins Handelsregister des Kantons Zürich (identisch mit dem Beginn der Geschäftstätigkeit) zeitlich problematisch werden, so hat der Unterzeichner dafür vorgesorgt, dass die bis Anfang März 1983 abzuwickelnden, die Gesellschaft betreffenden Transaktionen über eine bestehende Zürcher Aktiengesellschaft durchgeführt werden können. Diese Gesellschaft wird ausschliesslich vom Unterzeichner kontrolliert.

Zürich, den 29. Januar 1983 [redacted]

V e r t r a u l i c h [redacted] Anlage 2

Betrifft: Einräumung eines Kredites über DM 4 Mrd. an die Intrac Handelsgesellschaft mbH, DDR-Berlin

Treugeber:	eine staatliche Institution der BRD
Kreditgeber (zugleich Treuhänder):	die schweizerische Finanzgesellschaft
Kreditnehmer:	Intrac Handelsgesellschaft mbH, DDR-Berlin
Treuhandbank:	Bank für Kredit und Aussenhandel AG, Zürich
Kreditbetrag:	DM 4 Mrd.
Laufzeit:	20 Jahre
Zinssatz:	zum Refinanzierungseinstandssatz des Kreditgebers
Treuhandkommission (zu vereinnahmen von der schweizerischen Finanzgesellschaft):	1/8 % p.a. des Kreditbetrages
Zinsbindung:	auf roll-over-Basis oder bis zu 10 Jahre fest
Inanspruchnahme:	in einer Summe oder in Tranchen von je DM 1 Mrd.
Tilgung:	am Ende der Laufzeit des Kredites bzw. jeder Tranche des Kredites in einer Summe
Bereitstellungszeitraum:	180 Tage nach Unterzeichnung des Kreditvertrages
Bereitstellungsprovision:	keine
Sicherheiten:	international übliche unbedingte abstrakte Zahlungsgarantie der Deutschen Aussenhandelsbank AG, DDR-Berlin
Verwendungszweck:	im gegenseitigen Einvernehmen
Recht und Gerichtsstand:	Schweizer Recht mit Gerichtsstand des "Court of Arbitration" mit Sitz in Zürich, der gemäss den "arbitration rules of the United Nations Economic Commission for Europe" entscheiden wird.
Dokumentation:	- Treuhandvertrag zwischen der BRD-Institution als Treugeber und der schweizerischen Finanzgesellschaft als Treuhänder gemäss Schweizer Usanz

[redacted] Anlage 2/Seite 2

BStU 000188 00188

- Kreditvertrag in deutscher Sprache zwischen der schweizerischen Finanzgesellschaft als Kreditgeber und der Intrac als Kreditnehmer mit den üblichen Standardformulierungen für internationale Kreditgeschäfte dieser Art

- Rechtsgutachten des Rechtskonsulenten der Intrac

- Rechtsgutachten des internationalen Anwaltbüros Dr. Hofmann, DDR-Berlin

- Genehmigungsschreiben des Ministeriums für Aussenhandel der DDR an die Intrac mit dem Inhalt,dass die Intrac alle Genehmigungen erhalten hat, die nach den Gesetzen der DDR für die Aufnahme und Rückzahlung des Kredites erforderlich sind

- Rechtsgutachten des Vertrauensanwalts des Treugebers

- Genehmigungsschreiben der Deutschen Bundesbank, Frankfurt a/Main, an die BRD-Institution, wonach diese alle Genehmigungen erhalten hat, die nach den Gesetzen der BRD zur Vergabe des Kredites an die Intrac unter treuhänderischer Einschaltung der Schweizer Finanzgesellschaft erforderlich sind

- Rechtsgutachten des Vertrauensanwalts der schweizerischen Finanzgesellschaft

[redacted]

V e r t r a u l i c h [redacted] N T W U R F

00189

BStU
000189

Absender: Ministerium für Aussenhandel der DDR, DDR-Berlin

an: Intrac Handelsgesellschaft mbH, DDR-Berlin

Sehr geehrte Herren,

Sie beabsichtigen, sich an einer Finanzgesellschaft mit der Rechtsform der AG mit Sitz in Zürich zu beteiligen. Das Stammkapital dieser Gesellschaft soll zunächst sFr. 200 Mio. betragen, wovon Ihr Anteil 50 % = sFr. 100 Mio. betragen wird. Die übrigen 50 % = sFr. 100 Mio. werden von einer noch zu benennenden staatlichen Institution der BRD übernommen. Geschäftszweck der schweizerischen Finanzgesellschaft ist vor allem die Finanzierung von langfristigen Investitionsmassnahmen in der DDR sowie die Finanzierung von Geschäften, die im gemeinsamen Interesse beider Aktionäre liegen. Ferner ist vorgesehen, dass Ihnen von der schweizerischen Finanzgesellschaft ein Rahmenkredit in Höhe von DM 4 Mrd. zu den uns bekannten Bedingungen eingeräumt wird.

Wir bestätigen Ihnen hiermit, dass Sie alle Genehmigungen erhalten haben, die nach den Gesetzen der DDR zur Durchführung der vorgenannten Transaktionen erforderlich sind.

Ministerium für Aussenhandel der DDR

gez. Dr. Schalck

Anlage 3

A K T E N V E R M E R K

Betrifft: Leipziger Herbstmesse 1983

Zusammen mit Fräulein Emrich weilte ich vom 4.9. abends bis 8.9.1983 vormittags in Leipzig. In Sachen Zürcher Modell ist folgendes festzuhalten:

1. Am Sonntagabend traf ich Dr. Nitz vor dem Eingang des Hotels Stadt Leipzig. Mit Dr. Nitz bin ich auf der Frühjahrsmesse 1983 erstmals zusammengetroffen und zwar aufgru einer Vorstellung von Dr. Rösch. Laut Dr. Rösch ist Dr. Nitz enger Vertrauter von Staatssekretär Dr. Beil. Nach aussen ist Dr. Nitz tätig am Institut für Politik und Wirtschaft (IPW), DDR-Berlin.

   Nachdem sich Herr Dr. Andrä seinerzeit für zwei Wochen zurückziehen musste, hatte ich mit Dr. Nitz ein Abendessen in Ostberlin, ohne aber i.S. Zürcher Modell weiterzukommen.

   Ich verabredete bei diesem Treffen in Leipzig mit Dr. Nitz eine Zusammenkunft. Am Montagabend sass ich nach Mitternacht mit Dr. Nitz und Dr. Rösch an der Bar des Hotels Stadt Leipzig. Bei diesen Gesprächen verstärkte sich mein Eindruck, dass für die 1. Milliarde von Seiten der DDR keine Gegenleistung zugesagt worden war, man aber im Herbst eine 2. Milliarde erwartet. Ferner liess Dr. Nitz wissen, dass er in die Rosenheimer Gespräche miteinbezogen war.

   Am Dienstagabend traf ich Herrn Dr. Nitz erneut im Hotel Stadt Leipzig und sass mit ihm ca. 10 Minuten zusammen. Ich konnte ihm nun erstmals den neuesten Stand des Zürcher Modells erklären. Dies tat ich, nachdem Herr Dr. Nitz erklärt hatte, er hielte es für richtig, diese Dinge "nach oben" weiterzugebe Am Mittwochmittag traf ich mich mit Dr. Nitz zum Essen im Hotel Stadt Leipzig.

   Insgesamt informierte ich Dr. Nitz über den Stand des Zürcher Modells wie folgt:

   Gegenüber dem Bundeskanzler oder Dr. Jenninger ist die Aeusserung von Dr. Mittag, dass die DDR an der Durchführung des Zürcher Modells interessiert sei, bisher nicht widerrufen worden. Der Bundeskanzler habe nie eine Antwort auf seine gegenüber E. Honecker abgegebene telefonische Einladung erhalten, den für die DDR Bevollmächtigten für das Zürcher Modell persönlich zu empfangen. Vielmehr sei von Staats-

./2

sekretär Dr. Schalck bei einem Treffen in München zu Dr. Jenninger gesagt worden, Bahl habe in dieser Sache kein Mandat und er selber (Schalck) auch nicht.

3. Karl Wienand führte am Messe-Montag ein Gespräch mit einem hochrangigen DDR-Politiker. Nach den Worten von K. Wienand sei er in den Bereich Axen einzuordnen, u.a. zuständig für die Beziehungen SED/SPD. Dr. Nitz sagte mir, seines Wissens habe Karl Wienand ein Gespräch mit Professor Herbert Häber, Mitglied des ZK der SED geführt. In diesem Gespräch sei x eingehend über das Zürcher Modell befragt worden, insbesondere auch nach den derzeitigen Verhandlungspartnern und der Rolle des Anwalts Dr. Vogel. Bezüglich des Milliarden-Kredites habe Prof. Häber gesagt, "wenn da etwas zugesagt worden sei, dann müssten diejenigen das selbst vertreten".

x Wienand

Zürich, den 18.9.1983

Anlage 4

4.6.86 B [redacted]

BStU
000192

K O N Z E P T der IK INDUSTRIEKREDIT AG, Zürich, 00192
nach Durchführung des Zeitplans vom 1.12.1985

Die IK Industriekredit AG (IK) ist eine in Zürich domizilierte Aktiengesellschaft schweizerischen Rechts, deren Aktien je zu 50 % von der Intrac Handelsgesellschaft mbH, DDR-Berlin, und der Kreditanstalt für Wiederaufbau, Frankfurt a/Main, gehalten werden. Die IK vertritt die Interessen ihrer Aktionäre am Bank- und Finanzplatz Schweiz.

Geschäftszweck der IK ist die Förderung, Finanzierung und Abwicklung von Geschäften, die im Interesse ihrer Aktionäre liegen.

Dazu gehören insbesondere:

1. die Vermittlung und Zurverfügungstellung von "Stand-by facilities" aller Art in allen gängigen Währungen für ihre Aktionäre;

2. die Vermittlung und Zurverfügungstellung von Finanzmitteln des Euromarktes sowie des schweizerischen und westdeutschen Kapitalmarktes für die Aktionäre;

3. die Förderung, Finanzierung und risikomässige Absicherung von gemeinschaftlichen Drittland-Exporten und Drittland-Investitionen von Unternehmen der Bundesrepublik und der DDR;

4. die Förderung, Finanzierung und risikomässige Absicherung von Exportgeschäften von Aussenhandelsunternehmen der DDR in Länder ausserhalb des RGW;

5. die Förderung, Finanzierung und risikomässige Absicherung von Exportgeschäften von Unternehmen der Bundesrepublik in Länder des RGW;

6. die Bereitstellung von Kapital, verlorenen Zuschüssen und zinsgünstigen, langfristigen Krediten für die Finanzierung von Umweltschutzmassnahmen in beiden deutschen Staaten;

7. die Bereitstellung von Kapital, verlorenen Zuschüssen und zinsgünstigen, langfristigen Krediten für Massnahmen, die im Interesse beider deutschen Staaten liegen, wie z.B. die Modernisierung von Industrieanlagen, der Ausbau von Verkehrswegen etc.

[redacted]

BStU
000193

- 2 -

00193

Ferner kann die IK alle Geschäfte abwickeln, die mittelbar oder unmittelbar der Erfüllung ihres Geschäftszwecks dienen. Insbesondere kann sie auch die am Bank- und Finanzplatz Schweiz üblichen Geschäftsmöglichkeiten nutzen, wie z.B.

- Syndizierung von Krediten, Anleihen und Privatplazierungen als Agent und/oder Lead-Manager gemäss den in der Schweiz geltenden Vorschriften

- die Verwaltung und Anlage von Vermögen der Aktionäre. ...

[redacted]

Zürich, den 1.12.1985

Anlage 5

Leipzig, den 10.03.1983

**Information
über ein Gespräch mit Josef März am 10.03.1983 in
Leipzig**

Der Wunsch zu dem Treffen in Leipzig ging von Strauß aus, weil er damit zum Ausdruck bringen will, daß der aufgenommene Kontakt nach der gewonnenen Wahl in der bisher praktizierten sehr sachlichen Art weitergeführt werden sollte.

Nach Aussagen von März ist mit Sicherheit anzunehmen, daß Strauß im Bundeskabinett als Vizekanzler eintreten wird.
Diese Entscheidung soll bereits gefallen sein.

Nach Klärung der Sachfragen wird spätestens in der Woche nach Ostern das Personalproblem in bezug auf die Zusammensetzung des Bundeskabinettes und anderer wichtiger Führungsfunktionen abgeschlossen.

Zu dem bisher verhandelten Thema - Ausreichung eines Finanzkredites mit den diskutierten Abtretungen aus Forderungen der DDR im Rahmen der Transitpauschale - nimmt Strauß nach wie vor eine positive Haltung ein. Er legt Wert festzustellen, daß das Hineintragen eines Junktims nicht seinen Vorstellungen entsprach und offensichtlich Kohl durch unkompetente, in der Sache nicht informierte, Leute falsch beraten wurde.

Um alle undichten Stellen im eigenen Apparat auszuschließen wurde von März angefragt, ob man die detaillierte Formulierung aus dem Telefongespräch zwischen Genossen Erich Honecker und Kohl, speziell zu dieser Frage Kredit und menschliche Erleichterungen sowie der Bezugnahme von Bahl auf Jenninger in seiner Offerte, die er unmittelbar vor den Bundestagswahlen im Ministerium für Außenhandel hinterlegt hat, zur Verfügung gestellt bekommen könnte.

Ich habe März erklärt, daß ich diesen Sachverhalt prüfen werde.

In diesem Zusammenhang möchte ich darauf aufmerksam machen, daß ich bevollmächtigt war, März den Namen Bahl und den hergestellten Zusammenhang zu anderen Fragen mitzuteilen.

Strauß geht es offensichtlich darum, exaktere Auskünfte zu erhalten, wer aus der Umgebung von Kohl möglicherweise Indiskretionen zu diesem Vorgang vorgenommen hat.

Nach Angaben von März wird das als eine prinzipielle Frage angesehen, weil bei Beabsichtigung der Aufrechterhaltung dieser Verbindung auch von seiten der Bundesregierung eine absolute Vertraulichkeit vorausgesetzt wird.

Von Strauß wurde begrüßt, daß von seiten der DDR diese strenge Vertraulichkeit sehr genau beachtet wurde.

März übermittelte die Einladung an mich von Strauß zu einer persönlichen Zusammenkunft Mitte April nach Konstituierung der Bundesregierung.
Ich habe die Beantwortung dieser Frage völlig offen gelassen.

März hat abschließend zum eigentlichen Sachverhalt festgestellt, daß Strauß - und das war von Anfang an in seinen Überlegungen enthalten - bei einer positiven Entscheidung der BRD zur Ausreichung eines Finanzkredites von seiten der DDR Gesten angezeigt werden, die davon ausgehen, sachliche nachbarschaftliche Beziehungen weiter aufrechtzuerhalten.

Aus Äußerungen von März kann entnommen werden, daß Strauß zu den von Zimmermann und anderen Politikern getroffenen Äußerungen prinzipiell andere reale Auffassungen vertreten werden und ganz sicher ist, daß weder Zimmermann noch Stoltenberg zu den Freuden von Strauß gehören.

März bat nochmals darum, daß die von unserer Seite zugesagte positive Entscheidung über die legale Übersiedlung von Frau Barbara Görner vielleicht vor einem evtl. Besuch bei Strauß abgeschlossen werden könnte.

Bitte um Kenntnisnahme.

(Aexander Schalck)

Anlage 5a

Berlin, den 26.05.1983

Interne Bemerkungen zur Niederschrift über das am 25.05.1983 zwischen dem Vorsitzenden der CSU, F.J. Strauß, und Genossen Schalck in Spöck/Chiemsee geführten Gespräches

Strauß teilte mir, daß seit 8 Tagen aus einer bisher sehr zuverlässigen Quelle die Nachricht vorliegt, daß kurzfristig der jetzige 1. Sekretär des ZK der PVAP, Armeegeneral Jaruzelski, von dieser Funktion zurücktreten wird, um sich nur noch militärischen Fragen zu widmen.
Als neuer 1. Sekretär des ZK der PVAP wird Olszewski vorgesehen.

Bei der Übermittlung dieser Information war Strauß sehr nachdenklich und ließ erkennen, daß eine schnelle und positive Klärung der in der VR Polen anstehenden Probleme vor sich gehen muß.
Die Sache ist deshalb so schwierig, weil bei großen Teilen des Volkes irreale Vorstellungen über den zukünftigen Weg bestehen.

Strauß teilte weiterhin muß, daß aus einer anderen Quelle, die ja mit großem Vorbehalt und ohne jeglicher Kommentierung vom BND übermittelt erhielt, festgestellt wird, daß Erich Honecker während seines letzten Besuches in Moskau angeblich den Einsatz sowjetischer Truppen in der VR Polen gefordert haben soll.

Ich habe dazu nur so viel festgestellt, daß er verstehen wird, daß diese Fragen nicht in meiner Kompetenz liegen, aber er bedenken möchte, daß in keiner Situation und unter keinerlei Umständen weder fortschrittliche und positive Kräfte in der VR Polen noch die UdSSR und die anderen Mitgliedsländer des Warschauer Vertrages zulassen werden, daß Polen aus der sozialistischen Gemeinschaft ausscheidet oder einen nichtsozialistischen Weg einschlägt. Dabei wird ganz sicherlich vorrangig aus logistischen Gründen die Sicherung des reibungslosen Transit eine vorrangige Rolle spielen.

Strauß nickte und hinterließ bei mir den Eindruck, daß er zumindest diesem Komplex sachliches und politisches Verständnis entgegenbringt.

Nach meinem letzten Gespräch hat Strauß mit Jenninger sehr ernst zu dem immer wieder auftauchenden Züricher Modell und dem Übermittler Bahl gesprochen.

Auf seine Frage an Jenninger, ob Bahl zu irgendeiner Zeit von ihm ein Mandat hatte, über das Züricher Modell oder unter diesem Begriff zu verstehenden Fragen Verhandlungen mit der DDR zu führen, wurde das eindeutig

3

verneint.
Jenninger erklärte Strauß, daß dieser Mann immer wieder versucht, auch unter Benutzung der Namen von Genossen Honecker und Mittag, der Name Schalck wurde bisher nicht genannt, zu erklären, daß Interesse der DDR für solche Gespräche vorliegt.

Aufgrund dieser, aus der Sicht von Strauß hochstapplerischen, Aktivitäten hat er von Jenninger verlangt, daß dieser Mann bearbeitet wird, um herauszubekommen, wer hinter diesen Dingen wirklich steht.
"Es wäre ja auch denkbar, daß die 'Dienste' ihre Finger mit im Spiel hätten, aber das wird sich ja dann herausstellen. So kann man keine Politik machen, weil Honecker gegenwärtig gar nicht in der Lage ist, die dort in einigen Köpfen vorhandenen Illusionen durchzuführen."

Auf meine Frage, wie Leisler-Kiep gegenwärtig aus seiner Sicht in seiner Funktion eingeschätzt werden müsse, stellte Strauß fest, daß der Mann in keiner entscheidenden Führungsfunktion mehr ist und auch nicht mehr dort hingelangen wird. Das damals anvisierte Ziel, Generalsekretär der CDU zu werden, wurde von Kohl nicht zugelassen. Es ist nicht ausgeschlossen, daß er eines Tages als Botschafter der BRD tätig sein wird.
Als Gesprächspartner für große Fragen ist er nicht interessant, er ist ohne Einfluß.

(A. Schalck)

Anlage 5b

Berlin, den 03.11.1983

Nur zur persönlichen
Information des
Genossen Minister

Auszüge aus dem Gespräch zwischen Genossen Schalck und Ministerpräsident F.J. Strauß am 02.11.1983 in seiner Wohnung in München

Mit Befremden wurde festgestellt, Herr Ministerpräsident, daß entgegen den von Ihnen mitgeteilten Informationen, daß außer Ihnen niemand bevollmächtigt ist, im Namen des Bundeskanzlers und des Staatsministers im Bundeskanzleramt, Jenninger, über die Gewährung von Krediten durch Banken der Bundesrepublik an zuständige Banken der DDR und in diesem Zusammenhang über die Realisierung von Wünschen der Bundesregierung auf humanitärem Gebiet Gespräche bzw. Verhandlungen zu führen.

In den letzten Tagen hat Holger Bahl erneut unter Bezugnahme auf Jenninger das "Züricher Modell", was in völliger Übereinstimmung zwischen uns beiden schon längere Zeit zu den Akten gelegt war, wieder ins Gespräch gebracht.

Weiterhin war aus dem Gespräch zu entnehmen, daß damit Ihre Stellung und Ihre Vollmachten beeinträchtigt wurden, was zu gewissen Zweifeln auf unserer Seite führte.

Strauß war über diese Mitteilung sehr erregt und bat mich, in seiner Gegenwart dabei zu sein, um ein Gespräch, was Strauß während meines Zusammentreffens mit Jenninger führte mitzuhören.

Nach Zustandekommen der Verbindung stellte Strauß fest, daß ihm zuverlässige Informationen vorliegen, wonach trotz Zusage von Staatsminister Jenninger erneut Bahl im Namen von ihm Gespräche über das "Züricher Modell" führen wollte.

Strauß vermied es dabei, über weitere Kommentierungen zu seiner Person zu sprechen, stellte nur die Frage, ob dies den Tatsachen entspreche.

Darauf hat Jenninger unmißverständlich erklärt, daß Bahl weder ein Mandat hätte noch habe und das er nach dieser eigenmächtigen Handlung veranlassen wird, daß jegliche Gesprächsführung über Bahl zu diesem Thema verboten werde.

Jenninger hat nicht bestritten, daß er in Gegenwart eines Mitarbeiters von ihm Bahl gesprochen hat und das diese Gespräche dazu dienten, Wissen über "die Zustände in der DDR" von Bahl abzuschöpfen.

Nur zu diesem Zweck hat das Bundeskanzleramt Bahl benutzt.

Jenninger mußte bestätigen, daß nach dem Einschalten von Strauß Bahl keine Kontakte mit hochrangigen und verantwortlichen Partnern in der DDR hat, aber ihm vor wenigen Tagen erneut die Mitteilung zukommen ließ, daß er am Freitag oder Sonnabend dieser Woche ein wichtiges Gespräch in dieser bekannten Sache im "Ostberlin" führen wird.

Strauß brach in schallendes Gelächter aus und kommentierte, daß es ja ein Armutszeugnis für das Bundeskanzleramt ist, über solche Leute wie Bahl die Stimmung in der DDR einschätzen zu lassen.

Dafür müßte es doch sicherlich wirksamere Verbindungen geben.

Erstmalig tauchte in diesem Zusammenhang der Name Prof. Schreckenberger auf, der gleichermaßen aus Rheinland-Pfalz stammt und auch Interesse an der Abschöpfung von Bahl zeigte.

Strauß gab Jenninger abschließend dringend den Rat, so wie das mit dem Bundeskanzler besprochen ist, daß in der gegenwärtigen Phase außer ihm niemand mit Beauftragten der DDR zu den von der DDR mündlich übermittelten neuen Vorschlägen spricht.

(Aexander Schalck)

Anlage 6

A K T E N V E R M E R K

Betrifft: Zürcher Modell

In Sachen Zürcher Modell sind nach dem Amtsantritt der neuen Bundesregierung im wesentlichen folgende Ereignisse eingetreten:

1. Ausgangspunkt war die Bereitschaft beider Staaten, das Zürcher Modell in der schriftlich vorliegenden Form durchzuführen. Darüber hatten sich zuletzt Rechtsanwalt Dr. Vogel und Staatsminister a.D. Wischnewski im Herbst 1982 in Weimar verständigt.

2. Der Unterzeichner hat erstmals im November 1982 bei Staatsminister Dr. Jenninger abklären können, dass auch die neue Bundesregierung an der Durchführung des Zürcher Modells interessiert ist. Auf Seiten der DDR fanden sich keine Gesprächspartner. Sowohl Staatssekretär Dr. Schalck wie Rechtsanwalt Dr. Vogel erklärten, dass sie kein Mandat zum Verhandeln besässen.

3. Als neuen Gesprächspartner fand der Unterzeichner einen leitenden Beamten des Aussenhandelsministeriums der DDR vor. Nachdem zunächst sowohl die Bundesregierung wie auch die DDR ihr Interesse bekundet hatten, das Zürcher Modell vor dem 6.3.1983 durchzuführen, konnte dieser Zeitpunkt nicht eingehalten werden. Bei dem Zusammentreffen von Dr. Mittag und Staatsminister Dr. Jenninger im April 1983 in Bonn bekundete Dr. Mittag das Interesse der DDR an der Durchführung des Modells und nannte Staatssekretär Dr. Schalck als möglichen Verhandlungspartner der DDR. In dem an diesem Tag stattgefundenen Telefongespräch zwischen Bundeskanzler Dr. H. Kohl und Generalsekretär E. Honecker bestätigte auch der Bundeskanzler sein Interesse an der Durchführung des Zürcher Modells und erklärte seine Bereitschaft, den von der DDR noch zu benennenden Verhandlungsführer persönlich zu empfangen. Dabei wurde ein Zeitraum von 4 Wochen genannt.

4. Im Mai 1983 wurde der Unterzeichner von seinem Gesprächspartner in der DDR auf Einzelheiten des vorgesehenen Besuchs von Dr. Schalck in der Bundesrepublik angesprochen. Als Zeitpunkt wurde provisorisch der 13. Juni 1983 ins Auge gefasst.

- 2 -

Während das von Dr. Mittag geäusserte Interesse der DDR an der Durchführung des Zürcher Modells von kompetenter Stelle der DDR nie dementiert wurde, zog sich der Gesprächspartner des Unterzeichners im Juni 1983 mit der Erklärung zurück, dass er kein Mandat mehr in Sachen Zürcher Modell habe. Aehnliche Signale in dieser Richtung waren Wochen zuvor über Rechtsanwalt Dr. Vogel und Staatssekretär Dr. Schalck ins Bundeskanzleramt geleitet worden.

Im Bundeskanzleramt bringt man die veränderte Haltung der DDR mit dem in München ausgehandelten Milliardenkredit in Zusammenhang.

Fragen:

1. Ist die DDR noch an der Durchführung des Zürcher Modells in der schriftlich vorliegenden Form interessiert oder muss dieses Vorhaben als erledigt angesehen werden?

2. Wenn weiter Interesse besteht, wer ist der für die DDR zuständige Verhandlungspartner, der der nach wie vor gültigen Einladung von Bundeskanzler Dr. H. Kohl Folge leisten würde?

Zürich, den 31. August 1983

Holger Bahl

A K T E N V E R M E R K

Betrifft: Zürcher Modell

Gespräch am 18. Mai 1983, 17.30 Uhr, mit
Staatsminister Dr. Jenninger

Vorbemerkung:

Herr Wienand hatte mir vor ca. zwei Monaten mitgeteilt, dass ihm Informationen aus der DDR vorlägen, wonach mein weiteres Mitwirken am Zürcher Modell aus Sicht der DDR unerwünscht sei. Es bestünden Ueberlegungen, eine andere, nicht mehr über Zürich laufende Verhandlungsschiene aufzubauen. Bei meinem Gespräch Anfang April 1983 im Bundeskanzleramt hatte ich Dr. Jenninger, einem Ratschlag von Herrn Wienand folgend, darauf angesprochen und ihn gefragt, ob er in dieser Hinsicht aus der DDR angesprochen worden sei. Dr. Jenninger hatte dies mit Bestimmtheit verneint.

Bei meinem heutigen Besuch teilte mir Dr. Jenninger mit, dass er kürzlich den Besuch eines Unterhändlers von Rechtsanwalt Dr. Vogel, DDR-Berlin, erhalten habe. Dabei sei ihm mitgeteilt worden, dass mein Mitwirken beim Zürcher Modell von keiner Stelle der DDR abgesegnet sei und ich in dieser Sache von Seiten der DDR keinerlei Mandat oder Auftrag hätte. Auch seien meine Aeusserungen i.S. Zürcher Modell von den zuständigen Behörden der DDR nicht autorisiert. Ferner habe der Ministerpräsident des Freistaates Bayern, Franz Josef Strauss, ihn vor ca. einer Woche angerufen und gefragt, ob ihm die Worte "Zürcher Modell" etwas sagten. Strauss liess wissen, er sei von DDR-Stellen informiert worden, dassder in dieser Sache agierende Zürcher Bankdirektor für diese Gespräche nicht kompetent sei. Ich habe daraufhin Herrn Dr. Jenninger über vergleichbare Vorkommnisse aus dem Frühstadium des Zürcher Modells unterrichtet, insbesondere über die bekannten Querschüsse, die jeweils von Dr. Vogel ausgingen. Ferner teilte ich Herrn Dr. Jenninger mit, dass - wie ich ihm bei unserem Kennenlernen bereits sagte - Herr Dr. Vogel mich mehrfach wissen liess, dass er kein Mandat mehr i.S. Zürcher Modell habe. Damals sagte mir Dr. Vogel zu, dass er sich bei mir melden würde, sofern er i.S. Zürcher Modell grünes Licht erhalten habe. Bei einem Telefongespräch mit Dr. Vogel, welches

./2

ich im Februar 1983 auf Veranlssung meines jetzigen Gesprächspartners führte, wünschte mir Dr. Vogel für meine Bemühungen alles Gute. Ich unterrichtete Dr. Jenninger auch darüber, dass ich seit Amtsantritt der neuen Bundesregierung einen neuen Gesprächspartner habe und ich seitdem keine Gespräche i.S. Zürcher Modell mit Herrn Steinebach/Intrac, Dr. Schalck oder Dr. Vogel führen würde. Mein jetziger Gesprächspartner würde die Gesprächsinhalte und die von mir erstellten schriftlichen Unterlagen über Herrn Mittag unmittelbar an Generalsekretär Honecker weiterleiten.

Dr. Jenninger ist überzeugt, dass die Indiskretionen der letzten Zeit auf gemeinsamen, ihm bekannten Kreisen in der DDR und der BRD beruhen. Dabei fiel erneut der Name Josef Merz von der Firma Merex, Rosenheim. Nach Angaben von Dr. Jenninger liegen ihm darüber sichere Erkenntnisse vor.

Zur Sache legte Dr. Jenninger folgendes dar:

1. Sofern ein Treffen zwischen Dr. Schalck und dem Kanzler in Bonn erfolgen soll, würde er dies begrüssen. Man erwartet auf der westdeutschen Seite jedoch, dass Generalsekretär Honecker nach den zweimaligen Anrufen von Bundeskanzler Kohl dieses Treffen dem Bundeskanzler telefonisch avisiert bzw. bestätigt. Wenn ein solches Telefongespräch nicht möglich ist, ist Dr. Jenninger auch bereit, Dr. Schalck in West-Berlin zu treffen. Als Zeitpunkt würde der 12. oder 13.6.1983 in Frage kommen.

2. Im Hinblick auf mögliche Indiskretionen wird auf der westdeutschen Seite folgendes Problem gesehen:

   Man hat grundsätzlich keine Bedenken gegen die schon des öfteren besprochene Phasenverschiebung. Problemhaft wäre es jedoch, wenn die Auszahlung der ersten Kredittranche publik würde und die westdeutsche Seite noch nicht bekanntgeben könnte, welche Gegenleistung von der DDR-Seite erfolgen würde. Es wäre daher zu überlegen, ob man nicht bei Valutierung der ersten Kredittranche von DM 1 Mrd. Zug um Zug eine Neuregelung des Mindestumtausches in der bereits des öftern besprochenen Form herbeiführen könnte. Alsdann könnte der eigentliche Kredit von DM 4 Mrd. in Tranchen valutiert werden und dann die besprochene Erklärung der DDR betreffend Reisealter erfolgen.

3. Bezüglich der Zustimmung zum Zürcher Modell auf der westdeutschen Seite wurde mir versichert, dass auch Strauss dafür sei und man ihn auf jeden Fall in dieser Sache einbauen wolle. Im übrigen rechnet die Bundesregierung auch mit der Zustimmung der Opposition.

   Bemerken möchte ich noch, dass mir Herr Wienand noch vor kurzem zusagte, dass mit der Zustimmung der SPD zum Zürcher Modell fest gerechnet werden könne.//

./3

Abschliessend möchte ich noch bemerken, dass ich aufgrund der gezielten Desavouierung meiner Person meine Bemühungen in dieser Sache nicht mehr weiterführen kann, wenn nicht von Seiten der DDR eine Klarstellung kommt. Ich bitte daher darum, dass eine eindeutige Klärung herbei geführt wird, ob meine Bemühungen auf Seiten der DDR erwünscht oder unerwünscht sind. Ich kann es nicht zulassen, dass gegebenenfalls Schaden auf die BKA und die hinter ihr stehenden Aktionäre fällt.

Um meine Glaubwürdigkeit bei Dr. Jenninger wiederherzustellen, halte ich es für den Fall, dass ich meine Bemühungen fortsetzen soll, für unerlässlich, dass die DDR auf geeignetem Wege Herrn Dr. Jenninger oder dem Bundeskanzler eine entsprechende Mitteilung zukommen lässt.

Zürich, den 18. Mai 1983

Anlage 8

A K T E N V E R M E R K

Zeitplan Zürcher Modell

unter Berücksichtigung der gewünschten Phasenverschiebung

Stufe 1:	**gemeinsame Finanzgesellschaft**	sofort
	Gründung in Zürich gemäss Aktenvermerk vom 17.02.1982 und Aktenvermerk vom 29.01.1983.	
Stufe 2:	**Kreditgeschäft**	bis zum 18.02.1983
	Treuhandkredit über (je nach zeitlicher Machbarkeit) DM 1 - 2 Mrd. gemäss Aktenvermerk vom 17.02.1982.	
Stufe 3:	**Reisealter**	bis Anfang März 1983
	Abgabe der besprochenen Erklärung der DDR über die Senkung des Reisealters für Bürger der DDR bei Reisen in die Bundesrepublik und West-Berlin von 65 Jahren um 5 Jahre auf 60 Jahre.	
Stufe 4:	**Kreditgeschäft**	bis zum 30.06.1983
	Durchführung des restlichen Treuhandkredites gemäss Aktenvermerk vom 17.02.1982 (Treuhandkredite Stufe 2 und Stufe 4 insgesamt DM 4 Mrd.).	

Berlin, 01. Februar 1983

Anlage 9

Anlage 2 zum Aktenvermerk vom 13. Juni 1983

Definitiver Zeitplan des Zürcher Modells

Stufe 1: sofort nach Treffen Dr. Jenninger / Dr. Schalck

Beginn der Vorbereitungen zur Durchführung des Zürcher Modells gemäss Anlage 1 zum Aktenvermerk vom 13. Juni 1983.

Stufe 2: bis Anfang September 1983

Uebergabe der Anlagen 1 - 4 des Aktenvermerks vom 29.1.1983 (Genehmigungsschreiben) in der dort geschriebenen Form an den Unterzeichner

- Ergänzung des Verwaltungsrates auf 7 Mitglieder unter Zuwahl von zwei weiteren Schweizer Mitgliedern sowie je einem Vertreter der Aktionäre (siehe Aktenvermerk vom 29.1.1983)
- Bestellung des Verwaltungsratsausschusses
- Bestellung des Beirates

  (beides gemäss Aktenvermerk vom 29.1.1983)
- Kapitalerhöhung auf sFr. 200 Mio.
- Anpassung der Statuten der Gesellschaft an den vorgesehenen Geschäftszweck und Erlass eines Geschäftsreglements (siehe Aktenvermerk vom 17.2.1982, Anlage 1).

Stufe 3: ab 1. Oktober 1983

Treuhandkredit über DM 4 Mrd. gemäss Aktenvermerk vom 17.2.1982 Zug um Zug gegen Abgabe der besprochenen Erklärung der DDR über die Senkung des Reisealters für Bürger der DDR bei Reisen in die Bundesrepublik Deutschland und Westberlin um 5 Jahre (d.h. bei Männern von 65 Jahren auf 60 Jahre, bei Frauen von 60 Jahren auf 55 Jahre) gemäss Aktenvermerk vom 1.3.1982.

Zürich, den 13. Juni 1983

Anlage 10

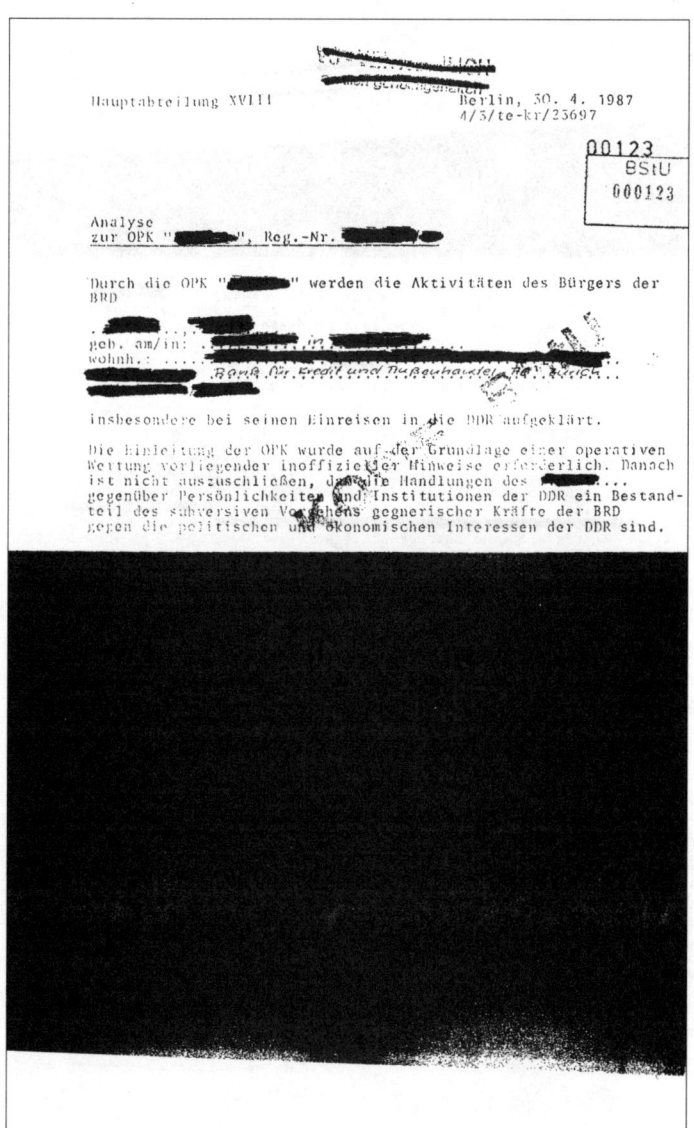

Hauptabteilung XVIII

Berlin, 30. 4. 1987
4/3/te-kr/23697

00123
BStU
000123

Analyse
zur OPK "[redacted]", Reg.-Nr. [redacted]

Durch die OPK "[redacted]" werden die Aktivitäten des Bürgers der BRD

. [redacted] . . , [redacted]
geb. am/in: . [redacted] in [redacted] . . . .
wohnh.: . . . . [redacted]
[redacted] . Bank für Kredit und Außenhandel AG, Zürich . .
[redacted]

insbesondere bei seinen Einreisen in die DDR aufgeklärt.

Die Einleitung der OPK wurde auf der Grundlage einer operativen Wertung vorliegender inoffizieller Hinweise erforderlich. Danach ist nicht auszuschließen, daß die Handlungen des [redacted] . . . gegenüber Persönlichkeiten und Institutionen der DDR ein Bestandteil des subversiven Vorgehens gegnerischer Kräfte der BRD gegen die politischen und ökonomischen Interessen der DDR sind.

[redacted]

[redacted]

00124

2

[redacted]

Durch die OPK konnte 1987 nachgewiesen werden, daß [redacted]. ständige Verbindung zum Staatsminister im Bundeskanzleramt unterhält. Nach seinen Angaben hat er diese Kontakte seit 1981 zum jeweils amtierenden Politiker in diesem Ministeramt.

Gegenüber einem IMB hat ..[redacted] mehrfach seine guten persönlichen Beziehungen zum Staatssekretär im Bundeskanzleramt

. Schreckenberg......

. . Koordinator der BRD-Geheimdienste..........

hervorgehoben.

Über das Zustandekommen und die Hintergründe dieser stabilen und regelmäßigen Verbindungen des [redacted] Bundeskanzleramt liegen keine Erkenntnisse vor. Für [redacted] handelt es sich allerdings um eine außergewöhnliche Verbindung.

Darüber hinaus unterhält [redacted] weitere Kontakte zu Politikern, leitenden Vertretern von anderen westlichen Banken und Journalisten. Es wurde festgestellt, daß [redacted]. auf die Veröffentlichung von Artikeln in den Zeitschriften "[redacted]", "[redacted]" und "[redacted]" Einfluß hat.

Die Kontaktpartner [redacted] im NSW mit operativ-interessanten Merkmalen werden im beiliegenden Personenverzeichnis, Teil 1, mit den jeweiligen Erläuterungen angeführt.

Vertreter der Deutschen Kredit- und Handelsbank/WB, bei der es sich um eine Tochterbank der Landesbank Rheinland-Pfalz handelt, führten .[redacted] 1972/73 als Geschäftspartner in der Deutschen Handelsbank der DDR ein. Anfang der 80er Jahre intensivierte [redacted].. sein Vorgehen gegenüber der DDR enorm. Seinen Verhandlungspartnern in der DDR unterbreitet er seitdem zahlreiche Kreditangebote sowie Vorschläge, Angebote, Konzepte u. ä. für die Gestaltung der Finanzbeziehungen von DDR-Banken mit der BRD über die BKA. Alle diese Aktivitäten von [redacted]. zielen auf die Herbeiführung langfristiger finanzieller Abhängigkeiten der DDR gegenüber der BRD. Geschickt versucht [redacted]. seine Absichten als Hilfe bei der Bewältigung ökonomischer Probleme zu tarnen und lobt gleichzeitig die Solidität der Wirtschaft der DDR und ihres Finanzwesens. Bis 1985 waren seine "Angebote" häufig mit der Forderung nach politischen und humanitären Zugeständnissen verbunden.

[redacted]

000125

3 00125

Abweichend vom Auftreten und Verhalten anderer leitender Vertreter von Banken der BRD zeigt [redacted] hohe Aktivitäten auf dem Gebiet der politischen Beziehungen zwischen der DDR und der BRD. 1986 unterbreitete er ein Konzept unter dem Namen "Länderspiel". Danach würde die BRD einige Forderungen der DDR formell anerkennen, wie z. B. die Staatsbürgerschaft. Andererseits müßte die DDR Regelungen zustimmen, die der BRD neue Möglichkeiten für die Realisierung ihrer subversiven Zielstellungen gegen die DDR eröffnen. Diese neuen Möglichkeiten würden sich aus einer Ausdehnung des Besucher- und Reiseverkehrs in Verbindung mit der Einschränkung der Kontrollmöglichkeiten der zuständigen Organe der DDR im grenzüberschreitenden Verkehr objektiv ergeben.

Zur Realisierung seiner Absichten reist ..[redacted] sehr häufig in unsere Hauptstadt -Berlin- und regelmäßig zu den Leipziger Messen in die DDR ein. Er hat sich einen Kreis von Bürgern der DDR als Kontaktpersonen aufgebaut. Darunter befinden sich einige hochgradige Geheimnisträger zentraler staatlicher Organe. Die bekannten Verbindungen des [redacted] in der DDR sind im Personenverzeichnis Teil 2 mit entsprechenden Erläuterungen erfaßt.

Es wurde festgestellt, daß .[redacted] sich während der Zusammenkünfte in der DDR mit 2 hochgradigen Geheimnisträgern über mehrere Stunden umfangreiche Notizen machte. In den Gesprächen bezieht er sich immer wieder auf seine guten Verbindungen zum Bundeskanzleramt und bietet seine Unterstützung bei der Verwirklichung von Interessen der DDR an.

Die kommerziellen und politischen Aktivitäten des [redacted]. müssen bei einer weitergehenden operativen Wertung im Zusammenhang gesehen werden. Dieser Zusammenhang wird besonders am Beispiel des sogenannten "Züricher Modells" deutlich. Aus Gründen der Übersichtlichkeit werden die kommerziellen und politischen Aktivitäten in den Anlagen 1 und 2 getrennt dargestellt.

Das Verhalten von [redacted] gegenüber seinen Kontaktpersonen aus der DDR ist durch einige operativ-relevante Aspekte gekennzeichnet. Nach in der HA XVIII vorliegenden Erkenntnissen aus der Arbeit mit IM kann geschlußfolgert werden, daß ..[redacted]. Dabei trat .[redacted]... in mindestens 2 Fällen [redacted].

Davon ausgehend ist nicht auszuschließen, daß weitere Verbindungspersonen des ..[redacted]. Darüber hinaus organisierte .[redacted] für einzelne seiner Kontaktpersonen, die NSW-Reisekader sind, inoffizielle Zusammentreffen mit führenden Politikern der BRD im NSW und schafft für Bürger der DDR während ihrer NSW-Dienstreisen unerlaubte Reisemöglichkeiten. Die bekannten operativ-relevanten Aktivitäten des [redacted]. werden in der Anlage : erfaßt.

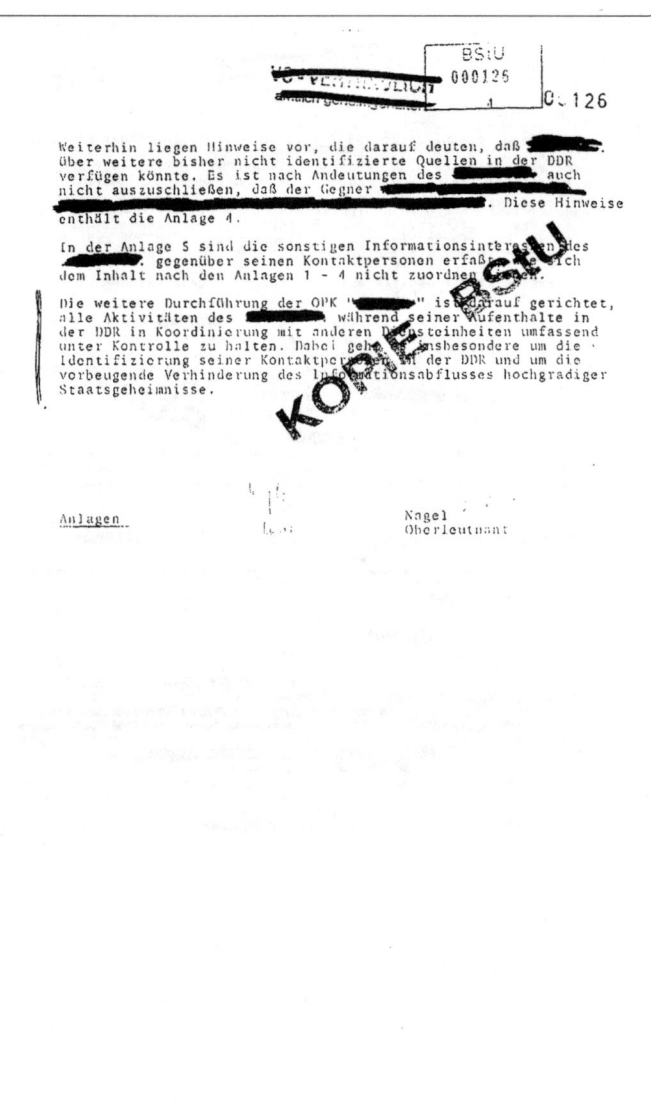

[redacted]

Weiterhin liegen Hinweise vor, die darauf deuten, daß [redacted]. über weitere bisher nicht identifizierte Quellen in der DDR verfügen könnte. Es ist nach Andeutungen des [redacted] auch nicht auszuschließen, daß der Gegner [redacted]. Diese Hinweise enthält die Anlage 4.

In der Anlage 5 sind die sonstigen Informationsinteressen des [redacted]. gegenüber seinen Kontaktpersonen erfaßt, die sich dem Inhalt nach den Anlagen 1 - 4 nicht zuordnen lassen.

Die weitere Durchführung der OPK "[redacted]" ist darauf gerichtet, alle Aktivitäten des [redacted] während seiner Aufenthalte in der DDR in Koordinierung mit anderen Diensteinheiten umfassend unter Kontrolle zu halten. Dabei geht es insbesondere um die Identifizierung seiner Kontaktpersonen in der DDR und um die vorbeugende Verhinderung des Informationsabflusses hochgradiger Staatsgeheimnisse.

Anlagen

[illegible]

Nagel
Oberleutnant

~~VS-Vertraulich~~
~~amtlich geheimgehalten~~

Verzeichnis der Personen und Institutionen

Teil 1 Personen und Institutionen aus dem NSW

Wienand, Karl

Industrieberater in Italien. W. war bis 1982 Staatssekretär im Bundeskanzleramt. Er spielte unter der SPD-Regierung eine wichtige Rolle für [redacted]. bei der Entwicklung und Umsetzung des "Züricher Modells". Seitens des [redacted] bestehen noch aktuelle Verbindungen zu W.
Mitglied des Bundestages; SPD-Fraktion, gehört zum Vorstand.

Wischnewski

Ehemaliger Staatsminister im Bundeskanzleramt unter der SPD-Regierung.

Schreckenberg

Staatssekretär im Bundeskanzleramt; Koordinator der BRD-Geheimdienste. Nach Angaben des [redacted]. bestehen enge Kontakte zu Sch. ...[redacted].. habe über Sch. [redacted]. Sch. spielte auch als Beauftragter der Bundesregierung für Kontakte zur DDR bei der Umsetzung des "Züricher Modells" eine Rolle.

Jenninger, Philipp

Staatsminister im Bundeskanzleramt bis 1986, danach Bundestagspräsident. Es wurden aktuelle Verbindungen des [redacted]. nachgewiesen. Fast alle kommerziellen und politischen Aktivitäten wurden von [redacted]. als Aufträge von J. dargestellt.

[redacted], [redacted]

Präsidentialkanzlei des Bundeskanzleramtes, persönlicher Referent von Jenninger. Bis 1986 engster und unmittelbarster Kontaktpartner bei allen Verbindungen zum Bundeskanzleramt. Seit Ende 1986 ist [redacted] auf Grund [redacted] ([redacted]) aus der unmittelbaren Umgebung des Jenninger. zurückgezogen worden.

Schäuble

Ist seit 1986 Staatsminister im Bundeskanzleramt. ..[redacted]... versucht derzeit, die Kontakte zu Sch. auszubauen. Nach eigenen Angaben wird er sich in Zukunft vor allem auf Sch. konzentrieren, da Jenninger. für seine weitere Entwicklung nicht mehr in betracht käme.

~~VS-Vertraulich~~ amtlich geheimzuhalten

BStU 000128

00128

[redacted]..,[redacted] Westdeutschen Landesbank.

[redacted]...,[redacted]"Treuhandstelle der Industrie"der BRD.

[redacted]..,[redacted]Deutschen Kredit- und Handelsbank/WB. M. führte den .[redacted].... Anfang der 70er Jahre in das DDR-Geschäft ein.

[redacted]..,[redacted]
Leitender Mitarbeiter der Deutschen Kredit- und Handelsbank/WB.

[redacted].,[redacted] Industrie-Kredit-AG/Zürich, einer Filiale der BKA/Zürich.

[redacted],[redacted]
Journalistin der BRD-Zeitschrift "[redacted]". Enge Verbindung des ...[redacted]., der in dieser Zeitschrift Artikel zum Handel mit der DDR veröffentlichte.

KOPIE BStU

Landesbank [redacted]
In dieser Bank war .[redacted] in den [redacted] Jahren tätig und wurde auf Veranlassung des Vorstandes in die [redacted] eingesetzt. Der Vorstand ist SPD-orientiert.

Bank für Kredit- und Außenhandel/Zürich (BKA)
Bis 1985 Tochterbank der Landesbank Rheinland-Pfalz, wurde 1985 von der Westdeutschen Landesbank aufgekauft. Seit 1982 [redacted]..[redacted].. wurde die BKA fast ausschließlich auf das "Ostgeschäft" orientiert und spielt in der westlichen Bankenwelt eine untergeordnete Rolle.

Industrie-Kredit-AG/Zürich (IKA)
Wurde 1983 [redacted].. als Tochtergesellschaft der BKA/Zürich gegründet. 1985 von Westdeutscher Landesbank mit der BKA übernommen.

Westdeutsche Landesbank (West-LB)
Gehört zu den größten Banken der BRD. Der Vorstand ist SPD-orientiert. Seit 1986 ist die West-LB bemüht, als erste Bank der BRD eine Repräsentanz in der DDRzu eröffnen.

Anlage 11

AKTENVERMERK

Betrifft: Zürcher Modell
Treffen mit Herrn Dr. Nitz

Nach vorheriger telefonischer Terminabstimmung habe ich mich mit Herrn Dr. Nitz am Dienstag, 27.9.1983, 20.00 Uhr, im Hotel Metropol in Ostberlin getroffen. Vorgängig hatte ich bei Herrn Dr. Gundelach telefonisch in Erfahrung gebracht, dass die bis jetzt bekannt gewordenen Massnahmen der DDR von Dr. Jenninger als nicht genügend für eine zweite Kredittranche von DM 1 Milliarde angesehenwürden und man in Bonn nach wie vor am Zürcher Modell interessiert sei.

Zunächst war Dr. Nitz äusserst interessiert an meiner Mitteilung, dass Dr. Jenninger die am Tage meines Treffens bekannt gewordenen Massnahmen der DDR (Freistellung vom Mindestumtausch bei Jugendlichen) nicht für ausreichend für eine zweite Kredittranche hält. Dr. Nitz fragte, warum Dr. Jenninger nicht von der Möglichkeit Gebrauch gemacht hätte, DDR-Staatssekretär Beil anlässlich des Beitz-Geburtstags in Essen zu treffen. Das gleiche gelte für ein von Dr. Jenninger abgesagtes Gespräch mit dem Mitglied des Zentral-Komitees, Prof. Haeber. Beide Herren wären auf das Zürcher Modell ansprechbar gewesen. Hierzu konnte ich keine Stellung nehmen, da ich über beide Dinge nicht informiert war. Dr. Nitz betonte, er habe kein Mandat zum Verhandeln, sei aber ermächtigt, meine Ausführungen entgegenzunehmen und an Günther Mittag und Prof. Haeber weiterzuleiten.

Uebereinstimmend stellten wir fest, dass das Zürcher Modell nur Chancen habe, wenn die Gründung und zumindest ein Teil der Kreditseite bis zum Herbst (Ende November 1983) durchgezogen würden. Ich schloss nicht aus, dass dies möglich wäre, sofern die im Zürcher Modell festgelegte Gegenleistung der DDR - wie schon oft im Zeitplan dargelegt - später erfolgen würde.
Dr. Nitz bat mich, in Bonn auszurichten, dass die DDR kaum an ein Zwischenergebnis in Genf glaube. Ausserdem wünschte er eine ausdrückliche Bestätigung von Dr. Jenninger, dass er über dieses Gespräch nach oben berichten könne. Er würde sich dann, sofern er einen Rücklauf erhalte, innerhalb der nächsten zwei Wochen bei mir melden. Ich sagte Dr. Nitz noch, dass nach meiner Meinung i.S. Zürcher Modell sowohl aus München wie von DDR-Gesprächspartnern unrichtige Informationen (bewusst oder unbewusst) an die Führung der DDR weitergegeben worden sind.

Zürich, den 3. Oktober 1983

Anlage 12

A K T E N V E R M E R K

Betrifft: Zürcher Modell
Telefongespräch am 14.9.1983, 21.00 Uhr, mit Herrn Dr. Nietz

Wie mit Dr. Nietz in Leipzig vereinbart, sprach ich ihn auf ein Treffen in Berlin an. Dr. Nietz ist die ganze nächste Woche zu einem Kongress in Moskau, an dem auch westliche Wissenschafter teilnehmen. Er würde es begrüssen, wenn wir uns in der letzten Septemberwoche in Berlin treffen könnten, auf jeden Fall vor Anfang Oktober.

Zum Zürcher Modell sagte Dr. Nietz, dass er die Sache durchaus nicht so pessimistisch sehe wie andere. In diesem Geschäft würde es eben mal hart zugehen. Ich informierte Herrn Dr. Nietz darüber, dass ich Kenntnis des Schreibens von H. Sch. an K.W. hätte, ohne über dessen Inhalt zu reden.

Herr Dr. Nietz bestätigte mir nochmals, dass er meine Ausführungen in Leipzig klar verstanden habe.

14.9.1983

Anlage 13

A K T E N V E R M E R K

Betrifft: Zürcher Modell
Telefongespräch mit Dr. Gundelach und Dr. Nitz

Nach meiner Rückkehr aus Bonn um 22.00 Uhr, rief Dr. Gundelach mich an und teilte mir mit, dass er Dr. Jenninger erreichen konnte und mir folgendes mitzuteilen habe:

1. Die bisher bekanntgewordenen Massnahmen der DDR reichen nicht aus, um eine zweite Kredittranche zu ermöglichen.

2. Die Bundesregierung ist nach wie vor an der Durchführung des Zürcher Modells interessiert, und der Bundeskanzler wie Dr. Jenninger stehen zu ihrer Zusage, den zuständigen Bevollmächtigten der DDR persönlich zu empfangen.

3. Dr. Jenninger sieht gewisse Probleme bezüglich der zeitlichen Verschiebung der Gegenleistung im Zürcher Modell. Mein Vorschlag, den Kreditbetrag zunächst auf 6 - 12 Monate zuzusagen und die definitive Zusage auf 20 Jahre erst vorzunehmen, wenn die Gegenleistung erfolgt ist, scheine jedoch für Dr. Jenninger ein gangbarer Weg zu sein.

Hierüber unterrichtete ich Herrn Dr. Nitz anschliessend telefonisch, der nunmehr über unser Gespräch vom Vorabend nach oben berichten wird.

Zürich, den 3. Oktober 1983

Anlage 14

A K T E N V E R M E R K

Betrifft: Zürcher Modell
Besuch bei Dr. Gundelach, Bonn

Am Mittwoch, 28.9.1983, gegen 15.00 Uhr, traf ich mit Herrn Dr. Gundelach im Bundeskanzleramt zusammen (Dr. Jenninger war nicht anwesend). Ich unterrichtete Herrn Dr. Gundelach über das am Vorabend von mir geführte Gespräch, ohne den Namen von Dr. Nitz zu nennen. Ueber den Besuch von DDR-Staatssekretär Beil habe man im Bundeskanzleramt aus der Presse erfahren. Dr. Gundelach stellte die Frage, warum Ostberlin diesen Besuch nicht im Bundeskanzleramt avisiert habe. Das Treffen mit Prof. Haeber sei von Dr. Jenninger abgesagt worden im Hinblick auf seine Amerika-Reise, die diese Woche stattfindet. Man habe gar nicht gewusst, dass bei dieser Konferenz Prof. Haeber teilnehmen würde und habe davon erst erfahren, als Dr. Jenninger seine Teilnahme schon abgesagt hatte.

Da Dr. Jenninger nicht anwsend war, vereinbarte ich mit Herrn Dr. Gundelach ein Telefongespräch am gleichen Abend nach meiner Rückkehr aus Bonn in Zürich, wo er mir die von Dr. Nitz gewünschte Ermächtigung geben sollte.

Dr. Gundelach warnte mich vor Recherchen einer westdeutschen Illustrierten, die vermutlich weitergehen würden als das, was bisher publiziert worden war.

Zürich, den 3. Oktober 1983

Anlage 15

HELMUT SCHMIDT

2000 HAMBURG 62 - LANGENHORN
NEUBERGERWEG 80

7. September 1983

Lieber Karl ,

besten Dank noch einmal für Deinen Anruf und den beigefügten Brief des Herrn Bahl, den ich anliegend wieder an Dich zurücksende. Ich habe mit Erich Honecker darüber gesprochen und gefragt, ob er nach dem Strauß'schen Milliardenkredit noch an dem seinerzeit erörterten "Schweizer Modell" interessiert sei.

Erich Honecker war offensichtlich über die mit meinem Stichwort "Schweizer Modell" verbundenen Vorstellungen und Gespräche ausreichend informiert. Seine Reaktion war deutlich: "Nein, das ist jetzt wohl nicht mehr nötig".

Zu dem von Strauß eingefädelten Kredit sagte er, die DDR sei dazu gekommen wie die Jungfrau zum Kinde. Das Letztere glaube ich nicht ganz; ich habe ihm gesagt, daß er einen so günstigen Kredit auf der ganzen Welt nicht wieder bekäme, was er mit lachender Zustimmung quittiert hat.

Wahrscheinlich wird die obige Mitteilung Dich enttäuschen - aber so ist das Leben.

Sehr herzliche Grüsse - wie stets Dein

[Unterschrift]

Persönlich
Herrn
Karl Wienand
Auf der Teichhardt 2
5227 Windeck /Sieg 1

Anlage 16

3. Weitere Verhandlungen

Auch von seiten des Bundeskanzlers totale Diskretion für weitere Verhandlungen ausdrücklich gewünscht.

Herr B. ist angeblich in Zürich von untergeordneter Person aus Ostberlin angerufen und um Besuch gebeten worden.

Von J. nochmals Hinweis, daß B. keinerlei Legitimation gehabt habe oder habe, die auch nicht bekommen würde und ein Verbot erhalte, sich auf J. zu berufen. Er habe noch nie ein Mandat oder Legitimation dieser Art gehabt.

J. teilte mir mit, daß beim letzten Gespräch zwischen Rehlinger und Vogel dieser - nämlich Vogel - geheimnisvolle Andeutungen über neue Kreditverhandlungen gemacht habe. Rehlinger habe dann J. gefragt, was hier laufe. J. hat erwidert, daß ihm nichts davon bekannt sei.

J. hat mich darauf hingewiesen, daß die Presse hier herumstochere, um mehr zu erfahren.

Wenn Angaben von Rehlinger und J. richtig sind, wäre V. dringend anzuhalten, daß er weder durch Worte noch durch Mimik geheimnisvolle Dinge andeute.

Ich habe J. klargemacht, daß eine Senkung des Reisealters vom jetzigen Stand auf 5 Jahre weniger angesichts der politischen Gesamtlage offenbar leider nicht möglich ist. Es bleibt bei 65 Jahre für Männer und bei 60 Jahre für Frauen, eingeschlossen alle Invalidenrentner und ohne Rücksicht auf deren Alter.

- 2 -

Ich habe J. darauf aufmerksam gemacht, daß B. unter Berufung auf das "Züricher Modell" unglaubliche Angebote gemacht habe, das selbst diese von J. als reine Fantasie bezeichneten Angebote keine Änderung der geltenden Regelung in diesem Punkt herbeiführen könnte. J. hat das mit größtem Bedauern zur Kenntnis genommen.

Er hat auch Zweifel an der Zweckmäßigkeit geäußert, daß Frauen anders behandelt werden sollen als Männer.

Ich habe ihm vorgeschlagen auch zur Weiterleitung an den Bundeskanzler, diesen Punkt unter den obwaltenden Umständen vorerst nicht mehr zu verfolgen.

J. war der Meinung, die ich teile, daß der Zwangsumtausch auf den alten Stand zurückgeführt werden müsse, selbstverständlich ohne Junktim im Bankenvertrag.

Ich habe J. mitgeteilt, daß im grenznahen Verkehr die bestehenden Möglichkeiten nicht einmal ausgenützt werden. Er gab das zu, nannte aber Beispiele, die von den jetzigen Regierungen nicht gedeckt werden (z.B. Begegnung von Landräten zur Besprechung gemeinsamer Probleme u.a.)

Ich habe ihn gebeten, das Bundeskanzleramt solle ein Papier mit den einzelnen Problemen zu diesem Punkt erarbeiten, das wir zum Gegenstand des nächsten Gespräches machen.

Anlage 17

A K T E N V E R M E R K

Betrifft: Zürcher Modell
Gespräch mit Dr. W. Andrae am 6.12.1983
im Hotel Metropol, DDR-Berlin

Das Gespräch war eingangs belastet durch den Handelsblatt-Artikel über die angebliche VE-Milliarde. Da mich Dr. Andrae am Freitag, den 25.11.1983, telefonisch auf dieses Geschäft angesprochen hatte mit der Bitte, im Bundeskanzleramt die Konkretheit abzuklären, und der Artikel am folgenden Montag im Handelsblatt erschienen war, sah er zwangsläufig einen Zusammenhang. Ich hoffe, dies ausgeräumt zu haben. Initiator dieser VE-Milliarde ist wohl Hans Meister im Zusammenspiel mit Franz Rösch, dem Leiter der TSI und dem Generaldirektor von Metallurgie, Welzel.

Dann informierte mich Dr. Andrae über das Gesuch von Hans Meister, Firmen aus der Stahlbranche als Untermieter der IK-Büros im IHZ aufzunehmen (s. gesonderten Aktenvermerk). Im Anschluss daran kam Herr Dr. Andrae auf das Zürcher Modell zu sprechen. Das heutige Gespräch sei auf seiner Seite von Staatssekretär Dr. Beil genehmigt worden. Ich nahm die Gelegenheit wahr, nochmals meine Position klarzustellen: Ich bin weder Beauftragter der Bundesregierung noch Beauftragter der DDR, sondern wie von Anbeginn des Zürcher Modells neutraler Makler in der Mitte, dessen Aufgabe es ist, die Ansichten und Vorstellungen beider Seiten zum Zürcher Modell in Einklang zu bringen. Ich sprach mein Unbehagen über gegenteilige Bemerkungen von Staatssekretär Dr. Schalck aus, der im übrigen auch behauptet haben soll, ich hätte - sprechend für die Bundesregierung einen Kreditbetrag von DM 10 Milliarden in Aussicht gestellt. Ich führte auch aus, dass nicht zuletzt durch die Querelen der letzten Wochen die Chancen für eine Fristentransformation sich erheblich verschlechtert hätten.

Dr. Andrae bestätigte mir die von Dr. Jenninger erwähnten Ausfälle von Dr. Schalck, die sich zunehmend gegen mich richten. Bestätigt durch Aeusserungen aus München, mache Dr. Schalck mich zunehmend für das Scheitern der 2. Milliarde mit verantwortlich. Dr. Schalck komme mit dieser Bringschuld gegenüber der DDR-Führung zunehmend ins Schwitzen. Erst letzte Woche habe es wieder einen Besuch von Dr. Schalck in München gegeben. Diese Gespräche seien begleitet von umfangreichen Geschäften der Schalck-Firmen mit der Firma Josef März sowie mit andern bayrischen Firmen im Rahmen des IDH. Als letzter Termin für die Beibringung der

./2

2. Milliarde sei Dr. Schalck von DDR-Führung Weihnachten dieses Jahres genannt worden; alsdann gehen auch die Vorgesetzten von Dr. Schalck davon aus, dass die 2. Milliarde eine Ente ist. Dr. Beil ist bereits von der Nichtmachbarkeit der 2. Milliarde (sprich ohne Gegenleistung) überzeugt. Zunehmend wird Josef März von Dr. Schalck für Fehleinschätzungen und Falschinformation i.S. 2. Milliarde verantwortlich gemacht; März und FJS kontern gemeinsam und nehmen die Schuldeinweisung Richtung Bundeskanzleramt und Bahl vor. Dr. Andrae betonte nochmals, dass Dr. Schalck von der DDR-Führung die Zustimmung zur Durchführung des kommerziellen Teils des Zürcher Modells habe, sofern zuvor die 2. Milliarde rein kommerziell von FJS zur Verfügung gestellt würde. Mit der humanitären Seite des Zürcher Modells sei Dr. Vogel beauftragt. Der Ehrgeiz von Dr. Schalck würde es nicht zulassen, die 2. Milliarde im Zürcher Modell unterzubringen (was ich als eigenen Vorschlag andeutete).

Kommt die 2. Milliarde bis Weihnachten nicht zustande - wovon Dr. Andrae ausgeht - wird die Zuständigkeit für das Zürcher Modell von Dr. Schalck weggenommen und auf Dr. Beil übergehen. Dies würde automatisch bedeuten, dass Schalck-Firma Intrac ausscheidet und an ihre Stelle die Dr. Beil unterstellte DABA Deutsche Aussenhandelsbank AG, DDR-Berlin, treten würde. "

Ich wies darauf hin, dass ich nunmehr - nicht zuletzt aufgrund der negativen Bemerkungen von Dr. Schalck - in Bonn nicht mehr weiter käme und sicherlich meine Glaubwürdigkeit dort gelitten hätte. Nach meiner Meinung sei es nunmehr unbedingt erforderlich, dass die DDR-Führung der Bundesregierung ein Signal i.S. Zürcher Modell offiziell zukommen lasse. Darauf antwortete Dr. Andrae, dass Dr. Beil den Beauftragten der Bundesrepublik, Leisler-Kiep, bei seinem jüngsten Besuch indirekt auf das Zürcher Modell angesprochen habe "es gebe ja noch einen sehr interessanten Vorschlag aus Bonn". Leisler-Kiep habe aber hierauf nicht reagiert.

Das weitere Vorgehen i.S. Zürcher Modell sieht Dr. Andrae wie folgt:

- neues Gespräch zwischen Weihnachten und Neujahr (wenn also das Schicksal der 2. Milliarde definitiv feststeht),

- gegebenenfalls Vorbereitung eines Telefongesprächs zwischen Generalsekretär Erich Honecker und Bundeskanzler Dr. Helmut Kohl,

- konkretes Stadium des Zürcher Modells aus Sicht der DDR: März/April 1984.
  Bis dahin seien auch die Nachwehen des Nachrüstungsbeschlusses - hoffentlich - ausgestanden.

./3

- 3 -

Dr. Andrae bemerkte noch, dass definitiv über das Verhältnis der DDR zur Bundesrepublik und mögliche Folgen des Nachrüstungsbeschlusses erst bis März/April 1984 entschieden würde. Vor allen Dingen würde es noch koordinierende Abstimmungen mit den Verbündeten der DDR geben.

Dr. Andrae erklärte ferner, dass Dr. Schalck ab sofort über die mit mir geführten Gespräche nicht mehr informiert würde. Mein Vorschlag, über dieses Gespräch - wie bisher - einen Aktenvermerk für beide Seiten anzufertigen, muss Dr. Andrae noch abstimmen. Ich erhalte diesbezüglich Bericht.

Zürich, den 12. Dezember 1983

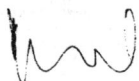

Anlage 18

[redacted] 00109

Hauptabteilung XVIII

Berlin, 6. Mai 1986

Streng geheim!

Information

über Aktivitäten des Bürgers der BRD [redacted], [redacted] zur Herbeiführung finanzieller Abhängigkeiten der DDR gegenüber der BRD

1. Im Rahmen der politisch-operativen Sicherung der Finanz- und Bankbeziehungen der DDR mit dem NSW wurde die Person

[redacted]

geb. am: [redacted]/in: [redacted]
wohnhaft: [redacted]

Staatsangehörigkeit: BRD
Vorsitzender der [redacted]

[redacted]
in der Abt. XII des MfS für die HA XVIII/4 erfaßt,

durch Berichte mehrerer inoffizieller Mitarbeiter bekannt.

[redacted]

[redacted]

Abweichend vom Auftreten und Verhalten anderer leitender Vertreter von Banken der BRD zeigt [redacted] hohe Aktivitäten in den politischen Beziehungen der BRD zur DDR und ist über die Personalpolitik in leitenden Gremien der BRD aktuell informiert. Außerdem hat [redacted] sehr gute Beziehungen zu einer der führenden Zeitungen des westdeutschen Monopolkapitals - [redacted], in dem er selbst publiziert und das von ihm geäußerte Meinungen auch unter dem Namen der in Westberlin ansässigen redaktionellen Mitarbeiterin des [redacted] wiederholt veröffentlicht.

Verbindungen zur Deutschen Außenhandelsbank und zur Deutschen Handelsbank AG der DDR erhielt [redacted] Anfang der 70er Jahre durch den Westberliner Firmeninhaber

[redacted]

und dem [redacted] der Deutschen Kredit- und Handelsbank, Westberlin

[redacted]

die beide mit der Landesbank Rheinland-Pfalz als Mutterbank verbunden sind.

Seit dieser Zeit ist [redacted] mit der DABA und der Handelsbank in Kreditgeschäften und mit dem DDR-Außenhandelsunternehmen Intrac in Finanzierungsgeschäften tätig. Diese Geschäfte weisen keine Besonderheiten gegenüber gleichgelagerten Geschäften mit anderen kapitalistischen Banken auf. Da es sich bei der Bank für Kredit und Außenhandel um eine relativ kleine Bank handelt, liegen die Kreditgeschäfte im durchschnittlichen Rahmen.

[redacted] reist häufig in die Hauptstadt der DDR ein und besucht regelmäßig die Leipziger Messen.

In seinem Auftreten gegenüber seinen Partnern in der DDR versucht [redacted], eine loyale Einstellung gegenüber der DDR und darüber hinaus zur sozialistischen Gemeinschaft zu bekunden.

VERTRAULICH

Amtlich [illegible]

BStU
000111

000111

3

Ein zuverlässiger und erfahrener inoffizieller Mitarbeiter [illegible] kann, daß [redacted] in Wirklichkeit fest auf der Position des Imperialismus steht und nur die [illegible] eines [illegible] in der DDR öffentlich zur Schau stellt. Die vorliegenden Aufklärungsergebnisse belegen die Einschätzung des IM und lassen den Schluß zu, daß [redacted] Interessenvertreter der führenden CDU-Kreise ist.

[illegible] seiner geschäftlichen [illegible] zur [illegible] [redacted] auf der Ebene [illegible] -Wirtschaftsfunktionären [illegible] Beziehungen entstanden zu folgenden [illegible]:

- [redacted] der HA BRD/WB im M[illegible]
- [redacted] des [illegible]
- [redacted] im [illegible]
- [redacted] der [illegible]bank AG
- [redacted] der [illegible]
- [redacted] Institut für Internationale Politik und Wirtschaft.

KOPIE BStU

Bei der Gestaltung dieser persönlichen Beziehungen versuchte [redacted] den Eindruck eines loyal und seriös arbeitenden Geschäftsmannes zu erreichen. Er unternahm nach vorliegenden Erkenntnissen keine Korruptionsversuche.

1981 trat [redacted] erstmalig mit Gesprächen und Aktivitäten mit vorrangig politischem Inhalt gegenüber der [illegible] in differenzierter Weise [illegible].
Unter Zugrundelegung des in diesem Zeitraum einsetzenden [illegible] [illegible] gegenüber [illegible] sozialistischen Staaten und unter Einschaltung in bestehende

Kontakte seitens der DDR zu führenden BRD-Politikern übersandte [redacted] am 17. 2. 1982 an den Genossen [redacted] und an den Bundestagsabgeordneten der ...SPD, ...Wieland einen Vorschlag zur "Zusammenarbeit zwischen einer staatlichen Institution der Bundesrepublik Deutschland und der Intrac-Handelsgesellschaft mbH, DDR-Berlin, im internationalen Kreditgeschäft".
Entsprechend diesem Vorschlag sollte in Zürich eine gemeinsame Finanzgesellschaft in Form einer Aktiengesellschaft gegründet werden, über die der Intrac durch die BRD-Institution ein Rahmenkredit in Höhe von 4 Mrd. DM eingeräumt werden kann.

In der am 10. 3. 1982 in der Schweizer [redacted] des [redacted] geführten Beratung zwischen Wieland und [redacted] als Vertreter der BRD-Seite und Genossen [redacted] und Genossen [redacted] als Vertreter der Intrac wurde zum Ausdruck gebracht, daß diese Vorschläge mit dem damaligen Bundeskanzler H. Schmidt, mit Herbert Wehner und dem Bundeskanzleramt, Staatssekretär Lahnstein, abgestimmt wären. Ihre Realisierung wurde mit politischen Forderungen der BRD-Seite im sogenannten humanitären Bereich verbunden. Die Beratung wurde ergebnislos abgebrochen.

In der Folgezeit nutzte [redacted] diese Vorschläge, die "Züricher Modell" genannt werden, im zunehmenden Maße für Sondierungsgespräche mit seinen Verbindungspersonen in der DDR im Rahmen der Politik des Dialogs.
Seit der Übernahme der Regierungsgeschäfte durch die CDU/FDP-Koalition in Bonn gibt [redacted] vor, sehr gute persönliche Beziehungen zum jetzigen Bundestagspräsidenten Jenninger, zum Leiter des Bundeskanzleramtes Scheuble und über diese zu Bundeskanzler Kohl zu haben.
Die Gesprächsführung von [redacted] zielte vor allem auf folgende Probleme:

- Vorbereitung und Durchführung von Reisen führender BRD-Politiker in die DDR, insbesondere zu den Leipziger Messen;

[redacted]

00113

5

BStU
000113

- [illegible] möglichen Besuch [illegible] Vorsitzenden des [illegible] der DDR, [illegible], in der BRD;

- [illegible] zwischen Genossen [illegible] und Bundeskanzler Kohl;

- [illegible] von Mitgliedern des Politbüros des [illegible] der [illegible] in [illegible].

[illegible] trat [redacted] so auf, [illegible] Sondierungsgespräch [illegible] Gesprächsinhalte [illegible] und [illegible] Standpunkt der Partei- [illegible] der DDR zu den aufgeworfenen Fragen entgegen[illegible].
Obwohl [illegible] dem [redacted] stets erklärte, daß er nicht in der Lage sei, solche Vorschläge weiterzuleiten und alle Gesprächsinhalte, die über den rein kommerziellen [illegible] hinausgehen, als privaten Meinungsaustausch ansehen müsse, verfolgt [redacted] bis zum gegenwärtigen Zeitpunkt diese Linie.

KOPIE BStU

Obwohl 1982 die Verhandlungen zum "Züricher Modell" abgebrochen wurden, hielt [redacted]. an seinen Vorschlägen hartnäckig fest und unterbreitete sie wiederholt in modifizierter Form. In dem Maße, wie die von der Partei- und Staatsführung der DDR betriebene Politik des Dialogs zu praktischen Ergebnissen in den Beziehungen zur BRD führte, ließ [redacted] Forderungen nach Zugeständnissen im sogenannten humanitären Bereich fallen und seine Zielstellung erkennen, die Kreditbeziehungen der DDR mit dem nichtsozialistischen Wirtschaftsgebiet im beträchtlichen Umfang über eine in der Schweiz zu bildende gemeinsame Finanzierungsgesellschaft zu zentralisieren. [redacted] stellte einen Kreditrahmen bis zu einer Höhe von 10 Mrd. DM in Aussicht.
Am 1[illegible] erhielt das [illegible] 50 [illegible] Industrie[illegible], Zürich.

[redacted]

Hauptabteilung XVIII

Berlin, 30. 4. 1987
4/3 Tgb.-Nr. 23e/87

00123

Analyse
zur OPK "[redacted]", Reg.-Nr. [redacted]

Durch die OPK "[redacted]" werden die Aktivitäten des Bürgers der BRD

[redacted]
geb. am/in: [redacted] in [redacted]
Wohnh.: [redacted]
[redacted] Bank für Kredit und Außenhandel [redacted] Zürich
[redacted]

insbesondere bei seinen Einreisen in die DDR aufgeklärt.

Die Einleitung der OPK wurde auf der Grundlage einer operativen Wertung vorliegender inoffizieller Hinweise erforderlich. Danach ist nicht auszuschließen, daß die Handlungen des [redacted] ... gegenüber Persönlichkeiten und Institutionen der DDR ein Bestandteil des subversiven Vorgehens gegnerischer Kräfte der BRD gegen die politischen und ökonomischen Interessen der DDR sind.

[redacted]

Anlage 19

VS-VERTRAULICH

~~amtlich geheimzuhalten~~

00131 •

Anlage 1

BStU
000131

Kommerzielle Aktivitäten des .[redacted].. gegenüber der DDR

Das "Züricher Modell"

1981
Durch ..[redacted]. wurde eine Konzeption zur Gründung einer Schweizer Finanzierungsgesellschaft mit DDR-Beteiligung erarbeitet. Dieses Konzept sei nach Angaben des .[redacted]. durch den damaligen Staatssekretär im Bundeskanzleramt .Wienand. dem Kanzler ..Schmidt.. und Staatsminister Wischnewski. unterbreitet worden. Zwischen ..Schmidt. und Wischnewski. habe Einigkeit darüber bestanden, dieses sog. Züricher Modell zu nutzen, um der DDR für politische Gegenleistungen Kredite zu gewähren. Dieses Konzept beinhaltete folgende Vorstellungen:

- Gründung einer Finanzierungsgesellschaft in Zürich mit zunächst 200 Mio Fr. Aktienkapital, welches zur Hälfte von der Intrac-Handelsgesellschaft/DDR und der Kreditanstalt für Wiederaufbau (KfW)/BRD übernommen wird.

- Ausreichung eines Kredites über 4 Mrd. DM der KfW über diese Finanzierungsgesellschaft als Treuhänder an die Intrac mit einer Laufzeit von 20 Jahren.

- Herabsetzung des Reisealters für DDR-Bürger bei Reisen in die BRD (um 5 Jahre) durch die zuständigen Behörden der DDR.

- Erlaß des Mindestumtausches bei Einreisen in die DDR fürRentner, Behinderte und Jugendliche.

- Kapitalerhöhung der Finanzierungsgesellschaft auf 500 Mio Fr. paritätisch durch Intrac und KfW; Gründung von Filialen in der Hauptstadt der DDR, Westberlin, Leipzig und Frankfurt/M.

KOPIE BStU

1982
Nachdem Wischnewski diese Frage des "Züricher Modells" bei einem Zusammentreffen mit Gen Honecker in Berlin angesprochen habe, erfolgten erste Absprachen zu diesem Konzept zwischen dem Staatsminister der BRD .Wischnewski. und dem Beauftragten der DDR, Rechtsanwalt Dr. Vogel., in Weimar. Im Dezember teilte [redacted]. mit, die Bundesregierung wäre bereit, im Januar 1983 für das "Züricher Modell" eine Kreditsumme in Höhe von 5 Mrd. DM bereitzustellen. Die geforderten Maßnahmen der "menschlichen Erleichterungen" müßten dann erst ab Febr./März 1983 wirksam werden. Dann würde die Bundesregierung auch den Swing bis zur Höhe von 1 Mrd. DM einordnen.

..[redacted]. gab an, diese Vorschläge seien mit Bundeskanzler .Kohl., Staatsminister Jenninger. und Staatssekretär Schreckenberg abgestimmt und bemühte sich zwecks Weiterleitung dieser Vorschläge um eine Verbindung zu Gen Schalck und Rechtsanwalt Dr. Vogel..

VS-~~VERTRAULICH~~

~~a... genehmigt ... von~~

2 00132

BStU

000132

1983

Im Januar äußerte ..[redacted].., daß er das "Züricher Modell" abgestimmt habe. Die Passage mit dem Mindestumtausch sei herausgenommen worden. Er bezeichnete diese Passage als seine eigene ehrgeizige Idee. Gleichzeitig wurde durch ihn eine Rückstufung der Kreditsumme auf 4 Mrd. DM mitgeteilt. Angeblich hat ..*Kohl*... die Fragen des "Züricher Modells" in einem Telefonat mit *Gen. Honecker*. im April 1983 angesprochen und beide Seiten sollen ihr Interesse dazu bekundet haben. Im Ergebnis dieser Übereinstimmung wurde durch .[redacted].. im April 1983 die Industrie-Kredit-Anstalt Zürich (IKA) gegründet, welche anstelle der KfW nunmehr als Finanzierungsgesellschaft gegenüber der DDR wirksam werden sollte. Über diese Finanzierungsgesellschaft wurde der DDR durch .[redacted].... ein Kredit von 5 Mrd. DM in Aussicht gestellt. ..[redacted].. trat als Hauptaktionär der IKA privat in Erscheinung. Er fordert einen Kreditantrag der Intrac bei der IKA, damit das Züricher Modell zum Tragen käme.
Ende 1983 wird das Züricher Modell durch die Ausreichung von Krediten durch BRD-Banken an die DDR für beide Seiten uninteressant.

1984

...[redacted] unternahm verstärkte Anstrengungen, um das Züricher Modell zu aktivieren.
Zur Finanzierung der IKA/Zürich schlägt er auf Grund bisher nicht zustande gekommener Geschäfte mit der DDR vor, daß die Deutsche Handelsbank der DDR eine Depositeneinlage bei der IKA vornimmt, welche dann mit Aufschlag als Kredit an die Intrac zurückgereicht werde. Der Gewinn aus dem Aufschlag sollte zur Finanzierung der IKA dienen. Im Febr. 1984 forderte .[redacted].. von der DHB eine Einlage von 4 Mio US-Dollar, welche nach diesem Verfahren von der IKA als Kredit an die Intrac ausgereicht werden sollte. Die Kosten für den Aufschlag sollten anteilig von der DDR und von ..[redacted]. getragen werden.

Zur Leipziger Herbstmesse 1984 wurde durch ..[redacted].. eine Neukonzeption des Züricher Modells unterbreitet, in welcher alle Fragen politischer Zugeständnisse der DDR abgekoppelt wurden und das Züricher Modell auf eine reine kommerzielle Basis gestellt worden ist. Schwerpunkt war die Übernahme des nominellen Aktienkapitals der IKA zu 50 % von der Intrac und KfW.

1985

Die Beteiligung der Intrac mit 50 % an der IKA und die Bildung eines gemeinsamen Verwaltungsrates Intrac/IKA wurde realisiert. Nach Angaben des .[redacted]... werden nunmehr 50 % der Kosten der IKA durch die Landesbank Rheinland-Pfalz zugeschossen.

VS-~~Nur für den Dienstgebrauch~~ / ~~geheimgehalten~~

BStU
000133

~~00133~~
3

..[redacted].. versuchte, die Deutsche Handelsbank ebenfalls als Teilhaber der IKA zu gewinnen und forderte diese auf, größere Einlagen bei der IKA zu tätigen.

In diesem Zusammenhang unterbreitet er den Vorschlag, daß die LB Rheinland-Pfalz bereit wäre, die Deutsche Kredit- und Handelsbank/WB an die DDR zu verkaufen und eine Bilanzgarantie zu übernahmen. Die LB Rheinland-Pfalz würde sich verpflichten, bei dieser Bank Einlagen vorzunehmen.

Im April 1985 teilte ..[redacted].. mit, daß die IKA jetzt durch die Bank für Wirtschaft und Wiederaufbau finanziert wird und die frühere Linie zwischen humanitären und politischen Zugeständnissen im Zusammenhang mit Kreditgewährungen aufgegeben wurde. Zielstellung wäre jetzt gemeinsame Finanzierungen in der DDR oder in Drittländern.

1986

Nach Angaben des ..[redacted].. wurden mit der Intrac nur kleinere Geschäfte abgewickelt. Er versucht erneut, die DHB als Partner der IKA zu gewinnen und gibt vor, daß er ebenfalls die West-LB als Partner der IKA gewinnen möchte.

..[redacted].. schlägt vor, die IKA als Repräsentanz der DHB zu benennen, was durch die DHB jedoch abgelehnt wurde. Ebenso der Vorschlag des ..[redacted].., wonach die DHB als Fürsprecher einer Kreditaufnahme der IKA bei der West-LB auftreten sollte.

Im November 1986 wurde durch ..[redacted].. gegenüber der DHB vorgeschlagen, die IKA beim Ankauf kommerzieller Forderungen gegen AHB der DDR einzuschalten. Um diese Forderungen aufzukaufen, würde von der West-LB ein Kredit an die IKA gegeben. Zur Sicherung dieses Kredites wünsche ..[redacted].. ein Aval der DHB. In dem Umfang, wie die AHB die Forderungen zurückzahlen, würde von der IKA der Kredit an die West-LB zurückgereicht und das Aval der DHB sich verringern.

Ebenfalls im November 1986 wurde durch ..[redacted].. ein weiterer Vorschlag zur Einlage von 100 Mio DM auf ein Konto der IKA bei der DHB unterbreitet. Das Geld würde von der KfW bereitgestellt und diese Einlage solle ein Test für spätere größere Einlagen sein. ..[redacted].. forderte strikte Vertraulichkeit, da diese Einlage nicht in den Unterlagen der IKA erscheinen würde, weil sie den Kreditrahmen der IKA übersteigt.

Im November wurde ein Konsortialkredit von 50 Mio Fr. abgeschlossen. Über diesen Abschluß erschienen später Veröffentlichungen in der Zeitung "Die Welt".

BStU
000131

VS-~~Vertraulich~~

00134

1987

....[redacted]. versuchte, den ehemaligen Botschafter der Schweiz in den Finanzbeirat der BKA einzubinden. Dieses Anliegen wurde von der Intrac abgelehnt. Es existieren Vorstellungen, die BKA-Zürich in West-LB-Zürich umzubenennen und eine Repräsentanz der West-LB in der Hauptstadt zu eröffnen. Dagegen wird massiver Druck durch den Senat von WB und das Bundeswirtschaftsministerium ausgeübt.

Auf der Hannovermesse 1987 versuchte ..[redacted]..., das Züricher Modell auszuweiten. Diese Probleme sollen durch den Fraktionsvorsitzenden der SPD ..Vogel... mit Gen. Mittag... auf der Hannovermesse besprochen worden sein.

Grundsätzliche Positionen der DDR zum Züricher Modell sollen in einer Absprache zwischen Gen. Honecker und Staatsminister Schäuble vereinbart worden sein.

Weitere kommerzielle Aktivitäten

September 1982

....[redacted]. erklärte sich bereit, Vorschläge der DDR über Swingverhandlungen, Vergütungsmöglichkeiten für Exportüberschüsse der DDR und Erhöhung des Drittlandswarenkontingents der DDR im Handel mit der BRD in Bonn Staatsminister Wischnewski zu unterbreiten.

November 1982

Durch ..[redacted]... wurde versucht, Probleme des Abbaus von Handelshemmnissen zwischen der BRD und der DDR aufzugreifen und erklärte sich bereit, die Vorstellungen der DDR dazu in Bonn Staatsminister Jenninger zu unterbreiten.

Februar 1983

...[redacted]. erklärte, er habe vom Staatsminister Jenninger.. den Auftrag erhalten, von der DDR Material zu erbitten über festgestellte Probleme der Erschwernisse auf dem Gebiet des Handels zwischen der DDR und der BRD.

Mai 1983

....[redacted].. übermittelte das Interesse der Reb-Brand-Grupe (Kaufhauskonzern) an Warenlieferungen aus der DDR und übergab angeblich im Auftrag von .[redacted]. der DDR ein Warenverzeichnis. Die Reb-Brand-Gruppe unter Leitung von .[redacted]. habe großes Interesse an Geschäften mit der DDR.

VS-~~VERTRAULICH~~
~~amtlich geheimzuhalten~~

00135

Januar 1984

Durch .... [redacted]. wurde der DDR ein Vorschlag zu einem großzügigen Ex-und Importgeschäft unterbreitet. Durch eine zu benennende Bank würde der DDR auf VE-Basis ein Kredit in Höhe von 1 Mrd. DM eingeräumt. Die DDR solle dafür NE-Metalle, Silber, Gold und Kupfer nach freier Wahl kaufen und ungehindert gegen KD verkaufen. Die BRD-Regierung gestatte zur Bezahlung dieses Kredites die Einfuhr von 1 Mrd. Waren aus Drittländern oder aus der DDR, vorwiegend Rohstoffe u.a. Erzeugnisse. Als möglicher Partner dieses Geschäftes wurde durch [redacted] die Intrac genannt. .[redacted]... bezeichnete diesen Vorschlag lediglich als Denkmodell, um die Meinung der DDR dazu zu erfahren.

..[redacted].. erbat weiterhin von der DDR Vorstellungen zur Entwicklung der Drittlandswarenkontingente.

April 1984

...[redacted]. unterbreitete den Vorschlag, daß "bestimmte Banken" zusätzliche Finanzierungsquellen für die Entwicklung der Drittlandskooperation der DDR mit der BRD bereitstellen sollten und hat in diesem Zusammenhang [redacted], die BKA-Zürich, angeboten.

Juli 1984

Durch ...[redacted]. wurde ein sog. Eurokredit über 9 kapitalistische Banken für die Intrac mobilisiert.

...[redacted]. war Teilnehmer der Tagung der Bank für Internationalen Zahlungsausgleich in Basel (BIZ) und habe dort der IBWZ-Moskau einen Kredit von 50 Mio angeboten.

Oktober 1984

Die Treuhandstelle für Industrie (TSI) BRD hat die Treuhandschaft über die Geschäfte des ..[redacted]. mit der DDR und die IKA-Zürich übernommen.

...[redacted].. verhandelte mit der DHB der DDR einen Kredit, welcher durch die DHB auf Grund der ungünstigen Bedingungen (Zinssatz) abgelehnt wurde. Daraufhin hat ..[redacted].. den gleichen Vorschlag der Intrac unterbreitet, welche das Geschäft dann realisierte.

November 1985

...[redacted]. erkundigte sich nach der Notwendigkeit von Dienstleistungsvereinbarungen zwischen der DDR und der BRD und ließ sich die einzelnen Leistungen erläutern. Er bereite gegenwärtig für *Jenninger* ein Papier vor, mit dem *Jenninger*.. die Bundesregierung unter Druck setzen möchte zum Abschluß der Dienstleistungsvereinbarungen.

BStU
000136
06136

...[redacted]. berichtet weiter über Kreditleistungen [redacted] an die UVR und erkundigt sich nach Zusammenhängen und Rolle der Intrac, DABA und DHB bei Aufnahme von Krediten. .[redacted] will die nächsten Komplexe im Handels- und Wirtschaftsverkehr mit der DDR aufgreifen, (Erhöhung des Exports der DDR in die BRD.) und spricht in diesem Zusammenhang damit die komplexe Ausschreibungs- und Genehmigungsverfahren, illegale Selbstbeschränkung für Exportwaren der DDR und das Cocom-Regime an. Dazu bemerkte er weiter, die DDR könne derzeit mit Ausnahme strategischer Güter alles in der BRD kaufen.

November 1986
...[redacted]. organisierte einen großen Konsortialkredit für die DHB, welcher zunächst wiederum auf Grund ungünstiger Bedingungen abgelehnt wurde (fester Zinssatz).

Dezember 1986
...[redacted] unterbreitete das Angebot, der DHB der DDR die Filiale der BKA auf den Bahamas kostenlos zu überlassen. Die Geschäfte mit der DHB sollten dann über diese Filiale laufen, um Steuern zu sparen.

Januar 1987
...[redacted].. gab bekannt, daß West-LB und BKA mit der DDR mehr als 1 Mrd. Kredit unter Vertrag haben. Die BKA habe insgesamt eine Eigenbeteiligung [illegible]27 Mio. Weitere Kredite durch BKA an die DHB wurden von ..[redacted].. abgelehnt, da die Schweizer Bankaufsicht und Nationalbank nicht zulassen würden, daß mehr als 10 % Aktienkapital an einen einzigen Kreditnehmer ausgereicht würden.

...[redacted]. gab weiterhin bekannt, daß er sich für den Beitritt der West-LB zur Gesellschaft Handel mit der DDR einsetzen wird.

April 1987
Durch ..[redacted].. wurden Kontakte zwischen einem Beauftragten der DDR und einem Beauftragten des Senators für Wirtschaft WB vermittelt.
Dabei ging es um Fragen der Eröffnung einer Deutrans-Filiale in WB.

Auf der LFM 1987 brachte .[redacted]... gegenüber einem Mitarbeiter der IIB-Moskau sein Interesse an der Aufnahme von Geschäftsbeziehungen zu den RGW-Finanzorganen zum Ausdruck.

Anlage 2

Politische Aktivitäten des ..[redacted]... gegenüber der DDR

Das "Länderspiel"

Seit 1981 gehen von ..[redacted].. vielfältige politische Aktivitäten im Rahmen der Beziehungen BRD/DDR aus, welche er 1986 unter dem Namen "Länderspiel" konzeptionell zusammenfaßte. Diese Konzeption beinhaltet folgende Probleme:

Übertragung gewisser zwischen der UVR und Österreich bestehender Regelungen und Gegebenheiten auf die Beziehungen zwischen der DDR und der BRD zur Regelung völkerrechtlicher Beziehungen beider Staaten zueinander, der Situation an der gemeinsamen Staatsgrenze und des gegenseitigen Reise- und Besucherverkehrs durch:

- die Anerkennung der DDR-Staatsbürgerschaft durch die BRD unter Änderung des Grundgesetzes bei Beibehaltung des derzeitigen Status von Westberlin;

- die Umwandlung der Ständigen Vertretungen beider deutscher Staaten in Botschaften;

- den Verzicht auf Ausstellung von BRD-Pässen an Bürger der DDR durch BRD-Behörden;

- Gleichbehandlung von Asylgesuchen von DDR-Bürgern in der BRD wie von Gesuchen von Asylbewerbern aus anderen Ländern in der BRD;

- Freizügigkeit im gegenseitigen Reise- und Besucherverkehr;

- Wegfall der Reisealtersbegrenzung für DDR-Bürger bei Reisen in die BRD und Westberlin;

- Wegfall der Visumpflicht bei Reisen in beide Staaten.

Juni 1982

.....[redacted]. erkundigte sich im Zusammenhang mit Swingverhandlungen BRD/DDR nach Möglichkeiten die Regelungen zum Mindestumtausch zu verändern.

September 1982

Durch ..[redacted].. wurden Informationsinteressen zur geplanten Reise *Wischnewski* in die DDR geäußert. Er erkundigte sich konkret nach dem Termin der Reise und der Teilnahme des *Gen. Axen* an den Gesprächsrunden. ..[redacted].. erkundigte sich weiterhin, ob die DDR bereit wäre, das Ausreisealter für Reisen nach WB und der BRD zu senken und welche Forderungen die DDR dazu stelle.

Im Zusammenhang mit der von ihm angesprochenen Frage der Elektrifizierung der Eisenbahnstrecke Helmstedt/WB äußerte ....[redacted].., daß ihm bekannt sei, daß im Zusammenhang damit ein größeres Gefangenenaustauschprojekt vorgesehen sei und erkundigte sich nach dem vorgesehenen Teilnehmerkreis an den Gesprächsrunden von DDR-Seite. Ihm war bereits die Teilnahme des Gen. Schalck bekannt.

Januar 1983

....[redacted]. teilte mit, daß die Bundesregierung Staatsminister .Jenninger.. und Staatssekretär Schreckenberg für die Kontaktbeziehungen zur DDR bestimmt habe und bemühe sich intensiv, eine Einladung für Jenninger zur LFM 1983 zu erhalten. Jenninger würde konkrete Vorschläge der Bundesregierung mitbringen zu den Problemen:

- Werraentsalzung,
- Umweltschutz,
- Transit WB/BRD (Eisenbahn),
- Elbeverschmutzung,
- Vorschläge zum Drittlandswarenkonting.

Februar 1983

...[redacted].. bemühte sich intensiv um eine Einladung für Jenninger zur LFM 1983 und um einen Gesprächstermin zwischen Jenninger und Gen. Mittag.. zur Fortführung des "Züricher Modells".

April 1983

...[redacted]. zeigte großes Interesse an der bevorstehenden Reise der Genossen ..Mittag... und .Beil. in die BRD und teilte mit, daß Jenninger.. ein 4-Augen-Gespräch zum "Züricher Modell" zwischen .Kohl. und Gen. Mittag.. bzw. Jenninger. und Gen. Mittag. vorbereite. Er erkundigte sich, welche Chancen dem "Züricher Modell" in der DDR eingeräumt werden.

...[redacted].. sei von Bundeskanzler ..Kohl. ermächtigt mitzuteilen, daß .Kohl sofort und jederzeit an jedem Ort der BRD bereit zu einem 4-Augen-Gespräch mit Gen. Schalck. sei und einen Terminvorschlag erwarte. Für dieses Treffen seien umfangreiche Sicherungsmaßnahmen vorgesehen.

1984

.....[redacted].. bemühte sich intensiv um Einladungen von Staatsminister .Jenninger zu den Leipziger Messen und zu Treffen von DDR-Bevollmächtigten mit Jenninger.

VS-~~vertraulich~~ nicht geheimzuhalten

BStU 000139

3 00139

April 1985
...[redacted]. erkundigte sich nach der vorgesehenen Reise des Gen. Mittag. in die BRD (Hannovermesse) und erklärte die Absicht, der Bundesregierung zu Gesprächen mit Gen. Mittag. über Fragen Weiterentwicklung der Beziehungen BRD/DDR, Asylantenprobleme und Swingregelung.

Mai 1985
...[redacted]. erkundigte sich konkret, welche Schritte seitens der BRD-Regierung zur Klärung der Asylantenfrage mit der DDR unternommen werden müßten. Dabei ist er sehr an Einzelheiten interessiert. Er teilte weiterhin mit, daß der Bundeskanzler .Kohl. bereit sei, Gen. Mittag und ..Beil.. zu empfangen. Das Gespräch würde das gesamte Verhältnis BRD/DDR umfassen.

August 1986
....[redacted]. teilt offiziell im Auftrag von Jenninger. mit, daß die Bundesregierung bereit sei, die Kontakte zur DDR auf allen Ebenen weiterzuentwickeln. Er erkundigte sich, ob die DDR bereit zu Verhandlungen in der Asylantenfrage wäre und Interesse an geldlichen Transferleistungen habe. .[redacted]. versuchte dabei auszuloten, welche Schritte trotz Ablehnung der DDR möglich wären.

April 1987
...[redacted]. teilte mit, daß durch die Probleme mit [redacted] ([redacted]) seine Kontakte zu Jenninger problematisch geworden wären. Jenninger würde für seine weitere Entwicklung ohnehin nicht mehr in Frage kommen, er müsse sich auf die Person .Schäuble. konzentrieren, um noch besser und günstiger auf bestimmte Entwicklungen zwischen der DDR und der BRD Einfluß nehmen zu können.

Weitere politische Aktivitäten

- In den Jahren 1982 - 1987 unternahm ..[redacted].. große Bemühungen in der Vermittlung von Kontakten zwischen Politikern der BRD und der DDR. Dabei spielten Reisen von BRD-Politikern in die DDR als auch von DDR-Politikern in die BRD eine Rolle. In diesem Zusammenhang interessierte sich ..[redacted].. ständig für Termine, Vorbereitung, wirtschaftliche und politische Aspekte sowie Hintergründe, insbesondere der Reisen der Genossen .Mittag.,..Beil und Schalck. in die BRD. ..[redacted]..: versuchte, über seine Kontaktpartner in der DDR sowie über Kontaktaufnahmen zu den Büros der Genossen ..Mittag.,..Beil und Schalck. Zusammenkünfte zwischen diesen Funktionären und Politikern der BRD zu organisieren. ..[redacted]... gab an, dabei im Auftrag des jetzigen Bundestagspräsidenten Jenninger und teilweise von Bundeskanzler ..Kohl.. gehandelt zu haben.

~~VS-[illegible] amtlich geheimgehalten~~

BStU
000140

4

- 1983 - 1986 entwickelte ..[redacted]. Aktivitäten und Informationsinteressen zu einem vorgesehenen Besuch des *Gen. Honecker* in der BRD. Über seine Kontaktpartner in der DDR versuchte er ständig, den Zeitpunkt einer solchen Reise in Erfahrung zu bringen, festzustellen, welche Bedingungen seitens der DDR an die Realisierung eines solchen Besuches geknüpft werden und angebliche Vorschläge der Bundesregierung vorzutragen.

- 1982 wurden durch .[redacted].. zwei Forderungen vorgetragen, an denen *Jenninger*.. persönliches Interesse gehabt habe. Dabei handelte es sich um die Zurückweisung von vier SPD-Mitgliedern durch Zollbehörden der DDR auf Grund [illegible]planten Mitführung größerer Warenmengen im Transit in die VRP, und um die Verweigerung der Einreise des CDU-Fraktionsvorsitzenden zu [redacted] in die DDR. ..[redacted].. bemühte sich über einen längeren Zeitraum um die Klärung dieser Probleme.

- 1985 war ...[redacted].., angeblich im Auftrag von .*Jenninger*, mit Problemen der Vorbereitung des Besuches einer Volkskammerdelegation der DDR unter Leitung des *Gen. Sindermann* in der BRD befaßt und versuchte, die Hintergründe der Ablehnung dieses Besuches aufzuklären.

1985 entwickelte .[redacted]. Aktivitäten zur Wiedereinsetzung eines ausgewiesenen "Spiegel"-Korrespondenten in der Hauptstadt der DDR.

- Im April 1984 erkundigte sich .[redacted].. nach dem RGW-Gipfeltreffen und zeigte besonderes Interesse an der Entwicklung der Beziehungen zwischen der DDR und der BRD nach diesem Treffen.

- 1987 war durch .[redacted]. vorgesehen, zum Empfang der West-LB auf der Leipziger Frühjahrsmesse neben hohen Funktionären der DDR auch Kirchenvertreter der DDR und Mitarbeiter der Ständigen Vertretung der BRD in der DDR einzuladen.

KOPIE BStU

Anlage 20

Prof. Jürgen Nitz
Deutsches Komitee für Europäische
Sicherheit und Zusammenarbeit

Berlin, den 8.9.1990

<u>Vermerk</u>

Gespräch mit Dr. Otto Wolff von Amerongen, Vorsitzender des Ostausschusses der Deutschen Wirtschaft und Vizepräsident des Internationalen Rates für neue Initiativen in der Ost-West-Kooperation (Wien) in Leipzig am 7.9.1990.

Im o.g. Gespräch, bei dem es um die künftige Arbeit der deutschen Vertreter im Internationalen Rat ging, wurden folgende Gesichtspunkte behandelt:

1. Prof. Nitz überbrachte Grüße von Dr. K. Stubenrauch vom Ostberliner Ministerium für Wissenschaft und Technologie an Otto Wolff und informierte über dessen Gespräche mit Minister Dr. Riesenhuber und seinen derzeitigen Minister Terpe, denen zufolge es zweckmäßig sei, daß Dr. Stubenrauch vor allem zur Wahrnehmung von Interessen der Wirtschaft in den deutschen Ländern seine Tätigkeit im Internationalen Rat fortsetzen sollte. Prof. Nitz sei beauftragt, dies mit Dr. Otto Wolff und Dr. K.H. Fink, Geschäftsführer des Ostausschusses, zu besprechen.

2. Dr. Otto Wolff bedankte sich für die Grüße, bat um Ihre Erwiderung und führte dann aus:

   - er sehe für die deutsche Vertretung im Internationalen Rat keinen personellen Handlungsbedarf. Dr. Stubenrauch und Prof. Nitz hätten seit Jahren im Interesse der deutschen Wirtschaft und einer europäischen Zusammenarbeit im Rat gewirkt,und so werde es noch intensiver in Zukunft sein. Demzufolge sollten Dr. Stubenrauch und Prof. Nitz auch künftig dort tätig sein. Auf der nächsten Exekutivkomiteetagung in Brüssel könnte man darüber noch einmal sprechen. Im Grunde genommen geht es um den Beitritt der beiden ostdeutschen Vertreter (Stubenrauch und Nitz) in die gemeinsame deutsche Delegation des Ostausschusses.

Dr. Otto Wolff wies ferner darauf hin, daß es bereits in der Vergangenheit eine ausgezeichnete Kooperation zwischen den Vertretern aus beiden Teilen Deutschlands gegeben habe. Er unterstrich dabei, daß er ohnehin in allen seinen Ausführungen vor dem Rat immer die Interessen der gesamten deutschen Wirtschaft wahrgenommen hätte, insbesondere auch gegen Bestrebungen aus dritten Ländern und daß hierbei immer ein voller Konsens zwischen den Vertretern aus beiden Teilen Deutschlands bestanden hätte. Er würde seinen Hauptgeschäftsführer, Herrn Dr. K.H. Fink, entsprechend ins Bild setzen.

- Die Arbeit des Rates bedürfe zudem einer prinzipiellen Erörterung über Ziele, Inhalt und Verfahrensweise unter den veränderten Bedingungen in Europa. Dies sei z. B. vor allem auf der nächsten Exekutivkomiteetagung in Brüssel zu besprechen.

. Dr. Fink - so sagte dieser in einer Unterredung - würde es sehr begrüßen, wenn Prof. Nitz mit ihm zusammen an der nächsten Sitzung der Task Force Technologietransfer (vorgesehen in Paris) teilnehmen würde.

Prof. Dr. J. Nitz

Anlage 21

Länderspiel

Unter Länderspiel wird die Uebertragung gewisser, zwischen der Volksrepublik Ungarn und der Republik Oesterreich bestehender Gegebenheiten und Regelungen, rechtlicher wie tatsächlicher Art, auf die Bundesrepublik Deutschland und die Deutsche Demokratische Republik verstanden. Dazu gehören insbesondere

- die völkerrechtlichen Beziehungen beider Staaten zueinander
- die Situation an der gemeinsamen Grenze
- der gegenseitige Reise- und Besuchsverkehr.

Dies beinhaltet

- die Anerkennung einer DDR-Staatsbürgerschaft durch die Bundesrepublik - unter Aenderung des Grundgesetzes - bei Beibehaltung des derzeitigen Status von West-Berlin.
- die Umwandlung der ständigen Vertretungen beider deutscher Staaten in Botschaften.
- den Verzicht auf Ausstellung von BRD-Pässen an Bürger der DDR durch bundesdeutsche Behörden.
- Gleichbehandlung von Asylgesuchen von DDR-Bürgern in der Bundesrepublik wie von Gesuchen von Asylbewerbern aus andern Ländern in der BRD.
- Freizügigkeit im gegenseitigen Reise- und Besuchsverkehr.
- Wegfall der Reisealterbegrenzung für DDR-Bürger bei Reisen in die BRD und West-Berlin.
- Wegfall der Visumpflicht bei Reisen in beide Richtungen.

Unbeschadet hiervon wird jede Seite ihre unterschiedlichen Standpunkte zu deutsch-deutschen Fragen, wie etwa der Wiedervereinigung, beibehalten. Ich gehe davon aus, dass über das Länderspiel sowohl Bundeskanzler Kohl wie Generalsekretär Honecker unterrichtet sind.

Zürich, den 28.9.1986

Anlage 22

Anläßlich seines Aufenthaltes in Jena am 20.3.89 äußerte sich O. Wolff von Amerongen in einem inoffiziellen Gespräch zu Fragen des angestrebten EG-Binnenmarktes.

Otto Wolff sieht die weitere Entwicklung des EG-Binnenmarktes mit Blick auf 1992 als sehr problematisch für alle Beteiligten an, wenn die Entwicklung auch letztendlich erfolgreich sein werde. Prinzipiell sei er für weitere Schritte einer liberalen Marktentwicklung in größeren Wirtschaftsräumen, und sicher sei die BRD-Wirtschaft neben der britischen auf die neuen Anforderungen am besten eingestellt. Jedoch würde sich die Gesamtentwicklung erst einmal (bis 1992) nicht liberaler, sondern protektionistischer gestalten. Er sieht folgende Gegentendenzen:

- die angestrebte steuerliche Harmonisierung sei aus dem Zeitplan geraten;
- die Liberalisierungsfortschritte beim stark protektionistischen EG-Agrarmarkt ließen auf sich warten.
- Ein besonderes Problem seien die Normen und technischen Vorschriften, wo man nicht vorankommt. Noch seien die Wege nicht entschieden: Harmonisierung oder (und) gegenseitige Anerkennung. Auf jeden Fall sollten Harmonisierungen nicht diskriminierend für andere werden, was zu fürchten sei. Dennoch solle die internationale Vereinheitlichung von Normen und Standards weitergehen. Davon dürften sich auch die RGW-Länder nicht abkoppeln. O. Wolff empfiehlt vertragliche Regelungen mit den offiziellen Stellen im EG-Raum.
-Besonders unzufrieden sei man mit dem gerade von Großbritannien praktizierten »local content-Vorschriften« (restriktive Ursprungsregelungen), bei denen z.B. bei Produkten, die im EG-Raum durch fremde Anbieter verkauft werden, große Mengen von Zulieferungen für das Endprodukt aus dem Verbrauchsland selbst stammen müssen (japanische Autos für Großbritannien sollen z.B. bis zu 80% Zulieferteile aus

Großbritannien erhalten). Dies wäre eine Art von »Neoprotektionismus«.
- Unklar wären auch die Perspektiven bei der Anwendung von Antidumpingregelungen bei der Einfuhr, Subventionsregelungen usw.; die Dienstleistungssphäre bliebe unklar.
- Also: Man sei zwar generell für eine Innenliberalisierung und gegen eine abgeschottete »Festung Europa«, doch die Gegentendenzen seien unübersehbar.

EG-Binnenmarkt und Neutrale

Die Positionen der Neutralen seien differenziert einzuschätzen. Er glaube zwar an eine generelle Annäherung der EFTA-Staaten an die EG, dennoch wären die Standpunkte nicht auf einen Nenner zu bringen. Dies wäre für das taktische Verhalten der RGW-Länder sicher vorteilhaft.

Eine EG-Vollmitgliedschaft sei jetzt jedoch nicht real, was zuallererst auf Österreich zutreffe. In Österreich wären die Tendenzen für den Anschluß am stärksten. Er halte das für einen Fehler; die Diskussion um eine Annäherung oder gar einen Beitritt sei um Jahre zu früh gekommen. Österreich müsse gerade seine Position zwischen den großen Machtblöcken in Ost- und Westeuropa sehen. Erst wenn die gesamteuropäischen Entwicklungen, einschließlich Politik und Abrüstung, vorangeschritten seien, wäre ein Beitrittsersuchen ein Gesichtspunkt, jetzt gäbe es nur einen Dissenz.

EG-Binnenmarkt und RGW-Länder

O. Wolff hätte in den letzten Wochen und Monaten zahlreiche Gespräche mit führenden Politikern, Generaldirektoren und Experten aus dem RGW-Raum zu Fragen des EG-Binnenmarktes geführt. Ihm sei dabei vor allem folgendes aufgefallen:
-Die Mehrheit der Partner sei aufgeschreckt durch die Herausforderungen, die auf die Länder zukommen. Es sei aber

zu fürchten, daß die Volkswirtschaften der RGW-Länder nicht ausreichend auf die zunehmenden Konkurrenzsituationen eingestellt seien. es könnte für den RGW-Raum geradezu zu einer Schicksalsfrage werden, wie man mit den Ansprüchen des Weltmarktes zurecht käme. Er habe große Sorge, ob es die RGW-Länder verstünden, die großen Chancen, die sich ja auch böten, ausreichend zu nutzen. Ungarn sei wohl mit dem Mechanismus am besten auf 1992 eingestellt; die DDR infolge ihrer hochentwickelten Industrie, der besseren Positionen durch Bildung und Qualifikation der arbeitenden Menschen und des Sonderverhälnisses der DDR zur BRD in einer Vorzugssituation. Er frage sich aber, ob man in bezug auf den Mechanismus und die Flexibilität nicht doch erheblich zulegen müsse.

Die UdSSR mache große Anstrengungen, um sich durch innere Veränderungen auf die neue Lage einzustellen; man habe jedoch große Sorge vor einer protektionistischen »Festung Europa«. Im übrigen sei man in der Exportpalette weit zurückgeblieben. Der Kampf um Märkte hätte eigentlich noch gar nicht begonnen.

Interessant sei weiter, daß die UdSSR die Entwicklungen in Westeuropa (oder gerade) unter dem Gesichtspunkt verfolge, was für einen eigentlichen RGW-Binnenmarkt daraus gelernt werden könne. Man wolle das Modell RGW-Binnenmarkt ntzen, um die Handelsschranken zwischen den RGW-Ländern auszubauen. Gerade die DDR werde hier sicher sowjetische Pressionen deutlicher zu spüren bekommen. Gorbatschow werde in dieser Frage nicht nachgeben, wenn dieser sich auch der Bedeutung der DDR bewußt sei. Gerade werde aber deshalb immer wieder an den Möglichkeiten, die sich aus den Positionen der DDR ergeben, »herumgebastelt«. In bezug auf die Beziehungen DDR-BRD und deren künftige Gestaltung sei dies für O. Wolff von größtem Interesse.

Es dürfe auf keinen Fall zu einer Abschottung des EG-Marktes durch einen verstärkten Außenprotektionismus gegen die RGW-Länder kommen. Die Verbände würden in diesem Sinne auf die

Regierung drücken. Gerade die wirtschaftliche und politische Öffnung Osteuropas solle man nicht mit neuem EG-Protektionismus bestrafen, sondern mit mehr Marktöffnung honorieren. Dies gelte auch oder gerade für die weitere Regelung der Beziehungen EG-RGW bzw. RGW-Länder. Die BRD-Regierung versuche in Brüssel liberale Positionen für RGW-Länder durchzusetzen. Ungarn sei ein Beispiel; es dürfe kein Einzelfall bleiben. Die Beachtung der Reziprozität sei eine Möglichkeit, die protektionistischen Positionen in Brüssel aufzulockern, ebenso fiele die Fortsetzung der Reformpolitik ins Gewicht.

EG-Binnenmarkt und DDR

O. Wolff geht davon aus, daß sich die DDR-Wirtschaft bei Vollendung des EG-Binnenmarktes einer »dramatischen Herausforderung« gegenübersehen würde. Er bezog sich dabei auf Gespräche mit (oder Erklärungen von) DDR-Offiziellen. Die DDR werde es nicht leicht haben, sich auf dem EG-Markt durchzusetzen. Leistungssteigerung sei sicher der entscheidende Ansatzpunkt. Man müsse in den DDR-Kombinaten deutlicher begreifen, daß Anforderungen in Richtung Marktarbeit, wissenschaftlich-technischer Höchststand und Qualitätskriterien für die Erzeugnisse auf sie zukommen, die nur mit außerordentlichen Anstrengungen zu schaffen sind.

Das spezifische Problem – Status innerdeutscher Handel und EG-Binnenmarkt – sei noch nicht endgültig ausgestanden. Dennoch werde auch die Konkurrenz auf dem BRD-Markt anwachsen.

In Gesprächen mit der Regierungsspitze, dem Bundeswirtschaftsministerium und den Spitzen der Verbände sei klargemacht worden, daß der Status im innerdeutschen Handel nicht gestört werden dürfe; jede Statusverschlechterung sei nicht zu akzeptieren. Doch die Kräfte in Westeuropa, die dies nicht tolerieren würden, wären sehr stark, so daß es jetzt darum gehe, weitere Auseinandersetzungen mit erfolg zu bestreiten. Besonders in Großbritannien, Niederlande, z.T. Frankreich, gäbe es Widerstand. Die BRD-Wirtschaft sei jedoch voll entschlossen, die deutsch-deutschen Sonderpositionen zu verteidigen. Er selbst als ein Spitzenvertreter der BRD-Wirtschaft verstünde sich als »eine Art Libero vor dem Tor der DDR, um die Angriffe der westeuropäischen BRD-Verbündeten auf den Status des innerdeutschen Handels abzuwehren.«

Die DDR könne sich in dieser Hinsicht auf die BRD-Wirtschaft verlassen, die sich ihr deutsch-deutsches Sonderverhältnis nicht nehmen lassen lasen würde. es ginge jetzt darum, die Witschaftskreise in einem breiteren Rahmen zu aktivieren. Zudem müßten die DDR-Kombinate immer wieder ihren Willen deutlich machen, mit BRD-Partnern auf den bestehenden Grundlagen weiterzuarbeiten. Wie man die Statussicherung in der Praxis durchführen wolle, wäre noch zu diskutieren. Es ginge u.a. um die volle Ausschöpfung der rechtlichen Möglichkeiten aus dem Zusatz zu den römischen Verträgen und Nachfolgevereinbarungen.

Wirtschaftsbeziehungen DDR-BRD

Die Wirtschaftsbeziehungen DDR-BRD müßten nun endlich aus dem Tief herauskommen. Entscheidend sei dabei der Übergang zur Unternehmenskooperation. Hier müßen noch deutlicher
– neueBereiche erschlossen werden (Wissenschaft und Technik, Energie, Umwelt, Verkehr, Mikroelektronik)
–neue Formen Anwendung finden (industrielle Kooperation von Forschung und Entwicklung über Produktion bis zum Absatz). O. Wolff befürwortet auch die Kooperation auf Institutsebene.
– neue Mechansimen (z.B. Arbeitsgruppen für spezifische Fragen) in Angriff genommen werden.
– Er habe auch Verständnis dafür, daß die DDR immer wieder auf die Verbesserung des politischen Rahmens dränge, doch solle man diesen in seiner Wirkung auf Handel und Kooperation

auch nicht überschätzen. Die Wirtschaft werde sich heute von der Politik ihr Handeln nicht vorschreiben lassen, schon gar nicht mehr 1990 oder später. Man sei von den Besuchsabsagen der Minister nicht sonderlich beeindruckt. Er, Otto Wolff, hätte seinen Besuch in der DDR nicht abgesagt, sondern auch in politisch schwierigen Zeiten das Gespräch gesucht, und dabei würde er bleiben.

Allerdings sei zu fragen, erstens: ob es denn keine technisch und organisatorisch bessere Lösungen gäbe als erst an der Grenze zu schießen und dann so direkt und zweitens: wenn man schon meint, schießen zu müssen, ob man dann nicht 14 Tage hätte warten können. Es wäre ja längere Zeit nichts vom Schußwaffengebrauch mit Folgen zu hören gewesen. Warum vor Staatsbesuchen? Bei Kreisen in der BRD würde sich auch ein solcher Eindruck aufdrängen, ob es in der DDR Kräfte gebe, die Honeckers Dialogpolitik stören wollten.

Wenn es nun in den nächsten Monaten zu keinen Gesprächen DDR-BRD auf Ebenen der Regierungsparteien käme (Hausmann, andere Minister, vielleicht auch Streibl), dann müsse man besorgt sein, ob die DDR-Führung dann ihre neuen Linien nach Kooperation richtig kreieren könne. Dies sei ein Punkt zum Nachdenken.

Zur Situation in der UdSSR

O. Wolff unterstrich noch einmal seine Sympathie für die Entwicklungen insbesondere in der UdSSR. Jedoch würde die Skepsis über die Realisierungsfähigkeit der Konzeptionen von Gorbatschow in Führungskreisen der BRD-Wirtschaft anwachsen.

Die vorherrschende Auffassung sei, daß die Zeitachse von Gorbatschow immer kürzer werde. O. Wolff sei dafür, die neue Politik in der UdSSR mit dem vollen Einsatz seiner Person zu unterstützen; er würde versuchen, die Wirtschaft voll auf einen

Unterstützungskurs für die UdSSR zu bringen bzw. zu halten, dies zeitigte Erfolge, aber auch zunehmende Vorbehalte.

Die Betriebe, insbesondere in den Bereichen der Leichtindustrie, die von der UdSSR in der BRD eingekauft wurden, werden erst in einigen Jahren (1994/1995) produktionswirksam; andere zeitlich erst danach. Das Loch in der Versorgung, was Gorbatschow zu schließen hätte, sei so nicht zu stopfen. Nun würde erneut zur Diskussion stehen, ob man auf Kredit Konsumgüter aus der BRD kaufen wolle. Die BRD sei dazu selbstredend bereit, obwohl dies keine Lösung auf längere Sicht sei. Diese Frage bliebe einstweilen offen.

Zum einheitlichen RGW-Markt

Otto Wolff geht davon aus, daß die historische Tendenz zum RGW-Markt in diese Richtung geht, auch wenn es diese oder jene Beteiligten nicht wahrhaben wollten. Jedoch ist er auch der Meinung der DDR-Führung, daß man keine unkontrollierbaren Experimente wagen solle, mehr Mut könne aber auch nicht schaden.

Ein riskantes Thema sei dabei die Konvertibilität. Er achte durchaus die Gegenargumente der DDR, dies nicht zuletzt unter dem Gesichtspunkt, daß es in der UdSSR sehr wirre Vorstellungen, vor allem bei Experten gebe. Nach Meinung von O. Wolff käme die DDR um die Lösung dieser Probleme nicht herum; in der DDR wolle man sich wenigstens »auf kleine Trippel-Schritte einstellen«, um die Gesamtprobleme voranzubringen, d.h. eine Teilkonvertibilität für einzelne Bereiche.

Zu BRD-Joint-Ventures in der UdSSR

O. Wolff vertrat seine »unumstößliche Position, daß diese die höchste Form, aber zugleich auch die komplizierteste Form« einer Ost-West-Unternehmenskooperation sei und demzufolge nur schwer bewältigt werden könne, vor allem, wenn es wenige oder gar keine Erfahrungen mit anderen Koperatioonsformen gäbe.

Er wolle zwar Moskau nicht vorschreiben, was es für Kooperationsformen zu praktizieren hätte; jedoch halte er die gegenwärtige Position für falsch. In Moskau würde man diese seine Auffassungen nicht teilen.

Er findet die Position der DDR begrüßenswert, bei Joint Ventures zurückhaltend zu sein. Wenn man jedoch intensiver über die DDR nachdenke, käme man zu folgenden Joint-Ventures-Überlegungen, um die auch die DDR wohl nicht herumkomme. Joint Ventures
- in größerem Umfang und mit mehr Engagement im Westen im Absatz- und Servicebereich;
- im Produktionsbereich in EG-Ländern, um Konkurrenznachteile zu eliminieren, insbesondere im Zusammenhang mit der Vollendung des Binnenmarktes. Doch solle man damit nicht bis 1992 warten. Jetzt fänden die wichtigen Fusionen statt;
- im RGW-Bereich. Seiner Meinung nach werde sich der Druck Moskaus und der der Verbündeten auf die DDR nach Bildung von gemeinsamen RGW-Unternehmen (bi- oder multilateral) verstärken.

Auch Forderungen nach dreiseitiger Kooperation mit gemeinsamem Eigentum aus Ost und West – sowohl mit einem Standort im Westen oder im RGW-Raum – werden nicht verstummen.

Wenn man also in der DDR zurückhaltend bliebe und die Erfahrungen der anderen sorgfältig studiere, wäre es für O. Wolff verständlicher, wenn die DDR-Führung wenigstens einige Beispiele mehr auf diesem oder jenem Gebiet schaffen würde, um selbst einige Erfahrungen mehr sammeln zu können. Hier sei seine Auffassung ähnlich wie zur Konvertierbarkeit: einige kleine Trippelschritte und kein unkalkulierbarer Sprung ins Abenteuer.

Anlage 23

Der Direktor Berlin, den 19.10.1988

Genossen Günter Mittag
Mitglied des Politbüros und
Sekretär des ZK der SED

Werter Genosse Mittag!
In Fortsetzung eines Meinungsaustauschs mit Herrn Walter Leisler Kiep, den ich auftragsgemäß am 31. Mai 1988 hier im IPW mit ihm führte, fand am 16. Oktober 1988 auf seinen Wunsch ein vertrauliches Gespräch mit ihm in Hamburg statt, wo ich beim Bergedorfer Gesprächskreis weilte.
Unter Bezug auf eine kurze Begegnung, die er anläßlich der Trauerfeier für Franz Josef Strauß in München mit Dir hatte, bat er mich, Dir seine Überlegungen zu übermitteln. Er verband dies mit dem Wunsch, sie Dir in nächster Zeit selbst vortragen zu können und ihm dazu eine Antwort zukommen zu lassen. ...

Max Schmidt

Information über ein Gespräch mit Herrn Walter Leisler Kiep am 16. Oktober 1988

...

Kiep unterbreitete folgendes:
1. Nach seinem Besuch in der DDR Ende Mai 1988 ... habe er sowohl mit dem Bundeskanzler H. Kohl in allgemeinen Zügen als auch mit Alfred Herrhausen von der Deutschen Bank und Karl-Keinz Kaske, dem Siemens-Chef, sehr konkret darüber gesprochen, wie die Wirtschaftsbeziehungen zwischen beiden Staaten vor allem durch die Einbeziehung des Hochtechnologiebereiches auf Projekte neuer Qualität und langfristiger Entwicklung ausgedehnt werden können. Als ein bedeutendes und weittragendes Feld der Kooperation werde der Bereich der Telekommunikation und die damit zusammenhängende Infrastruktur angesehen.
Der Siemens-Konzern sei aufgrund seiner technologischen

Kapazitäten und seiner enormen liquiden Mittel nicht nur in der Lage, sondern auch interessiert, zu längerfristigen Abkommen mit der DDR über die Kooperation auf dem genannten Feld einschließlich der Modernisierung der Post zu kommen. Aufgrund seiner bestehenden Geschäftsverbindungen sehe Siemens auch die großen Möglichkeiten der Zusammenarbeit mit den aus ihrer Sicht leistungsfähigen Kombinaten der Elektronik der DDR bei solchen Projekten.

Die Deutsche Bank halte ein längerfristiges Projekt auf diesem Gebiet für geschäftlich durchaus machbar – auch in bedeutenden Größenordnungen und über längere Fristen. Die Bonität der DDR stehe für die Deutsche Bank außer Frage. Denkbar wäre eine Zusammenarbeit von Post der DDR, DDR-Kombinaten, Siemens und einer Gruppe von BRD-Banken unter Führung der Deutschen Bank. Ausreichend wäre für ein solches Geschäft eine Ausfallbürgschaft der BRD-Regierung.

Kiep unterstrich, daß Siemens und auch die Deutsche Bank natürlich auch ein massives Eigeninteresse am Geschäft hätten, durchaus aber auch den übergreifenden politischen Aspekt der Weiterentwicklung der Wirtschaftsbeziehungen als Grundlage politischer Beziehungen sehen würden. Er legte Wert auf größte Vetraulichkeit. Auf seiten der BRD würden nur H. Kohl, A. Herrhausen, K.H. Kaske und er diese Überlegungen kennen. Man sei sehr daran interessiert, diese Überlegungen der Führung der DDR direkt vortragen zu können.

2. Kiep kam auch auf seinen Vorschlag zurück, in einem kleinen Kreis von je 4-5 Personen der DDR und der BRD einen internen und vertraulichen Meinungsaustausch über Fragen zu führen, die mit der Entwicklung des EG-Binnenmarktes und seinen Folgen zusammenhängen. Das beziehe ich sowohl auf die generellen Fragen der EG-Entwicklung und die gesamteuropäischen Wirkungen als auch auf die spezifischen möglichen Wirkungen auf die Wirtschaftsbeziehungen DDR-BRD. ...

(Zentrales Parteiarchiv der SED Sign.: 42/71)

Institut für Internationale Politik und Wirtschaft der DDR

Anlage 24

Prof. Jürgen Nitz 8. 9. 1989

Vermerk

über ein Gespräch mit dem Wirtschaftssenator von Berlin-West, Dr. Peter Mitzscherling

Mit dem Empfang der West LB während der LHM kam es zu einem Gespräch mit o. g. Senator Dr. Mitzscherling. Der Beauftragte der BRD-Regierung für die Wirtschaftsbeziehungen mit der DDR, Leiter der Treuhandstelle für Industrie und Handel, Dr. Franz Rösch, stellte mich dem Senator mit der Bemerkung vor, daß er hier den DDR-Vertreter vor sich hätte, der es als einzigster riskiere, über Handel und Kooperation mit der BRD und Berlin-West öffentlich aufzutreten und zu schreiben. Zudem müsse er, Mitzscherling, mich unbedingt kennenlernen, da sich das IPW sehr für die Kooperation der DDR mit der BRD bzw. mit Berlin-West interessiere und hier noch einiges vorhabe. Rösch machte dabei den Eindruck, als ob er von den Gesprächen des IPW mit möglichen Kooperationspartnern in der BRD bzw. Westberlin wisse.

Mitzscherling erweckte seinerseits den Eindruck, als ob er über meine Gespräche mit Kisker zumindest in großen Zügen informiert sei, jedoch ging er zuerst nicht auf Einzelheiten ein, wodurch er mir Veranlassung gab, das mögliche Projekt in seinen generellen Linien aus Sicht der DDR darzustellen. Mitzscherling bat mich zudem ausdrücklich, die Position des IPW vorzutragen. Er sagte mir in diesem Zusammenhang, daß das Thema auch bei seinen Gesprächen mit Minister Dr. G. Beil beim Punkt Wissenschaftskooperation eine Rolle gespielt hätte, jedoch auch hier ohne in Einzelheiten zu gehen.

Die Position von Mitzscherling läßt sich wie folgt beschreiben:

- Aus der Sicht von Berlin-West und unter Berücksichtigung der gegenseitigen Interessen sei eine Wissenschaftskooperation zum

2

Thema zu begrüßen. Das gelte sicher auch für Bonn.

- Die Förderung seitens der VW-Stifung würde er begrüßen.
- Mögliche inhaltliche Schwerpunkte könnten Wirkungen des EG-Binnenmarktes, Technologietransfer, Kooperation bei Umwelttechniken und Mikroelektronik, Großprojekte DDR - BRD unter Einschluß von Berlin-West, die Rolle der klein- und mittelständischen Industrie u. ä. sein.

  Er sagte seine Unterstützung bei der Realisierung des Vorhabens zu, soweit ihm dies möglich wäre.

Im weiteren Verlauf des Gespräches übte er deutliche Kritik:

- an der Arbeit des Diepgen-Senats, wo zwar viel geredet aber im Handel mit der DDR nichts getan würde;
- an der Wirtschaft in Berlin-West, die zu einem erheblichen Teil wenig für den Handel mit der DDR motiviert sei und auch nicht interessiert wurde;
- an den mangelnden Forschungskapazitäten auf dem Gebiet einer Zusammenarbeit mit der DDR. Dr. Horst Lambrecht (DIW) wäre eine einsame Ausnahme;
- am personellen Zustand des Apparates des Senats. Dies sei auch ein politisches Problem. Dr. Heintze, der die Zusammenarbeit mit dem Osten anzuleiten hätte, würde der Verantwortung für die Aufgaben nicht gerecht werden. Deshalb würde man jetzt ein Europa-Referat unter Leitung von Dr. Bethgenhagen (bislang DIW, Mitglied der SPD) organisieren (EG-Binnenmarkt-Zusammenarbeit bzw. Kooperation mit dem RGW, besonders DDR). Man müsse dabei politische Vorbehalte im Apparat überwinden.

  Dr. Bethgenhagen würde dann auch für die staatliche Anleitung bzw. Betreuung einer denkbaren Kooperation mit dem IPW zuständig sein.

Mitzscherling äußerte auch gewisse Bedenken gegen Kisker. Dieser hätte von der Sache nur einen Bruchteil an Voraussetzungen und Kenntnissen wie das IPW; außerdem würde er ihm zu "deutlich links" stehen. Aber Mitzscherling könne keine Alternative bieten, es

3

sei denn, Bethgenhagen würde sich aus der Sicht des Senats nun um die Sache mit kümmern. Es wurde der Gedanke erörtert, Lambrecht vielleicht zum Gutachten im Rahmen des Projektes zu bestellen. Er sieht auch in der Person von Frau Cornelsen keine Alternative für eine Arbeit am Projekt, allerdings ohne Gründe zu nennen. Ich sicherte ihm zu, daß von Seiten des IPW - falls es zur Kooperation käme - das Vorhaben garantiert fair und zum beiderseitigen Nutzen durchgeführt werde.

Mitzscherling bekannte sich im Gesprüch ausdrücklich für die Konzeption des gemeinsamen europäischen Hauses. Er sei übrigens der Initiator der konstruktiven Europa-Erklärung des Bundestages, wie er mit Stolz sagte. Sein Entwurf dafür sei vor allen Fraktionen in Bonn gebilligt worden. Diesen Beschluß hätte er auch G. Rettner im ZK der SED zugestellt. In diesem Zusammenhang wurde die Verantwortung der beiden Parteien, SPD - SED, erwähnt, in dessen Kontex sich auch die Zusammenarbeit im Rahmen einer Wissenschaftskooperation befinden würde.

Das Gespräch ging mit einem gewissen Optimismus zu Ende, wenn wir uns auch gegenseitig versicherten, daß man ja erst im Stadium von Vorgesprächen sei. Man solle ihm aber auf dem laufenden halten. Im übrigen bat er um Zusendung von relevanten IPW-Publikationen zur Sache, um nicht einen Informationsverlust zu haben.

Anlage 25

amtlich geheimgehalten UNGÜLTIG

35 A		25.10.83

AUFZEICHNUNG TWI

TgbNr	613/83 VS-Vertr.		
Kennziffer	TWI A 0136/83	Berichtsnummer	35AB25108302
Aktenzeichen	DDR 2408		
Titel	DDR: Abwicklung des Imports von Embargogütern aus westlichen Industriestaaten		
Bezug 1 / 2			
Stand	09.83		

Der Bundesminister des Innern
Eing. 15. JUL 1991
Anl.: /
IS2-620220-1/11-320/10/91 VS-V

Der Bundesminister des Innern
Eing.: - 3. NOV. 1983
Anl.: ./.
IS2-141363/83 VS-V

Kurzfassung

Die DDR hat für die Beschaffung von embargobehinderten Gütern beim Ministerium für Außenhandel eine weitverzweigte Organisation aufgebaut. Nachgeordnet wurden Firmen in der DDR sowie in verschiedenen westlichen Industriestaaten gegründet. Die dort handelnden Personen werden überwiegend durch das MfS kontrolliert.

Beschafft werden können fast alle interessierenden Waren; die verschiedenen Verbindungswege sind weitgehend eingespielt.

Anlagen: - 4 -

Deskriptoren	[illegible]
Sperr- oder Freigabevermerke	Verwendung nur im nationalen Bereich

Verteiler

BPrA	BK	AA	BMVg	BMWi	BMI	BMB
☐	☐	x	x	x	x	x
BMBW	BK	BMF	BML	BPA	BfV	ASBw
☐	☐	x	☐	☐	X	☐
[redacted]	FÜS II		BGS	ZKI	BKA/B/ST 14	
☐	x	☐	x	x	x	☐

Vermerke des Empfängers

1) Herrn AL IS z. K.
2) Herrn ... PI 1 zu ...
3) Herrn ...
4) z. d. A.

84/023/83 Aufzeichnung (TWI)-Deckblatt

Reg.-Nr.: 3 (neu)/7 - ...

VS-VERTRAULICH
Amtlich geheimgehalten

UNGÜLTIG

- 2 -

Nachfolgende Aufzeichnung über den Import von Embargogütern in die DDR ist aus Informationen zuverlässiger Quellen zusammengestellt:

1. Der Bedarf der DDR an embargobehinderten Gütern aus westlichen Industriestaaten ist sehr groß. Die wesentlichen Bedarfsträger sind

   - die Akademie der Wissenschaften für die gesamte Grundlagenforschung
   - alle Industrie-Institute und Werke vorwiegend im Bereich des Ministeriums für Elektrotechnik und Elektronik
   - die Streitkräfte für deren militärischen Nachrichtendienst
   - das Ministerium für Staatssicherheit
   - das Ministerium für Post- und Fernmeldewesen zur Verbesserung der fernmeldetechnischen Infrastruktur des Landes.

   Darüber hinaus werden für alle Großprojekte der DDR, wenn erforderlich, embargobehinderte Waren importiert.

2. Für alle o.a. Bedarfsträger wurde beim Ministerium für Außenhandel (MAH) im Bereich Kommerzielle Koordinierung (KOKO) unter der Leitung von Staatssekretär Dr. SCHALK-GOLODKOWSKY eine stark verzweigte Beschaffungsorganisation aufgebaut. Diese Organisation ist überwiegend vom MfS gesteuert und kontrolliert. Sie umfaßt Firmen in der DDR sowie in den wichtigsten westlichen Industrie-Staaten, die speziell hierfür gegründet worden sind.

   Als Anlagen 1 und 2 sind Organigramme über die für den Ankauf von Embargogütern zuständige Organisation beim MAH beigefügt.

Anlage 26

Oktober 1989

Vertraulich

Zu den Vertragsbeziehungen EG - DDR

Dr. Fritz Homann, Bundeswirtschaftsministerium, und Dr. Karl Hermann Fink, Hauptgeschäftsführer des Ostausschusses der Deutschen Wirtschaft und Abteilungsleiter im Bundesverband der Deutschen Industrie, gaben eine kritische Bewertung des Standes der Ausarbeitung eines Abkommens EG-DDR. Sie teilen nicht den Optimismus auf der DDR-Seite, daß es bald zu einem Abkommen kommt, es sei denn, die DDR verzichtet auf jede Chance, eine ökonomisch vorteilhafte Regelung zu erhalten und begnügt sich mit dem niedrigsten gemeinsamen Nenner.

Zwar gibt es

- das Urteil des EG-Gerichtshofes zum Handel DDR - BRD vom 21. 9. 1989, das den Sonderstatus im gegenseitigen Handel bekräftigt;

- eine Vorabsprache EG - DDR über die Nichtberührung des Sonderstatus, und

- die Bestätigung, daß von der DDR eine einseitige Erklärung seitens der EG-Kommission entgegengenommen wird, die dies alles bekräftigt.

Hierbei hätte die BRD-Regierung stark auf Brüssel eingewirkt, um deutsch-deutsche Positionen durchzusetzen.

Völlig ungeklärt sei jedoch, ob und wie die Meistbegünstigung im Handel der DDR mit EG-Ländern durchgesetzt werden kann. Bislang hatte es den Anschein, daß durchaus eine günstigere Position, als es gegenwärtig der Fall ist, erreicht werden könnte, obwohl sich die DDR generell in einer schlechteren Lage als Ungarn, CSSR oder Polen befinde, da sie nicht GATT-Mitglied ist und daher die Anwendung der GATT-Klausel über Meistbegünstigung nicht einfordern kann.

Das Hauptproblem sei aber jetzt die Reformverweigerung der DDR, wie man in Brüssel meint. Solange sich die DDR nicht als reformfreudig zeigt, werde es kein Entgegenkommen der EG-Kommission geben. EG-Kommissar Andresen werde deshalb kein Mandat auf Verhandlungen mit dem Ziel des Vertragsabschlusses realisieren wollen.

Es sei auch fraglich, ob man unter diesen Bedingungen zu einer Definition der beiderseitig interessierenden Bereiche einer Zusammenarbeit kommen werde.

Fink betonte im Zusammenhang mit dem Gesamtkomplex der Probleme, daß man auf jeden Fall den Vorsprung, den man durch das Handelsregime DDR - BRD vor allen anderen habe, unbedingt halten und ausbauen wolle. Das liege auch eindeutig im Interesse der BRD-Wirtschaft.

Anlage 27

Jürgen Nitz

Streng vertraulich!

Berlin, den 10. 11. 89

Vermerk

Holger Bahl, Vorstandsvorsitzender der Joint Ventures- Bank EURASCO, Zürich, (Kapitalbeteiligung UdSSR, BRD, DDR, Schweiz), bat kurzfristig um ein vertrauliches Gespräch zum o. g. Thema. H.B. machte deutlich, daß er als zeitweiliger Beauftragter politischer Führungskreise der BRD zum Unterzeichner dieses Vermerks gekommen sei, um Gespräche über die Beziehungen DDR-BRD im Zusammenhang mit Ausreisewelle, Besuchsregelungen und Staatsbürgerschaft anzubahnen. Er berief sich dabei auf den führenden SPD-Spitzenfunktionär Karl Wienand, der über vertrauliche Beziehungen zu Oskar Lafontaine und Jochen Vogel sowie zu Dietrich Genscher verfügt und ein langjähriger Partner von H. Bahl ist. Ferner wurde durch H. Bahl auf den Kanzlerberater Teltschick Bezug genommen.

Er führte aus, daß er sich einmal an mich gewandt hätte, weil er an eine Anzahl von Gesprächen anknüpfen wolle, die zwischen uns im Auftrage des damaligen BRD-Bundestagspräsidenten und des Bundeskanzleramtes zwischen 1983 und 1988 zu beide Staaten interessierenden Fragen, meist mit großem Erfolg, geführt worden seien und andererseits aus Bonner Sicht - auch zu Persönlichkeiten der neuen Partei- und Staatsführung der DDR zum Teil langjährige und gute Beziehungen bestünden würden. (H. Modrow, W. Jarowinski, W. Eberlein, G. Beil, W. Karschiaß usw.). Im Einzelnen waren entsprechend den Ausführungen von Bahl Punkte des jetzigen Gesprächs:

- Die Lage der DDR wäre nach den jüngsten Entwicklungen etwas besser, jedoch nach wie vor so, daß man gegenüber der BRD kaum echte durchsetzbare Forderungen erheben könne. Während man bei dem 1985 im Auftrage des Bundeskanzleramtes vorgetragenem Vorschlag (Angebot der Respektierung der DDR-Staatsbürgerschaft durch Bonn gegen Reisefreiheit für DDR-Bürger seitens der Führung der DDR) in der DDR noch eine echte Verhandlungsposition gehabt habe, hätte man inzwischen "alle diese Trümpfe inzwischen aus der Hand gegeben." Jetzt sei man in Bonn dennoch an einer Behandlung wie Positionen auf einer informellen Ebene interessiert. Niemand sei deshalb als Kontaktmacher besonders geeignet, da sich die CDU-Spitzen auf einer harten Linie befinden würden.

- H. Dahl habe inzwischen mit hohen Funktionären in Moskau gesprochen, die zum einen ebenfalls an einer gutnachbarlichen Entwicklung DDR-BRD ihr Interesse zeigten, zum anderen bei einer Destabilisierung der DDR in Richtung Wiedervereinigung "allerernsteste Gefahren" (im Zusammenhang mit anderen großen Schwierigkeiten) für das politische Überleben von Gorbatschow fürchteten. Die Lang-hohen sowjetischen Partner verwiesen auf eine dann deutlich zu erkennende neue sowjetische Führung Ligatschow - Sowjetarmee, die die Lage in Mitteleuropa wieder umdrehen könnte.

- H. Bahl schlägt im Namen seiner Auftraggeber in Bonn vor, unverzüglich - unabhängig von offziellen Gesprächen Krenz - Kohl oder mit offiziellen Vertretern der SPD-Führung - mit einem neuen Kontakt über Karl Wienand und dem Unterzeichnenden im Sinne eines

3

"Vorgesprächs" zu beginnen, dem sich eine vertraulich arbeitende Gesprächsrunde, an der auch der sowjetische Botschafter Kwisinski und Kanzlerberater Teltschick teilnehmen könnten, vielleicht anschließen würde. Als einen zweiten Gesprächspartner aus der DDR würde man gern auch Prof. M. Schmidt, IPW, (insbesondere für die politischen Fragen) akzeptieren.

Als Termin für das erste sondierende Vorgespräch nannte H. Bahl, Montag, den 20. November in Düsseldorf (Hotel- und Flugkosten würde die BRD-Seite tragen/ an diesem Tag wären Bahl und Wienand in Düsseldorf verabredet.) Wienand würde dabei die Vorstellungen von einflußreichen politischen Kräften in Bonn zu Regelungen mit der DDR vortragen.
H. Bahl geht davon aus, daß sein Bescheid über Prof. Schmidt an die DDR-Führung geht.

NZ

Hinweis:

Zu den Inhalten der bisherigen Gespräche hatten u. a. gehört:

- Vorbereitung einer Joint-Venture Bank in Zürich (Kapitalbeteiligung Schweiz, DDR - Intrac -, BRD, (West LB bzw. Landesbank Mainz) - positiv gelaufen;

- Vorbereitung der multilateralen Joint Ventures Bank EURASCO - positiv gelaufen;
- Vorgespräche über Kredite für DDR;
- dringliche Behandlung der Regelung über den Swing DDR-BRD 1986 - 1989/90 in Zürich 1985, positiv gelaufen; (mit einem Beauftragten des BRD-Kanzlers);
- Flankierende Gespräche zur Beschränkung von Asylanteneinreisen nach Berlin-West bzw. die BRD - positiv gelaufen;
- Angebot des Bundeskanzleramtes bzw. des Bundestagspräsidenten zur möglichen Anerkennung der DDR-Staatsbürgerschaft durch Bonn im Wechsel gegen Reisefreiheit für DDR-Bürger - auf Weisung der politischen Führung der DDR abgebrochen.

Ni

Anlage 28

Institut für Internationale
Politik und Wirtschaft der DDR 16. 11. 1989

Bericht

Gespräch mit dem Mitglied des Präsidiums und Bundesschatzmeisters der CDU Walther Leisler-Kiep

Am 15.11.1989 fand mit Walther Leisler-Kiep auf dessen Wunsch ein Gespräch in Berlin statt. Leisler-Kiep kam im Auftrage von BRD-Kanzler H. Kohl, um den Besuch von Minister Seiters in der DDR, vorzubereiten. Von seiten der DDR wurde das Gespräch geführt von Gen. Gunter Rettner, Leiter der Abteilung IPW im ZK, Prof. Max Schmidt, Direktor des IPW und Prof. Jürgen Nitz, Abteilungsleiter im IPW.

Leisler-Kiep zeigte sich außerordentlich beeindruckt von den Veränderungen, die in der DDR vor sich gehen, von den Aktivitäten des Volkes, aber ebenso vom radikalen Reformwillen in der politischen Führung, den Endermäßigen Konsequenzen. Im Unterschied zur Entwicklung in der UdSSR gäbe es in der DDR eine Revolution von oben und unten. Er zeigte sich darüber sehr befriedigt, daß die außerordentlich mutige Entscheidung, die Grenzen der DDR gegenüber dem Westen zu öffnen, von den allermeisten DDR-Bürgern positiv honoriert werden, insbesondere deshalb, weil sie im Zusammenhang mit Besuchen, die DDR nicht verlassen; Übersiedler nun bereits zunehmend in die DDR zurück kämen.

Seiters werde bei seinem DDR-Besuch für das Treffen Kohls mit der DDR-Führung einen Termin nach dem Sonderparteitag und noch vor Weihnachten in Aussicht stellen. Jedoch hätte Seiters den Auftrag zu prüfen, wie die SED die Situation und ihre eigene Rolle einschätzt.

Unter diesem Gesichtspunkt formulierte er folgende Fragen, die Inhalt der Seiters-Mission sein sollen:

- Beherrscht die SED die Veränderungsprozesse oder hinkt sie der Entwicklung nach?
- Wie sieht die SED die von ihr proklamierte Führungsrolle?

2

- Hat die SED eine Legimitation "nach innen", die sicher stellt, daß die Wende weiter vollzogen wird?
- Welches Selbstbewußtsein hat die politische Führung der DDR, die Probleme zu meistern?
- Kann man sicher sein, daß es tatsächlich zu freien, gleichen und geheimen Wahlen kommt?
- Wie kann Vertrauen für die künftige Entwicklung gesichert werden?'

Ein besonderer Schwerpunkt waren die anstehenden Wahlen in der DDR. Diskutiert wurde ein Termin für Volkskammerwahlen Ende 1990 oder 1991.

Die Wiedervereinigung der beiden deutschen Staaten hält Leisler-Kiep für unrealistisch; diese würde weder von der Mehrheit der BRD-Bürger und schon gar nicht in der DDR gewünscht.
Er sprach sich auch in diesem Zusammenhang generell gegen eine Forcierung von Konzeptionen aus, die der Stärkung von nationalstaatlichen Konzeptionen dienen und befürwortete grundsätzlich europäische Orientierungen. Er unterstützte dabei den Gedanken, daß für die Sicherung des Friedens, der Entspannung und der Zusammenarbeit beide Bündnissysteme (NATO und WVO) und im Interesse der eigenen Stabilität unbedingt benötigt würden.
Beide Seiten brauchen stabile Verhältnisse.

Es wurden ferner eine Anzahl spezifischer Fragen einer Zusammenarbeit beraten. Dazu gehören:

- Insgesamt wäre es günstig eine Kommission oder Expertengruppe beider Staaten für Fragen des Reiseverkehrs und des Tourismus zu bilden.
- Es könnte im Konkreten eine parteienübergreifende Arbeitsgruppe beider Staaten zu sicherheitspolitischen Aspekten unserer Beziehungen gebildet werden (Vorschlag auf der 10. Tagung des ZK der SED).
- Praktisch geprüft und umgesetzt werden können auch Vorschläge zum kommerziellen Austausch von Fachzeitschriften und zur Einspeisung von Fernsehprogrammen in das Kabelnetz der BRD.

Zur wirtschaftlichen Zusammenarbeit DDR-BRD

Grundsätzlich ist davon auszugehen, daß Staatssekretär Seiters keine konkreten Angebote für eine Intensivierung der wirtschaftlichen Zusammenarbeit zwischen beiden deutschen Staaten unterbreiten wird. Er hätte jedoch die Frage zu prüfen, ob die DDR grundsätzlich für eine Ausweitung der ökonomischen Zusammenarbeit Interesse zeige. Leisler-Kiep zeigte sich sehr interessiert an der Konzeption der DDR für die Entwicklung von Kooperationsbeziehungen mit Unternehmen der BRD. Im Verlauf des Gesprächs spielten folgende Gesichtspunkte eine Rolle:

- Felder der ökonomischen Zusammenarbeit,
- Formen und Methoden der Zusammenarbeit einschließlich von industriellen Zusammenarbeit, Joint Ventures und Wirtschaftssondezonen,
- Arbeit einer Wirtschaftskommission beider deutscher Staaten in der Politiker, Wirtschaftsfachleute und Experten Grundfragen einer wirtschaftlichen Zusammenarbeit beraten,
- Finanzierungsfragen der Zusammenarbeit.

Gegenstand der Gespräche waren auch die finanzielle Situation der DDR und finanzielle Probleme im Gefolge des Reiseverkehrs von DDR-Bürgern in die DDR und nach Berlin-West. Es wurde der Vorschlag diskutiert, daß es nach dem Kanzler-Besuch in der DDR Anfang nächsten Jahres zu einem streng vertraulichen Gespräch zwischen dem Präsidenten der Bundesbank und einem Spitzenvertreter der DDR kommen solle.
Bei einem zufriedenstellenden Verlauf der Seitersgespräche würde Kohl "den politischen Rahmen" für die Unternehmen und Institutionen der BRD absichern und ihnen die Sorge für ein politisches Risiko abnehmen.

Wiederholt machte Leisler-Kiep deutsch-deutsche Projekte - dort wo es möglich ist - in gesamteuropäische Dimensionen zu überführen bzw. ihnen einen kontinentalen Rahmen zu geben. So würden sich auch die deutsch-deutschen Sonderbeziehungen unter ein europäisches Dach einordnen lassen, ohne daß es zu Irritationen bei Bündnispartnern käme.

4

Leisler-Kiep äußerte nach den Wunsch, bei seinem nächsten Besuch in Erfurt (Dezember 1989) mit dem neuen Sekretär der SED-Bezirksleitung Genossen Kroker sprechen zu können, der er aus seiner früheren Arbeit als Werkdirektor kennt.

Er trug seine Vorstellungen zu einer Anzahl von Projekten einer wirtschaftlichen Zusammenarbeit DDR-BRD vor (s. Anlage).

Anlage 29

J. Nitz
IPW

Berlin, den 13. 12. 1989
<u>STRENG VERTRAULICH!</u>

<u>Betr.:</u> Kontakt mit Kanzlerberater Horst Teltschick

I. Auf Wunsch von Kanzlerberater Horst Teltschick, zu dem meinerseits über andere zuverlässige Personen aus dem Wirtschaftsbereich jahrelange Kontakte bestehen, kam es dieser Tage zu einem längeren vertraulichen, jedoch unverbindlichen Gespräch über verschiedene Gesichtspunkte der Beziehungen beider deutschen Staaten, wobei die Fragen eines deutsch-deutschen Wirtschaftsverbundes im Mittelpunkt standen. Teltschick hatte mich zum "privaten Gespräch" ins Bundeskanzleramt eingeladen. Zur Erörterung standen meine Ausführungen im Interview des "Handelsblattes" sowie in Fernsehsendungen von 3SAT und SAT 1 (Meine Konzeption über diese Medienveranstaltungen hat Gen. W. Krause).

Teltschick machte im Gespräch u.a. folgende Ausführungen.
<u>(Er geht davon aus, daß Ministerpräsident H. Modrow vom Gespräch vertraulich informiert wird)</u>:

- ~~Bundeskanzler~~ Kohl ~~läßt Ministerpräsident~~ Modrow bestellen, daß er ihm 1. ganz offen und ungeschminkt seine Meinung sagen solle!, was er vorhat, wie er die Dinge beurteilt und 2. darlegen sollte, wo die DDR ihre Interessen sehe, vor allem im deutsch-deutschen Rahmen und was man konkret tun könne, um die von ihm aufgegriffene Modrow-Konzeption von der Vertragsgemeinschaft auszufüllen.

- Der ~~BRD~~-Regierung ~~ginge~~ es darum, die Situation in der DDR und die Regierung Modrow nicht zu destabilisieren. Der Kanzler wolle kein künstliches Feuer anfachen. Er sähe jetzt vorrangig Chancen durch Zusammenarbeit mit der DDR, das Wirtschafts- Finanz- und Wohlstandsgefälle zwischen beiden deutschen Staaten zu mindern.

- Teltschick meinte ferner, daß nach Verabschiedung der gesetzlichen Regelungen (z. B. Investitionsschutz- und -förderungsabkommen) eine Welle von ~~BRD~~-Angeboten einsetzen werde, die die DDR beliebig im eigenen Interesse nutzen könne, z. B. ~~für~~ Wirtschaftskooperation, Joint Ventures und Kapitalbeteiligungen. Es sei auch mit zahlreichen privaten Firmengründungen zu rechnen, die ~~die BRD~~ Bonn unterstützen werde.

Die jüngeren Entwicklungen in der DDR und die Haltung der Bonn ~~BRD~~-Regierung dazu hätten das Beziehungsklima zwischen ~~BRD~~ der und Polen bzw. Ungarn erheblich negativ tangiert, ~~meinte Teltschick.~~ Doch dies sei ein Problem, mit dem Bonn leben müsse. Man würde einige diplomatische Aktivitäten vorbereiten, um die Irretationen zu mindern. Das gelte auch für die UdSSR.

Teltschick zeigte sich von Reaktionen des Auslandes - insbesondere der Alliierten auf den 10-Punkte-Plan betroffen. Kohl wird angesichts des Widerstandes bzw. der Vorbehalte bei anderen Staaten in Europa gegen seinen 10-Punkte-Plan künftig die europäische Dimension der deutschen Frage noch deutlicher betonen, den Gedanken an jeden deutsch-deutschen Alleingang verdrängen und niemand gegen einen anderen ausspielen wollen. Dabei hätte man sich bei den Formulierungen zum 10-Punkte-Plan eigentlich weitestgehend auf die Feststellungen im Brief zur deutschen Einheit gestützt, der auch in der "Prawda" abgedruckt worden sei. Er fände auch aus dieser Sicht die so deutlichen Vorbehalte Moskaus unverständlich. Jedoch sehe er, daß Gorbatschow ohnehin unter einem ungeheuren Druck stünde, der sich durch zu intensive Diskussionen über die deutsche Frage bzw. durch deutliche Schritte in Richtung Wiedervereinigung enorm verschärfen könnte. Teltschick räumte ein, daß letztendlich der Druck auf die ~~BRD~~-Regierung bzw. die CDU vor allem "von rechts", aber auch "von links" - wenn auch in anderer Weise ("Neutralismus") den Kanzler zum Handeln veranlaßt hätte. Kohl wolle die deutsche Frage "auf keinen Fall" den "Rechten" überlassen.

- Teltschick erklärt die Formulierungen des Kanzlers zur Wiedervereinigung auch noch mit folgender Argumentation:

Es sei zu fürchten, daß die Zahl der aus der DDR Ausreisenden sich wieder erhöht. Dies müsse zu einer Destabilisierung der DDR führen, was auch für Gorbatschow verhängnisvoll sei. Nur zwei Orientierungen könnten diesen Prozeß abbremsen:

Einmal eine verstärkte Wirtschaftshilfe für die DDR, um das Wohlstandsgefälle zu minimieren, zum anderen, daß eine Debatte über Wiedervereinigung, die Leute aus der DDR nicht in die Bundes ~~BRD~~ abwandern lasse, da sie Hoffnung auf Genesung im eigenen Land sehen und dort verblieben.

~~II. Ein mir seit vielen Jahren bekannter Banker aus der Schweiz~~ hat im Nachgang zu meinem Gespräch mit H. Teltschick ohne einen direkten Bezug auf Wünsche der DDR mit dem Kanzlerberater die Frage eines ungebundenen Finanzkredites der BRD an die DDR im ersten Quartal '90 in Höhe von 2,5 - 3 Mrd. D-Mark erörtert. Dabei spielten auch Wünsche der Bonner ~~BRD~~-Seite bzw. des Regierenden Bürgermeisters von Berlin-West an Ministerpräsident H. Modrow, die für den 1. Januar 1990 getroffenen Vereinbarungen im Reiseverkehr auf den 23. Dezember vorzuziehen, eine Rolle.

Teltschick hätte sich in diesem Zusammenhang über die Vorstellungen der DDR (Kreditbedarf) nicht überrascht gezeigt; er fände eine Kreditvergabe an die DDR generell "o.K." und würde dies mit Kanzler Kohl sicher positiv beraten. Das Thema könne man unabhängig von anderen Initiativen der DDR (z. B. Brief an Kohl) in Dresden endgültig besprechen und Modalitäten festlegen.

III. Der Banker meines Vertrauens erörterte ferner von sich aus einige Gesichtspunkte der deutschen Frage im Rahmen europäischer Sicherheit, die man vertraulich - also ohne Zuhilfenahme offizieller Regierungsvertreter der DDR - behandeln könne. Teltschick hält Prof. Max Schmidt dafür für den geeigneten Partner. Er würde sich freuen, gleich Anfang Januar Prof. M. Schmidt und Prof. J. Nitz in Bonn zu einem Gespräch zu treffen. Während des Besuchs in Dresden hätte Teltschick - da er in den nur wenigen Stunden seines Aufenthalts immer in der Nähe von Kohl bleiben müsse - leider keine Zeit, sich mit M. Schmidt und J. Nitz zu verständigen; man könnte Anfang '90 "alles in Ruhe" besprechen.

gez. J. Nitz

Anlage 30

A K T E N V E R M E R K

Am Donnerstagnachmittag, 13.10.1983, rief mich Herr Grötzinger, stellvertretender Generaldirektor der Intrac, an und fragte mich, was ich am Abend des 2. November 1983 vorhätte. Ich antwortete ihm, dass ich an diesem Abend wohl die Intrac einladen würde.

Herr Grötzinger bestätigte mir, dass er mit Herrn Generaldirektor Horst Steinebach am 2.11.1983 gegen 20 Uhr in Zürich sein würde. Man möchte mich allein und nur mit meiner Frau Yvette sehen. Dann sagte mir Herr Grötzinger, dass ich mich bis zu diesem Zeitpunkt absolut ruhig verhalten solle und keinerlei Aktivitäten entwickeln solle. Ich habe dies Herrn Grötzinger zugesagt und mich entschlossen, von mir aus zu Herrn Dr. Nitz bis zum 2.11.1983 keinen Kontakt aufzunehmen.

Am Donnerstag, 6.10.1983, abends, hatte ich im übrigen Herrn Dr. Nitz privat telefonisch zu erreichen versucht. Nachdem sich Herr Dr. Nitz gemeldet hatte und ich mich meinerseits am Telefon mit "Bahl aus Zürich" gemeldet hatte, war die Leitung unterbrochen. Bei in der nächsten Stunde mehrfach gemachten Versuchen, Dr. Nitz telefonisch zu erreichen, wurde das Telefon nicht abgenommen (Freizeichen). Am 10.10.1983 abends versuchte ich aus Bad Rothenfelde ebenfalls Dr. Nitz privat zu erreichen. Frau Nitz meldete sich, schien meinen Namen zu kennen und teilte mir mit, dass ihr Mann die ganze Woche nicht anwesend sei.

Herrn Gundelach habe ich von dem beabsichtigten Kommen der Herren Steinebach und Grötzinger unterrichtet.

Zürich, den 17. Oktober 1983

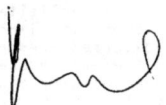

Anlage 31

AKTENVERMERK

Am 28.5.1985 führte ich in DDR-Berlin zwei Gespräche, aus denen zu Handen von Herrn Dr. Jenninger das folgende festzuhalten ist:

Obwohl Generalsekretär Honecker zur neuen Parteiführung der UdSSR ausgezeichnete Beziehungen unterhält (und somit der eigene Spielraum eher grösser geworden ist), werden die deutsch-deutschen Beziehungen im Vergleich zur Hannover Messe derzeit mit einer gewissen Ernüchterung gesehen. Die sich abzeichnende Möglichkeit einer Beteiligung der Bundesrepublik an dem SDI-Projekt der Reagan-Administration führt in der DDR-Führung zu grösster Besorgnis über die dann entstehende Situation im deutsch-deutschen Verhältnis. Mir wurde deutlich klargemacht, dass dann mit einer Entwicklung zu rechnen sei, wie sie nach dem Nachrüstungsbeschluss eingetreten ist.

Alsdann brachte ich das Gespräch auf den unverständlichen Ausgang des geplanten Sindermann-Besuchs bei Herrn Dr. Jenninger. Die Entwicklung wurde mir so dargelegt:
Anlässlich des Besuchs einer hochrangigen SPD-Delegation bei GS Honecker sei von dieser Seite der geplante Besuch von Sindermann bei Prof. Ehmke und Dr. Jenninger angesprochen worden. Die Vertreter der DDR hätten erklärt, dass der derzeitige Verhandlungsstand über die Modalitäten des Treffens mit Dr. Jenninger noch nicht zufriedenstellend sei. Man könne bezüglich dieses Treffens nicht von den internationalen Gepflogenheiten abweichen und bei aller Kompromissbereitschaft kein besonderes "innerdeutsches Protokoll" akzeptieren. Aufgrund der sich daran anschliessenden Diskussion hätten die DDR-Vertreter den Eindruck gewonnen, dass sich die SPD-Führung im Sinne der DDR-Vorstellungen verwenden würde. Von der am darauffolgenden Wochenende (18./19.5.85) und am Montag, 20.5.85 , in der westdeutschen Presse erfolgten Publizität sei man überrascht gewesen; mit diesen Presseveröffentlichungen habe die DDR nichts zu tun. Nachdem in diversen Presse-Artikeln eine Herabstufung des Besuchs von Sindermann bzw. eine Durchführung auf untergeordneter Ebene gefordert worden sei, hätte man keine andere Wahl gehabt als den Termin durch den ständigen Vertreter Moldt abzusagen. Diese Entwicklung wird in der DDR-Führung ausserordentlich bedauert, und man würde Dr. Jenninger auf anderem Wege noch wissen lassen, dass ein Zusammentreffen mit Sindermann nach wie vor zu gegebener Zeit stattfinden könnte.

/2

Alsdann kam das Thema auf die innenpolitische Situtaion in der Bundesrepublik. Ich wurde mehrfach nach den Chancen einer grossen Koalition gefragt. Nachdem ich (aufgrund meiner persönlichen Einschätzung) hierfür keinen Anlass sah, nahm man Bezug auf den Besuch von Dr. Helmuth Vaitl, Ministerialdirektor Bayrische Staatskanzlei/Grundsatzabteilung Richtlinien der Politik in Ost-Berlin. Vaitl's Ausführungen über die Absichten der CSU-Führung habe man so gedeutet, dass eine grosse Koalition Strauss/CDU/Johannes Rau zur Zeit erwogen werde. In die gleiche Richtung deuteten auch Aeusserungen des SPD-Vorsitzenden Willy Brandt (ich nehme an in Moskau).

Zum Stand der bekannten Dreier-Lösung wurde folgendes bemerkt: Das von Dr. Jenninger anlässlich des Besuchs von Günther Mittag gegebene Signal in Richtung Paris wurde verstanden und an den GS weitergegeben.

In Sachen Asylanten-Problem warte man nach wie vor auf die Benennung eines Bevollmächtigten, mit dem die Dinge zunächst auf vertraulicher Basis behandelt werden sollen (ich würde meine Vorgespräche in dieser Sache gerne beenden, da ich mit der Materie überhaupt nicht vertraut bin). Auch habe man aus dem Umfeld von Diepken den Eindruck gewonnen, dass das Thema für die westdeutsche Seite an Wichtigkeit verloren habe (diesen Hinweis habe ich so verstanden, dass Gespräche zwischen Diepken und Prof. Häber geführt wurden). Ich deutete an, dass Herr Dr. Gundelach gegebenenfalls das Mandat für diese Gespräche bekommen würde. Bemängelt wurde der dritte Teil, die ausstehende Swing-Vereinbarung. Nachdem die vorgesehene Dreier-Lösung ja von beiden Seiten grundsätzlich vereinbart worden sei (was natürlich heisst, die Kopplung auf absolut vertraulicher Basis), sei es unverständlich, dass von Seiten des Bundeskanzleramts, der ständigen Vertretung wie auch des Wirtschaftsministerium (TSI) immer wieder bei den Swing-Verhandlungen eine Kopplung mit den Asylanten-Problemen verlangt würde. Ob denn in Bonn die Linke nicht wüsste, was die Rechte tut und ob man sich nicht darüber im klaren sei, dass die DDR auf jede offizielle Aeusserung in dieser Hinsicht hart und kompromisslos reagieren müsste und somit auf diesen Ebenen auch jegliche Kooperation in der Asylantenfrage in Verbindung mit dem Swing abgelehnt werden müsste. Unter dem Gesichtspunkt der besprochenen Dreier-Lösung sei es unverständlich, dass von westdeutscher Seite die Swing-Verlängerung von zusätzlichen Bedingungen abhängig gemacht würde. So soll nun die Ende 1985 auslaufende Mineralöl-Vereinbarung vor der Verlängerung des Swings prolongiert werden. Dabei werden von westdeutscher Seite völlig neue Bedingungen gestellt: Man will nur verlängern, wenn die DDR aus der Bundesrepublik zusätzlich

/3

Maschinenbauerzeugnisse kauft. Die DDR tut dies ohnehin, lehnt aber jedes Junktim mit der Mineralöl-Vereinbarung ab. Günther Mittag sieht das so: In Leipzig, Hannover und Bonn wurden eine Reihe realistischer Gedanken geäussert, die von der Bundesrepublik nicht weitergeführt werden. Von der Bundesrepulik wurde versichert, dass keine neuen Handels-Hemmnisse eingeführt werden. Was ist aus dieser Aeusserung geworden? (Dr. Mittag meint offensichtlich die Kontingents-beschränkungen bei Möbelimporten um 25-30 % sowie die Preis-Prüfungsverfahren bei Knäckebrot, Damenwäsche etc.) Negativ wurde auch die neuerdings zur Anwendung gebrachte Anti-Dumping-Regelung der EG auf dem Markt der DDR durch Bonn bewertet. Unverständlich auch die von Bonnaufgeworfenen Probleme bei der Verlängerung des Dienstleistungsabkommens.

Abschliessend sagte ich meinen Gesprächspartnern die Beantwortung folgender Fragen in Kürze zu:

1. Ob die Bundesregierung noch zu der Dreier-Lösung steht.

2. Wer der Verhandlungsbeauftragte der Bundesregierung für die Asylantenfrage ist.

3. Wann auf dem normalen Dienstweg die TSI die Verlängerung des Swings auf 5 Jahre in einer Grössenordnung von 900 Mio. VE zusagen wird.

Zürich, den 1.6.1985

Anlage 32

Dr. Jürgen Nitz 2.4.1985

Vermerk für Genossen Staatssekretär Dr. Beil

Betr.: Gespräch mit Otto Wolff von Amerongen

Im Zusammenhang mit Gesprächen, die ich anläßlich eines Ost-West-Handelsseminars am 25.3.1985 in Bad Ischl (Österreich) mit dem DIHT-Präsidenten der BRD und Vorsitzenden des "Ostausschusses der Deutschen Wirtschaft", Otto Wolff von Amerongen, führte, wurde auch die Möglichkeit einer Verleihung des Ehrentitels "Dr. h. c." durch eine DDR-Universität an W. erörtert. Otto Wolff brachte dabei zum Ausdruck, daß er dies als eine hohe Ehre empfinden würde und zugleich als Würdigung für sein Eintreten für wirtschaftliche Zusammenarbeit und politische Entspannung zwischen Ost und West, einschließlich gleichberechtigter wirtschaftlicher Beziehungen zwischen der BRD und der DDR zum gegenseitigen Vorteil, sowie sein persönliches Engagement gegen Embargo, Boykott und Sanktionen.

Otto Wolff, der eine solche Ehrung, da er ja zahlreiche offizielle Funktionen ausüben würde, zugleich als ein Politikum betrachtet, verwies darauf, daß er deswegen kurzfristig den BRD-Kanzler K o h l konsultieren wolle, wenn er auch schon erklären dürfe, daß er die Verleihung annehmen werde.

Bereits zwei Tage nach diesem Gespräch teilte mir Otto Wolff (er war bereits früher in die BRD zurückgereist) die Zustimmung von Kohl telefonisch nach Bad Ischl mit, und zwar mit dessen Bemerkung, daß er davon "äußerst freudig überrascht sei" und dieser Schritt auf der Linie der Politik liege, die er mit Herrn Honecker beim jüngsten Treffen besprochen hätte.

Während des o.g. Gesprächs in Bad Ischl war noch folgendes erörtert worden:

- Otto Wolff würde die Universität Jena, ggf. auch Halle, bevorzugen (Berlin und Leipzig k ä men seiner Meinung nach aus den schon erörterten Gründen nicht in Frage).
  Er würde die Reise nach Jena gern mit seiner Gattin zusammen antreten und in diesem Zusammenhang Weimar, die Wartburg und - wenn möglich - den VEB Carl Zeiss Jena besuchen.
  Als Reisetermin wurde September oder Anfang Oktober 1985 erörtert, da dies mit den Möglichkeiten der Universität harmonieren würde.

- Otto Wolff würde es sehr begrüßen, da er z.Z. der Hannover-Messe in Südamerika weilt, wenn sich eine andere Möglichkeit - vielleicht im Mai in der Hauptstadt der DDR - ergeben würde, mit führenden Persönlichkeiten der DDR zusammenzutreffen, um gemeinsam interessierende Fragen zu besprechen. Er würde sich über einen Termin freuen.

- Was die o.g. mögliche Ehrung seines Wirkens anbelange, bittet er Staatssekretär Dr. Beil darum, dies nur - wegen der diskreten Lage - zwischen Dr. Nitz vom IPW der DDR, den er als persönlichen Berater von Staatssekretär Dr. Beil betrachtet, und seinem persönlichen Berater Dr. Karl-Hermann Fink, Geschäftsführer des Ostausschusses der Deutschen Wirtschaft, weiter vorzubereite[n], zwischen denen ja schon die verschiedensten Gespräche geführt worden seien.

gez. Jürgen Nitz

Anlage 33

Deutsche Außenhandelsbank — Berlin, 28. 6. 83

Vermerk über ein Telefongespräch

Am 28. 6. 83, gegen 10.30 Uhr, rief mich Herr Bahl von der Bank für Kredit und Außenhandel Zürich, an und teilte mir mit, daß am 29. 6. 83 zwischen der DDR und westdeutschen Banken ein Kredit in Höhe von 1 Mrd. DM unterzeichnet werden soll. Dieser Kredit sei durch westdeutsche Auslandsbanken organisiert, hätte eine Laufzeit von 5 Jahren und eine Marge von 1 %. Als Sicherheit sei die Abtretung von Guthaben oder Forderungen aus dem Transit vereinbart.

Herr Bahl teilte mir mit, daß er diese Informationen vertraulich von seinen Kollegen aus Mainz (Landesbank Rheinland/Pfalz) erhalten habe. Auch in luxemburger Bankkreisen würde darüber gesprochen.

(Zimmermann)

Hans Modrow (Hrsg.)
Das Große Haus
Insider berichten
aus dem ZK der SED

278 Seiten, DM 24.80
ISBN 3-929161-20-6

Im Großen Haus im Zentrum Berlins befand sich die Machtzentrale der DDR. Hier arbeiteten das SED-Politbüro und der ZK-Apparat mit etwa zweitausend Parteiarbeitern, hier wurde entschieden, was im letzten Zipfel des Landes zu tun oder zu unterlassen war.
Was wirklich hinter den grauen Mauern geschah, blieb weitgehend bis heute verborgen. Denunziatorische Berichte gewendeter Politbürokraten und sensationelle »Enthüllungen« von Außenstehenden, denen das Insider-Wissen notgedrungen fehlt, vermittelten kaum wesentlich neue Einsichten. Eine sachliche Antwort auf die Frage: Wie funktionierte dieser angeblich allmächtige Apparat im Innern? steht also noch immer aus.
Erstmals seit ihrem Sturz melden sich in diesem Buch leitende Mitarbeiter aus dem Großen Haus zu Wort und offenbaren ihr Wissen.

edition ost

Heinz Niemann
Hinterm Zaun
Meinungsforschung
in der DDR
Mit einem Vorwort von
Günter Gaus

300 Seiten, 24,80 DM
ISBN 3-929161-26-5

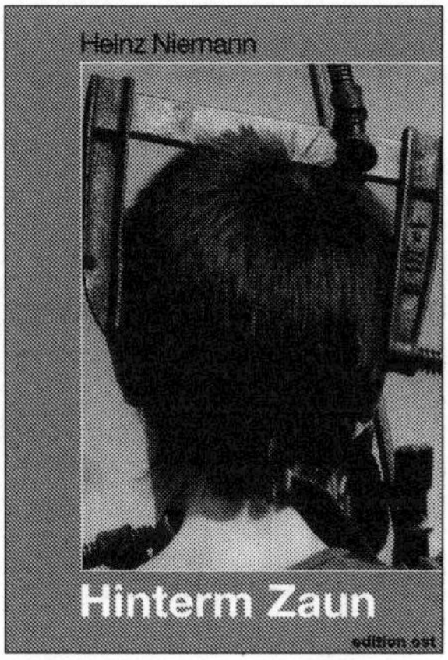

Meinungsforschung gab es in der DDR von 1965 bis 1979. Und weil sie zunehmend nicht die von der SED-Spitze gewünschten Resultate brachte, wurde das damit befaßte Institut geschlossen. Honecker persönlich wies an, die Unterlagen zu vernichten. Einiges wurde seinerzeit gerettet und nach der Wende gesichtet und ausgewertet.
Die einst geheimen Berichte des Instituts für Meinungsforschung an das Politbüro der SED widersprechen den heute gängigen Klischees:
Es gab Ende der 60er, Anfang der 70er Jahre in der DDR eine qualifizierte Mehrheit, die diesen Staat aus freien Stücken trug. Diese Mehrheit ging unter Honecker verloren und kehrte sich schließlich gegen das System.

edition ost